KB180711

이문화의 이해와 글로벌 에티켓

GLOBAL ETIQUETTE

이 책은 급격한 정보통신과 교통의 발달로 다문화 되어가는 현시점에서 좀 더 외국문화와 매너에 대한 이해를 돕고자 기획되었다. 외국문화의 이해를 통한 원활한 비즈니스를 위해 또는 취업준비 시 글로벌 마인드 형성을 희망하는 학생들에게 도움이 되었으면 한다.

이를 위해 본서는 다음과 같이 구성이 되었다.

제1장은 문화에 대한 정의와 이러한 문화를 설명하는 여러 가지 모델과 문화의 특징 그리고 매너가 어떻게 변천되어왔는지에 대해 살펴보았다.

제2장은 공항 및 항공기 이용 에티켓에 대해 다루었다. 공항과 항공기는 해외문화의 첫 접촉이 되는 장소이다. 여러 나라 문화의 사람들이 함께하는 공간에서 알아야 할 에티켓에 대해 알아본다.

제3장은 호텔 및 공공장소에서의 예절에 대해 알아본다. 특히 호텔은 비즈니스 종사자들의 숙소뿐만 아니라 사업을 위한 모임 장소이기도 하다. 또한 문화 및 나라마다 공공장소에서의 예절 역시 다양하므로 이에 대한 지식을 알아둘 필요가 있다.

제4장은 비즈니스 매너의 전반적인 내용에 대해 다룬다. 일상생활의 비공식적 관계와 비즈니스에 기반한 관계는 매우 다르므로 이에 따른 매너에 대해 배운다.

제5장은 공식의전과 선물에 대한 내용으로 공식의전 절차와 비즈니스 시 빠질 수 없는 선물 수수에 대해 알아본다. 비즈니스 관계를 부드럽게 해주는 선물 수수가 자칫 문화적 차이로 인한 오해의 소지를 제공할 수도 있기 때문에 이에 대해 알아보자.

제6장은 제스처 등 비언어적 소통에 대한 내용으로 커뮤니케이션에 있어서 언어적 요소 못지않게 비언어적 요소가 많은 의미를 전달할 때도 있다. 이러한 비언어적 표현이 보편적으로 어떤 의미를 나타내고 나라마다 어떤 차이가 있는지를 알아본다.

제7장 언어적 커뮤니케이션의 기본인 듣기·말하기와 국가별 대화법, 선호하는 화제 그리고 서신교환 등에 대해 알아본다.

제8장은 복장 매너의 기본을 다룬다. 복장은 표면 언어로서 나를 나타내주는 또 다른 중요한 요소이다. 이번 장에서는 비즈니스 복장의 가장 기본이 되는 내용에 대해 알아본다.

제9장은 한식, 일식, 중식 테이블 매너에 대한 내용으로 세 나라의 특징적 식사 예절과 음주 예절에 대해 알아본다.

제10장은 서양식과 와인에 대한 내용으로 레스토랑 이용법과 양식식사 예절, 그리고 코스별 식사법에 대해 알아본다. 또한 와인에 대해서도 포괄적으로 알아본다.

제11장은 우리나라에서도 점차 확대되어가는 파티에 대한 내용을 다루고 또한 사회적 대인관계를 이끌어갈 스포츠 예절의 기본 내용에 대해서도 살펴본다.

제12장과 13장은 각 국가별 특징적인 매너와 에티켓에 대해 알아보고 이질적인 문화를 갖고 있는 나라를 선정하여 비즈니스 시 유의점 등에 대해 알아본다.

이와 같은 상황별·장소별·국가별 매너에 대한 내용은 대인간 상호존중, 배려를 바탕으로 그 어느 때보다 밀접한 이문화 교류를 맺고 있는 현대의 우리들이 이문화의 이해와 소통을 위해 알아두면 좋을 내용들이다.

글로벌 문화에 대한 이해와 매너의 습득은 이제 선택이 아닌 필수이다.

마지막으로 이 책이 나오기까지 편집하고 출판해주신 한올출판사 모든 임직원에게 감사하다는 인사를 전한다.

2020년 8월

이경미

CONTENTS

contents

CONTENTS

CONTENTS

CONTENTS

CONTENTS

CONTENTS

CONTENTS

CHAPTER 01

이문화에 대한 이해

오늘의 학습목표

- 문화란 무엇이며 문화 모델과 문화의 특징에 대해 알 수 있다.
- 이문화(異文化) 이해의 필요성에 대해 알 수 있다.
- 매너·에티켓·예절의 기원과 그 의미를 이해할 수 있다.

에티켓 내용

- 문화의 정의
- 문화 모델
- 문화 차원
- 서양의 매너·에티켓의 의미
- 동양의 예의범절의 의미

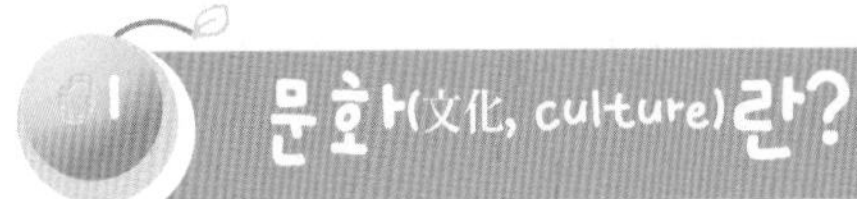

01 문화(文化, culture)란?

1 정의

나라마다 다양하고 독특한 문화가 있다. 이에 따라 행동양식이 만들어지고 체화되어 하나의 습관으로 다음 세대에 전수되어진다. 매너와 에티켓은 이러한 문화에 의해 만들어진 행동양식의 일부분이라 볼 수 있다. 따라서 매너·에티켓에 대해 살펴보기 전에 문화에 대한 이해가 먼저 필요하다.

문화는 복합적 다차원적인 현상으로 한마디로 정의내리기가 어렵고 이에 대한 정의도 160여 가지나 된다. 문화에 대한 정의 중 가장 고전적인 것은 다음과 같다.

(1) Taylor(1832~1917, 영국의 인류학자)

개인이 구성원으로서 획득하는 지식, 신념, 기술, 도덕, 법률, 관습 및 그 밖의 능력과 습관 등에 포함된 복합적인 총체

(2) Kluckhohn(1905~1960, 미국의 문화인류학자)

상징을 통해 습득, 전달되는 사고, 감정, 반응의 복합형식이라 보고 문화는 인간집단이 만든 독특한 소산이며 문화의 중심은 전통적 관념과 이 전통적 관념에 부수되는 가치로 성립

(3) Goodman(1911~1987, 미국의 인류학자)

어떤 사회성원들의 행동을 규제하는 학습된 신념, 가치 관습의 총체

(4) Hofstede(1928~2020, 네덜란드 사회심리학자)

한 집단구성원과 다른 집단 구성원을 구분하는 의식의 총체적인 프로그램이 문화이다. 문화는 인간성(human nature)과 성격(personality)에 따라 구별된다. 인간

성은 모든 인간이 가지고 있는 것, 즉 사람의 정신적 소프트웨어(mental software)의 보편적 수준을 표현하고 있고 한 개인의 성격은 다른 사람과 공유되지 않는 그 사람의 독특한 개인적 정신적 프로그램(unique personal set of mental programs)을 뜻하며, 사람의 유전적인 특징과 학습된 것(learned)에 기인한다. Hofstede는 학습된 것(learned)은 문화에 의해 수정된다고 지적하였다.

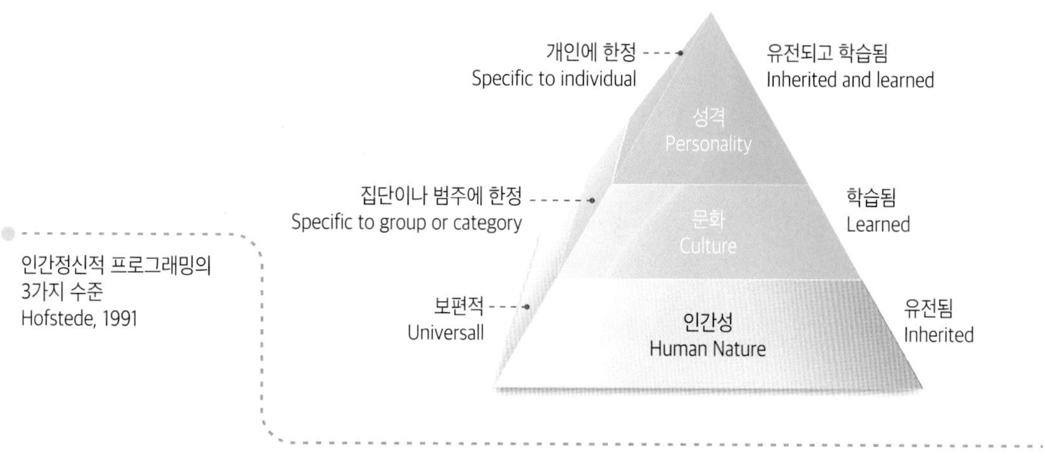

인간정신적 프로그래밍의 3가지 수준
Hofstede, 1991

Hofstede의 문화에 대한 정의는 그동안 많은 논문에 인용이 되었다. 1980년대부터 지금까지 약 2,600여 회 이상 인용이 되었는데 이는 그의 문화에 대한 정의가 설득력이 있기 때문이다. 그래도 많은 사람들의 문화에 대한 개념을 정리해보면 다음과 같다.

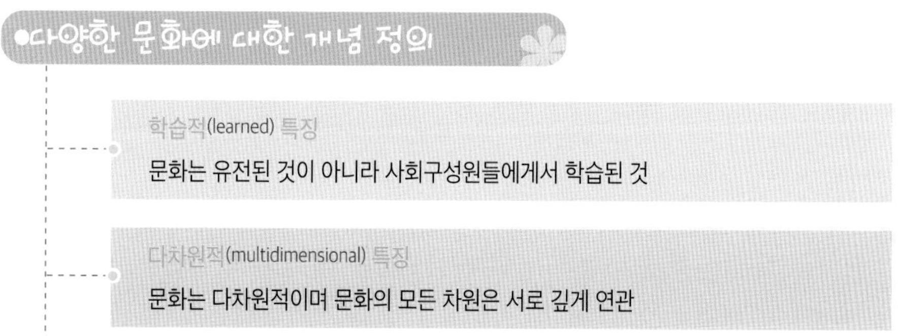

적응적/역동적(adaptive/dynamic) 특징

문화는 적응적이며 시간에 따라 문화와 가치는 변할 수 있음.

의식적 및 무의식적(conscious/unconscious) 특징

문화는 인간행동을 변화시키는 의식적 가치, 무의식적 가치 및 기타 의미있는 상징을 포함

2 문화 모델

문화는 다음과 같이 3가지 유형으로 비유되어 설명할 수 있다.

(1) 양파모델

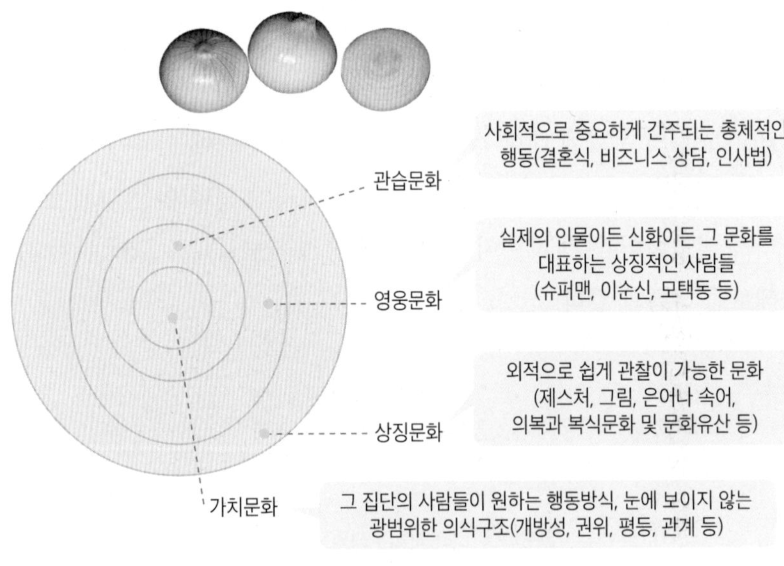

Hofstede는 문화를 이해하기 위해서는 위의 네 종류의 껍질을 바깥에서부터 안쪽으로 벗길 필요가 있다고 말한다.

❶ 상징문화　외적으로 쉽게 관찰이 가능한 문화(제스처, 그림, 은어나 속어, 의복과 복식문화 및 문화유산)

❷ 영웅문화　실제의 인물이든 신화이든 그 문화를 대표하는 상징적인 사람들(슈퍼맨, 이순신, 모택동…)

❸ 관습문화　사회적으로 중요하게 간주되는 총체적인 행동(결혼식, 비즈니스 상담, 인사법)

❹ 가치문화　그 집단의 사람들이 원하는 행동방식, 눈에 보이지 않는 광범위한 의식구조(개방성, 권위, 평등, 관계…)

(2) 빙산모델

문화에 대한 분석 중 가장 널리 알려진 모델이다.

행동, 언어 등 쉽게 관찰할 수 있는 부분과 그 빙산의 일각 밑에 눈에 보이지 않는 태도, 가치관 등이 90%를 차지한다.

(3) 나무모델

가지와 줄기들은 쉽게 관찰할 수 있는 언어, 행동을 말한다. 가지와 줄기에게 영양분을 공급해주는 문화적인 가치관, 그리고 태도를 대표하는 뿌리는 긴밀하게 연결된다. 이 모델은 다른 모델과 다르게 나무가 잘 자라기 위한 외부적 환경이 중요하듯 문화도 '환경'이 그 사회나 사람들의 행동, 태도 그리고 가치관의 형성에 직접적으로 영향을 미침을 보여준다.

3 문화 차원

다양한 문화 모델을 바탕으로 많은 문화적 차원을 제시할 수 있는데, 이러한 문화 차원이란 여러 문화들에 의해서 측정할 수 있는 문화의 한 측면을 말한다.

홀(Edward. T. Hall,1976, 1981)

인류학자인 Hall은 세계 전반의 광범위한 인터뷰에 바탕을 두어 다음과 같은 척도로 문화를 구분하였다.

구 분	느낌 문화(feel)	사실 문화(fact)
정보의 교환 (context)	high context 대부분의 정보가 물리적 환경 또는 그 사람 안에 이미 있다고 생각하여 겉으로 드러내어 이야기하지 않는 의사소통, 즉 말은 별로 중요하지 않다고 인식하고 이미 인식하고 있는 상대방에 대한 정보를 중요하게 여겨 간접적이고 우회적이며 표정이나 제스처도 중요한 의사소통으로 인식한다. 이성보다는 기분에 좌우된다.	low context 대부분의 정보를 겉으로 드러내야 하고 직접적으로 말로 표현해야 함. 비공식적인 정보보다는 사실 중심. 감정보다는 이성에 치우친다.
공간 (space)	개인보다는 그룹 전체의 공간이 중요 개인 간 거리가 가깝다.	개인 간의 접촉을 불쾌하게 생각, 업무 시 개인별 공간을 할당한다.
시간 (time)	한 번에 여러 가지를 동시에 하는 유형. 회의 중에 누군가에 의해 방해를 받는 경우, 타 부서의 상사가 일을 지시하는 경우, 한 번에 여러 연인을 동시에 만나는 등 관계 중심의 사회	과거, 현재, 미래를 순차적으로 이어지는 일직선으로 생각, 한 번에 한 가지만 하는 문화권으로 오랜 시간을 두고 사귀기보다는 단기적인 경우가 많다.
정보의 흐름 (information flow)	정보의 흐름이 매우 빠르고 자유로운 경향을 보인다.	정보의 흐름이 매우 늦은 경향을 보인다.

4 문화의 특징

❶ 문화는 학습되어진다.

❷ 문화는 세대 간에 전수되어진다.

❸ 문화는 상징체계를 가진다.

❹ 문화는 끊임없이 변한다.

❺ 각 요소 간 상호 연관성을 갖는다.

❻ 자민족 중심 또는 자기 중심적인 경향을 갖는다.

이러한 문화를 배워야하는 이유는 문화는 새로운 문화를 접하는 사람들에게 그 문화를 볼 수 있게 하는 시각의 틀을 제공하고 문화를 중립적으로 바라보게 하여 문화적 충격이나 혼란을 줄이고 미래를 예측하게 한다.

2 매너, 에티켓, 예절

1 매너의 변천 - 매너는 문명화 과정

노버트 엘리아스(Nobert Elias)는 『매너의 역사, 문명화 과정』에서 매너의 발전과정은 서양문명의 발전과정과 일치한다고 주장하였다.

그는 우선 서구사회의 변천과정을 다음과 같이 다섯 단계로 구분한다.

(1) 중세의 봉건 시대

중세 봉건사회의 근간이 되었던 기사들은 종교적 타락과 함께 통제할 수 없는 싸움꾼이 된다. 이들의 거칠고 야만적인 행동을 순화시키고 사회질서를 확립하기 위한 목적으로 궁정예절(꾸르뚜와지 la courtoisie)이 탄생하는데 기사들이 귀부인에게 보여주었던 연애와 여성존중사상이 주를 이루었다. 기사는 귀부인의 사랑을 얻기 위해 목숨을 건 모험을 떠나기 전 한쪽 무릎을 꿇고 부인의 손에 키스도 하였다. 당시의 매너는 인간의 거친 야만성을 순화시켜 사회적 안정을 가져오기 위해 시작된 것으로 여성존중(lady first)도 그 한 가지 형태였다.

(2) 16세기 르네상스 시대

1503년 에라스무스는『소년들의 예절론』을 출판하는데(오늘날의 에티켓 형성에 가장 크게 영향을 미친 책) 그 내용은 소년들을 교육시키기 위한 것이었다. '너무 빨리 또는 너무 천천히 걸어서도 안 되고 음식을 지나치게 탐닉해서도 안 되며 음식을 입에 가득 담은채 물을 마셔도 안 된다' 등의 내용이 수록되어 있다. 이 모든 것은 오늘날까지도 서양 매너에서 대부분 그대로 지켜지고 있다.

(3) 17세기

이 시기는 유럽귀족들의 시선이 베르사유 궁전으로 집중되는 시기이다. 이들은 앞다투어 프랑스 귀족들의 매너를 모방하기에 이른다. 독일 귀족들은 베르사유의 에티켓을 모르거나 프랑스어를 모른다면 결코 귀족으로 대접받을 수 없었다. 여기서 우리의 관심을 끄는 것은 베르사유 궁전의 매너에 대한 내용보다도 매너가 발전하게 된 동기이다.

우리가 잘 알고 있는 바와 같이 루이 14세는 왕권을 강화하고 중앙집권체제를 확립하기 위해 전국에 흩어져 있는 귀족들을 베르사유에 모아놓고 통제하고자 하였다. 루이 14세는 귀족들에게 사치와 매너를 부추겼고 귀족들은 당시 파리 시내에 살고 있던 부르주아들과 자신들을 차별화 시키기 위하여 그들이 흉내낼 수 없도록 매너를 극도로 까다롭게 발전시켰다. 귀족들은 부상하는 부르주아 계급으로부터 위협을 느꼈고, 당시 부르주아들은 귀족들을 모방하기 위해 애를 썼다. 귀족 계급의 매너를 어설프게 모방하는 사람들을 지칭하는 말(프레시외 precieux)이 생길 정도였다. 부르주아에게 매너란 귀족이 될 수 있는 일종의 꼬리표였던 것이다. 이것은 후에 노블레스 오블리주(Noblesse oblige)라는 용어로 구체화된다.

(4) 18~19세기

유럽은 민주화와 산업화 과정에서 부르주아가 사회적 주도권을 잡으면서 정치적·경제적 민주화로 매너의 민주화까지 갖게 된다.이때부터 통혼을 통하여 귀족 계급과 부르주아지의 매너가 급속도로 통합되게 된다. 어설픈 귀족흉내를 프레시오지떼(preciosite), 이제는 스노비즘(snobisme)이라고 부른다. 스노비즘이란 진정한 귀족성은 결여된 채 재산과 사치와 같은 부르주아적 기준으로 모든 것을 판단하려는 이상한 풍조를 비꼬아 이르던 말이었다. 오늘날에도 스노비즘은 돈과 재산을 통하여 세련되고 품위있는 사람들과 동일화되려고 안간힘을 쓰는 것을 지칭한다(snob은 귀족성이 없다 sans noblesse라는 뜻의 라틴어인 Sine nobilitate의 약자).

프랑스 혁명(1789-1794)이 있은 후 귀족들이 몰락하고 새로운 부르주아 세력이 형성되면서 이때 베르사유의 에티켓은 영국으로 넘어가고 빅토리아 여왕(1837~1901) 시대 때 영국에서 에티켓이 꽃피게 되었다.

(5) 20세기 이후 현재

이와 같은 역사의 흐름 속에 문명화되는 과정을 통해 우리는 사회적인 안정과 세련된 매너를 습득하게 된다. 이러한 이유로 자칫 지나친 매너는 인간의 행동의 틀을 제한하는 불편하고 거추장스러운 것으로 인식될 수 있지만 정보화·현대화·글로벌화된 경쟁사회에서의 매너는 상대방을 배려하는 하나의 틀로 인식하고 기본적인 매너의 습득은 무한경쟁의 비즈니스 사회에서 상대방을 판단하고 가늠하는 중요한 척도로 인식되고 있다.

2 에티켓

불어인 에티켓(Etiquette)은 '예의범절'이라는 뜻 이외에 '명찰', '꼬리표'라는 의미도 있다. 에티켓의 유래에는 두 가지 설이 있다.

1. 17세기 프랑스의 루이 14세가 베르사유 궁전에 출입할 수 있는 출입증(Ticket)을 귀족들에게 주었다는 설

② 베르사유 궁전의 스코틀랜드 정원사가 정원을 보호하기 위해 통로를 안내하는 '푯말'을 설치했는데, 이 푯말의 이름을 '에티켓'이라고 불렀다는 설

매너와 에티켓 그 미묘한 차이의 구분

에티켓이 모든 사람이 지켜야 할 하나의 약속된 규칙이라면, 매너라는 것은 그러한 규칙이 습관화된 것. 에티켓이 '있다', '없다'라고 표현을 한다면 매너는 '좋다', '나쁘다'로 표현을 하는 것이다. 에티켓이 형식이라면 매너는 방법이다. 하지만 본서에서는 매너와 에티켓을 크게 구분짓지 않고 사용하였다.

3 동양의 예절

서양의 에티켓이 17세기 프랑스에서 시작되었다면 동양의 예법은 서양보다 훨씬 앞선 공자 시대 때부터 시작되었다. 중국 고대 유가(儒家)의 경전인 오경(五經)의 하나로, 예법(禮法)의 이론과 실제를 풀이한 책인 예기(禮記)는 "예가 없다면 개인이나 가정은 물론 국가도 바로 설 수 없다고 강조. 그러면서도 사회관습상의 예의는 지켜야 하지만 그 때문에 인간행동이 너무 번거로워져서는 안 된다."라고 하여 의례나 의식은 지나침이 없도록 간소화하라고 하였다.

한국의 예절은 고려 시대 이후 중국의 영향을 받아 이것을 한국 상황에 맞게 편찬하였다. 이와 같이 동양에서는 사회를 유지하는 가장 기본적인 규칙이 '예(禮)'인데 이는 개인과 개인, 개인과 사회, 개인과 국가 사이에 일정한 규칙이 존재하고 그 규칙을 지킴으로써 사회가 유지된다고 보는 것이다. 그리고 그 예가 타인에 대한 배려와 존중이 실천되는 과정에 꼭 필요한 것인데 그것은 바로 '경(敬)'이다. 이는 상대방을 공경하는 예의 표현이다. 서양에서는 매너를 가진 사람을 젠틀맨이라고 했듯이, 동양에서는 이러한 예와 경을 갖춘 사람을 '군자'라고 하였다.

(1) 중국

「예기(禮記)」"예가 없다면 개인이나 가정은 물론 국가도 바로 설 수 없다."고 강조

(2) 한국

- 13세기(1234년) 고려 인종 때 고금의 예문을 모은「상점고금예문」편찬
- 14세기(1599년)「가례집람」은 사계(沙溪) 김장생(金長生)이 중국 송대(宋代)의 학자 주자(朱子)의「가례(家禮)」를 중심으로 엮은 것이다.
- 15세기 율곡선생의 "향약" 역시 공동체 사회예절의 정식이다.
- 16세기 예학 시대에는 한국사회의 예절의 성립기로 보았고, 실학 시대에도 예학(예절)은 학자의 기본덕목이 되었다.

4 매너, 에티켓, 예절의 기본원칙

1. 상대방에게 폐를 끼치지 않고 편안하게 배려하는 것
2. 상대방을 인정하고 존중하는 것 - 역지사지
3. 상대방과 나의 차이를 인정하는 것

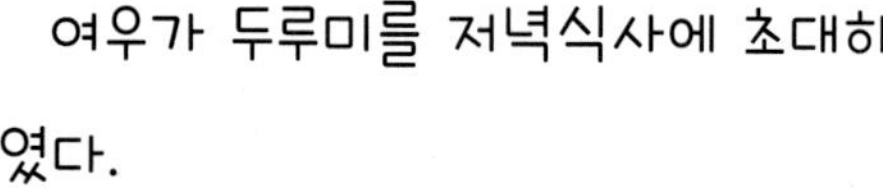

여우가 두루미를 저녁식사에 초대하였다.

여우는 늘 자기가 먹던 대로 납작한 접시에 음식을 담아 두루미에게 맛있게 먹으라고 주었다.

하지만 두루미의 긴 부리로 음식을 먹기란 불가능하였다. 화가 난 두루미는 다음날 여우를 초대하였고, 이번에 두루미는 목이 길어 긴 부리로만 먹을 수 있는 그릇에 음식을 담아 여우에게 건넸다. 주둥이가 짧은 여우는 당연히 음식을 못먹게 되었다.

두루미를 배려하지 않은 그릇을 제공한 여우와 자기가 당한 대로 그대로 갚아 여우를 난처하게 한 두루미는 모두 상대방을 배려하는 역지사지의 마음이 없었다.

좋은 매너와 에티켓의 시작은 남이 나에게 맞춰주기를 바라기보다는 내가 먼저 그들에게 무엇을 해줄 것인가를 생각하는 것이다. 마음이 바뀌면 행동이 바뀌고 마침내 세상도 바뀐다. 상대방을 배려하는 마음이 매너, 에티켓인 만큼 나의 생각, 나의 문화만을 고집할 것이 아니라 타인의 생각, 타인의 문화를 인정하고 배려하는 것이 바로 이 책을 통해 배워야 할 내용이다.

ENGLISH SENTENCE

영어 문장

남이 나에게 해주기를 바라는 것처럼 다른 사람에게 하라.
Do to others as you would have them do to you!

공손하고 명랑하고 긍정적으로 행동하기.
Be courteous, pleasant and positive.

자신뿐만 아니라 다른 사람에게도 관심을 가져라.
Be concerned with others, not just yourself.

적절한 문어와 구어를 사용하라.
Use proper written and spoken language.

MEMO

CHAPTER 02

항공기 이용 에티켓

오늘의 학습목표

- 출국 전 준비사항에 대해 알 수 있다.
- 출국절차정보와 공항이용 에티켓에 대해 알 수 있다.
- 기내서비스 이용과 기본 에티켓을 습득할 수 있다.
- 입국절차와 공항이용 에티켓에 대해 알 수 있다.

에티켓 내용

- 출국준비
- 출국절차정보와 에티켓
- 기내서비스 이용과 에티켓
- 입국절차정보와 에티켓

이번 장부터는 에티켓 실전에 대해 살펴보고자 한다. 그 첫번째로 기내 에티켓과 더불어서 해외여행시 알아야 할 공항 출입국 기본정보와 에티켓에 대해 알아보자.

01 출국준비

1 여행에 필요한 서류

(1) 여권이란?

외국을 여행하는 국민에게 정부가 발급하는 증명서류로 여행자의 국적·신분을 증명하고, 해외여행을 허가하며, 외국 관헌의 보호를 부탁하는 문서이다.

① 종류

- **관용여권**(갈색) : 여행목적과 신분에 비추어 외무부장관이 특히, 관용여권의 발급에 필요하다고 인정되는 자에게 발급하는 여권이다.
- **외교관 여권** : 공무원, 정부투자기관, 외교통상부 소속공무원으로 재외공관에 근무하는 자 등에 발급되는 여권으로 외무부 여권과에서 발급한다.
- **일반여권**
  - 복수여권 : 유효기간에 따라 5년, 10년을 발급받아 제한 없이 출국가능하다.
  - 단수여권 : 유효기간은 1년이며 1번 출국가능하다.

② 여권의 사용

- 환전할 때 / 비자 신청과 발급 때 / 출국 수속과 항공기를 탈 때 / 현지 입국과 귀국 수속 때
- 면세점에서 면세상품을 구입할 때 / 국제운전면허증을 만들 때
- 국제 청소년 여행 연맹카드(FIYTO) 만들 때 / 여행자 수표로 지불할 때
- 여행자 수표의 도난이나 분실 때 / 재발급 신청할 때

- 출국 때 / 병역의무자가 병무신고를 할 때와 귀국 신고할 때
- 해외여행 중 한국으로부터 송금된 돈을 찾을 때

③ 여권 신청방법

- 2008년 8월 25일 이후부터 비 접촉식 IC칩을 내장하여 바이오인식정보(Biometric data)와 신원정보를 저장한 전자여권이 발급된다. 본인이 직접 방문하여 발급받아야 한다.
- 168개 전국 시청 및 구청의 여권 발급기관에 방문하여 발급받는다.
- 구비서류　　여권발급 신청서 1부
    - 최근 6개월 이내 촬영한 사진 1매(단, 전자여권이 아닌 경우 2매)
    - 신분증(주민등록증, 면허증)
    - 병역관계서류(18세 이상 35세 이하 남자)
    - 18세 미만의 경우 부모의 여권 발급동의서 및 인감증명서

④ 주의사항

- 여행일자에 맞춰 꼭 여권만료일자를 확인하여 넉넉하게 여권을 재발급받을 수 있도록 한다. 여권에 표기된 일자가 6개월 미만일 경우 국가에 따라 입국이 거절될 수도 있다.
- 여권 작성 시 영문이름은 출입국관리의 중요한 근거자료가 되기 때문에 작성 시 특히 주의해야 한다. 이는 항공권 발권 시 작성된 영문이름과 같아야 한다.
- 여권은 본인의 신분을 증명하는 신분증명서로서의 중요한 기능을 가지므로 철저한 관리가 필요하다. 분실된 여권을 제3자가 습득하여 위·변조 등 나쁜 목적으로 사용할 경우 본인에게 막대한 피해가 돌아갈 수 있으므로 보관에 철저히 주의한다. 해외에서 주민등록증은 무용지물이다.
- 여권을 분실하였을 경우는 즉시 가까운 여권 발급기관(전국 168개 광역 및 기초자치단체)에 여권 분실 사실을 신고한다. 해외여행 중 여권을 분실하였을 경우는 가까운 대사관 또는 총영사관에 여권 분실 신고를 하고 여행증명서나 단수여권을 발급받는다.

(2) 비자(사증)

❶ 비자란? 외국인에 대한 입국허가증이다.

❷ 비자면제제도:

국가간 이동을 위해서 원칙적으로 비자(사증)가 필요하다. 비자를 받기 위해서는 상대국 대사관이나 영사관을 방문하여 방문국가가 요청하는 서류 제출 및 경우에 따라서는 인터뷰도 한다. 사증면제제도란 이런 번거로움을 없애기 위해 국가간 협정이나 일방 혹은 상호 조치에 의해 사증 없이 상대국에 입국할 수 있는 제도이다.

현재, 아주지역 20개국 및 지역, 미주지역 34개국 및 지역, 유럽54개국, 대양주 14개국, 아프리카 및 중동지역 27개국이 사증면접협정에 의거 비자없이 입국할 수 있다(2020년 1월기준).

사증면제국이지만 다음을 참고하세요!

- 미국 : 출국 전 전자여행허가(ESTA) 신청 필요
- 캐나다 : 출국 전 전자여행허가(eTA) 신청 필요, 생체인식정보 수집 확대 시행 (2018.12.31.~)
- 호주 : 출국 전 전자여행허가(ETA) 신청 필요
- 괌, 북마리아나연방(수도 : 사이판) : 45일간 무사증입국이 가능하며, 전자여행허가(ESTA) 신청시 90일 체류 가능
- 영국 : 협정상의 체류기간은 90일이나 영국은 우리 국민에게 최대 6개월 무사증입국 허용

(3) 여행보험

❶ 보험이 필요한 경우

- 돌발적인 사고를 당했을 때
- 갑작스럽게 질병 등으로 입원하거나 치료를 할 때

- 호텔 등에서 손해배상청구
- 수하물 도난
- 교통사고

❷ 보험 가입

공항에서 보험 가입이 가능하다. 보험금을 받기 위해서는 치료비 영수증, 휴대품 도난신고서 등 증거물을 귀국할 때까지 보관한다.

여행보험은 1회용, 기간은 2일에서 1년까지 가능하다.

(4) 현금 준비

❶ 현금　환전은 공항에서도 가능하지만 시중 은행을 이용하는 것이 환율면에서 유리하다. 환전 시 단위별로 작은 돈으로 쪼개어 환전하는 것이 현지에서 실제 사용하기에 편리하다.

❷ 신용카드　해외에서 신용카드를 사용하는 경우가 많은데 주의할 것은 사용할 당시의 환율과 청구받을 때의 환율에 따라 원화가 달라질 수 있다는 것을 기억하자. 또한 신용카드 신청 시 용도를 국내와 해외로 같이 신청했을 때에만 사용 가능하다.

❸ 여행자 수표　현찰보다 환전 시 환율이 유리하고 분실 시에도 안전하다. 본인의 사인을 하는 곳이 위 아래 두 곳이 있는데 이때 한곳에 미리 해놓을 경우 분실 시에도 돈을 돌려받을 수 있어 안전하다. 하지만 바로 쓸 수 있는 것은 아니고 다시 현지 지폐로 바꿔야 하고 일정의 수수료를 지불해야 한다는 번거로움이 있다.

2 여행물품 준비하기

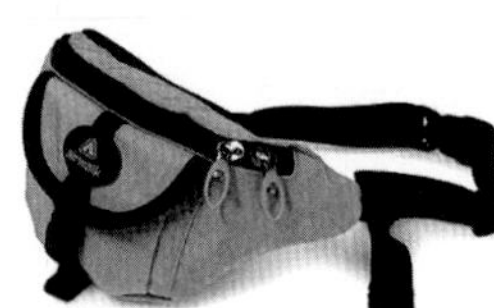

❶ 슈트케이스　숙소에 도착하기 전까지는 열어보지 않아도 될 짐을 정리한다.

❷ 핸드 캐리　가로, 세로 폭의 합이 115cm(라면 한 박스 정도)를 넘지 않도록 해야 한다. 보통 시중에 판매되는 핸드캐리용 가방은 기내 반입이 가능한 사이즈로 만들어진다.

❸ 힙색　관광 시 힙색(허리색) 등을 이용하여 여권, 현금 등 귀중품은 항상 몸에 지니고 다닐 수 있도록 한다.

기본 휴대품 리스트

- 여권, 비자, 항공권, 해외여행 보험 : 여권만료일자 사전 확인 및 사본도 준비
- 명함 : 넉넉히 준비
- 여행가이드북 : 현지 상황 이해에 도움.
- 전자사전 : 요긴하게 사용
- 상비약 : 감기약, 진통제, 연고, 밴드, 소화제, 해열제, 지사제 등
- 멀티플러그 세트 : 나라마다 콘센트가 다름. 어느 나라에도 맞을 수 있는 멀티 플러그 세트를 준비
- 헤어드라이기 : 유럽 등 일부 국가의 호텔에는 헤어드라이기가 없다.
- 옷, 속옷, 선글라스, 모자, 슬리퍼, 칫솔, 면도기, 샴푸, 비누, 책, mp3 플레이어, 비타민, 알람시계
- 안경이나 렌즈 여유분, 우산, 손톱깎이, 귀이개 등

Tip

항공료는 항공요금체계가 복잡해서 일률적으로 말하기 힘들지만 이등석은 일반석의 2.5배, 일등석은 이등석의 1.5배 정도 된다.

3 항공권 예약

❶ 항공권 구입은 항공권판매 대행업체나 직접 항공사를 통해 항공권을 예

약한다.

② 목적지, 항공 좌석 등급, 출발일자, 시간, 도착일자, 인원 등을 알려준다.

③ 출발 3~4일 전에 예약 재확인한다.

4 호텔 예약

① 비즈니스로 방문을 했다면 예산과 회사의 이미지를 고려하여 호텔을 선정한다. 여행으로 간다면 현지문화를 이해하기 위해 미국의 Inn, 영국의 B&B, 독일의 게스트하우스(Gaesthaus), 일본의 전통여관 등을 이용하는 것도 좋다.

② 출장이나 여정이 변경·취소되었을 경우에는 반드시 취소 통보한다. 그렇지 않을 경우 배상금을 물어야 한다.

02 출국절차정보와 에티켓

규제내용은 시기와 상황에 따라 변동될 수 있다는 점을 기억하고 2019년 8월 기준으로 살펴보면 다음과 같다.

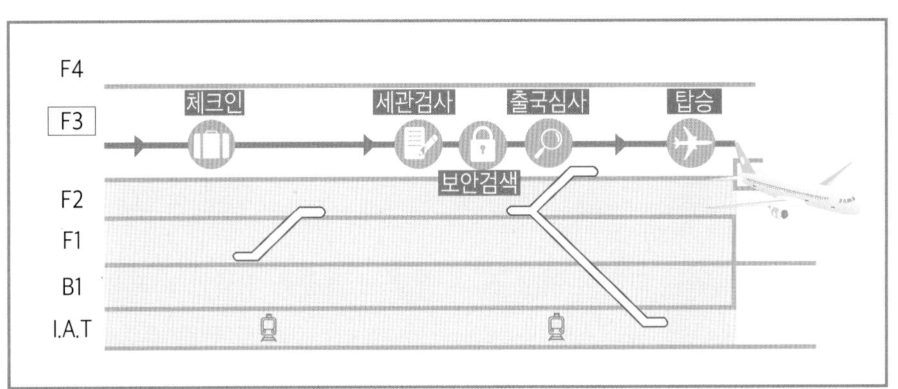

에티켓!

일부 고객들은 탑승수속이 마감된 후에 도착하여 항공기 출발시간이 아직 남았기 때문에 탑승수속을 해달라고 반강제로 요구하는 경우가 있다. 항공기 탑승 특히 국제선 탑승은 버스터미널에서 버스 타는 것과는 다르기 때문에 여유 있게 도착하도록 하자.

1 공항 도착

Tip

미주/구주지역 출발 항공편을 이용할 경우, 강화된 보안검색으로 항공기 탑승까지의 절차가 2시간 이상 소요될 수 있기 때문에 보다 여유시간을 두고 공항에 도착하여야 한다.

3층 출국장 타고자 하는 항공사의 푯말로 제시된 곳으로 입장한다.

- 국내선 : 항공기 출발 40분 전에 공항에 도착한다.
- 국제선 : 항공기 출발 2시간 전에 공항에 도착한다.

2 탑승수속

에티켓!

처음 짐을 정리할 때 무료 허용량무게를 잘 조절하여 공항에서 짐을 다시 정리해야 하는 번거로움이 없도록 하자. 또한 위탁수하물 초과비용을 절약하고자 또는 수하물 찾기가 귀찮아서 무리하게 기내로 많은 짐을 들고 가는 고객들이 있다. 이는 다른 고객에게 피해를 주는 행위이니 삼가자.

❶ 국내선 　항공기 출발 20분 전 탑승수속을 마감한다.

국제선 　대한항공 운항 편 기준 항공기 출발 40분 전 탑승수속을 마감한다.

미주/구주지역 출발 항공편을 이용할 경우, 해당 항공편 출발 60분 전까지 탑승수속을 완료한다.

❷ 수하물처리

- 수하물(Baggage) : 고객이 여행 시 휴대 또는 탁송을 의뢰한 소지품 및 물품으로 항공사별, 클래스별 또는 노선별(미주 노선 및 기타)로 무료 수하물과 기내 반입 수하물의 기준이 다르다.

- 위탁수하물(Checked Baggage) : 고객이 항공사에 탁송 의뢰하여 수하물표를 발급한 수하물로 국적 항공사의 경우 무료수하물 허용량은 미주노선 일반석 기준으로 무게 23kg 이내/ 가로, 세로, 높이의 합이 158cm 이내의 짐 2개가 가능하다. 하지만 미주 외 노선은 1개이며, 이는 항공사 정책에 따라 언제든지 변동가능하다.
- 휴대수하물(Carry on Baggage) : 위탁수하물이 아닌 고객의 책임과 보관하에 기내에 휴대하여 운송하는 수하물로 일반석 기준으로 무게 12kg과 가로, 세로, 높이의 합이 115cm 이내의 짐 1개와 노트북 컴퓨터나 서류가방, 핸드백 등의 물품 중 1개가 추가 허용된다.

Tip

- 인천국제공항 보안검색 혼잡 시간대: 08:30~11:00, 17:00~19:00
- 혼잡 시간대 보안검색 소요 시간: 40~50분
- 주말과 성수기에는 탑승수속 및 보안검색 과정이 지체된다.

에티켓!

고가품은 꼭 신고하자!!

기내 반입 제한품목인 모든 종류의 도검류, 골프채, 곤봉, 가위, 배터리 등은 기내 반입이 안 되므로 위탁수하물로 처리를 하고, 단 소량의 개인용 화장품과 여행 중 필요한 의약품 등은 반입이 가능하다. 하지만 이러한 규정은 변동가능하기 때문에 여행 시 미리 이용항공사 홈페이지를 통해 확인을 하자.

3 출국수속(세관, 보안검색대, 법무부 통과)

1. 세관　고가품 및 반/출입 금지품목 등의 소지 여부를 신고한다.
2. 보안검색대　위험품 소지 여부를 검사받는다.
3. 법무부　출입국 자격을 심사받는 자

4 항공기 탑승

- 국내선 : 항공기 출발 15분 전 시작, 출발 5분 전 마감한다.
- 국제선 : 항공기 출발 30분 전 시작, 출발 10분 전 마감한다.
- 항공기 탑승 시작시간에 맞추어 탑승구 앞에 대기한다.

기내서비스는 노선별로 다르지만 보통 음료서비스 / 기내식서비스 / 영화서비스 / 기내판매서비스가 제공이 된다.

1 기내환경

(1) 온도

- 기내온도는 23~25℃ 정도로 유지한다.
- 온도 조절을 위해 얇은 소재의 긴 소매 상/하의를 준비하는 것이 좋다.

(2) 습도

- 기내습도는 15% 내외이다. 보통의 사람이 쾌적함을 느끼는 습도가 50~60%임을 감안할 때, 상당히 건조하다. 우리가 느끼지 못하는 사이에 우리 몸의 수분이 증발하여, 피부 및 눈이나 코의 점막이 건조해져 불편함을 느낄 수도 있다.
- 따라서 생수나 주스 등의 음료를 자주 마셔 수분을 보충해 준다. 커피, 홍차 등을 많이 마시면 오히려 몸의 수분을 더 잃게 된다.
- 소프트렌즈를 착용하는 승객은 안경으로 바꾸어 착용하여 눈의 건조나 염증을 예방한다.

(3) 기내기압

해발 5,000~8,000피트(1,524~2,438미터) 고도에서의 기압(보통의 건강한 사람은 큰 영향이 없는 정도)과 비슷한 수준으로 유지된다.

- 비행기 이착륙 시의 기압변화 때문에 귀가 멍멍해지는 경우에는 가볍게 턱을 움직이거나, 물을 마신다. 입을 다물고 코를 막은 후 가볍게 부는 방법을 이용하는 것도 좋은 방법이다.
- 어린 아이에게는 먹을 것을 주거나 우유병을 물리는 것이 도움이 된다.

2 비행기 여행 시 주의할 점

(1) 음식/음료

- 과식을 하거나 탄산음료, 맥주 등 가스가 많이 생성되는 음료를 마시면 위장에 부담을 줄 수 있다.
- 가능한 한 가벼운 식사를 한다.
- 양파, 무, 콩 등 가스가 많이 생기는 음식은 피하는 것이 좋다.

(2) 멀미

- 비행 전날 충분한 숙면을 취한다.
- 비행 중에는 술을 가급적 피하고 식사는 가볍게 한다.
- 멀미약을 먹는 경우 사용법을 잘 참조하여 탑승하기 30분 전에 복용한다.

(3) 시차증후군

1. 시차가 6시간 이상인 지역으로 여행하는 사람이 겪을 수 있는 증상으로, 장거리를 단시간에 여행함에 따라 생기는 시간차를 인체의 리듬이 따라가지 못하여 생기는 현상이 시차증후군이다. 졸음과 피로, 식욕부진 등을 느낄 수 있다.

② 예방법

- 비행 전날 잠자리에 들 때, 동쪽방향으로 여행하는 경우는 평소보다 조금 일찍, 서쪽방향으로 여행하는 경우는 평소보다 조금 늦게 잠자리에 든다.

(4) 혈액순환장애(이코노미 증후군)

① 의자에 앉아 움직이지 않은 상태로 장시간 비행하면, 다리 정맥의 혈액순환이 느려져 발이 붓는 현상이 나타난다. 드문 경우이긴 하지만, 하체부분에 혈액응고장애가 일어나 혈전증이 유발될 수도 있다.

② 예방법

- 일정한 시간 간격을 두고 가벼운 스트레칭과 마사지를 하거나, 기내 통로를 걷는다.
- 풋크림을 듬뿍 바르고 기내용 양말이나 슬리퍼를 신어, 답답한 발의 피로를 풀어준다.
- 고령층, 임산부, 최근 수술을 받은 경우 탄력 스타킹을 착용하는 것이 도움이 된다.

3 기내 에티켓

① 앉을 때는 지정된 좌석에

간혹 고객들 중 앞자리가 비었음에도 뒷자리를 배정한 것에 불만을 제기하는 고객이 있다. 비행기 안전을 위해 항공기의 weight & balance를 맞추기 위한 것으로 조그만 배에 균형을 맞추기 위해 골고루 나누어서 앉는 것과 같은 이치이다. 그래서 되도록 지정된 좌석에 앉고 만약의 비상사태에 대비해 신속한 탈출을 위해 항공사 직원이나 신체 건강한 남성이 비상구자리에 배정받는 경우도 있다.

❷ 아직도 담배를?

전 구간 금연임에도 이를 못 참고 몰래 담배를 피는 애연가들이 있다.

막혀 있는 기내의 공기를 오염시킬 수도 있고 화재의 원인이 될 수 있으니 기내에서 금연은 꼭 지키자. 또한 기내에서 알코올을 섭취할 경우 기압과 산소량 때문에 지상에서보다 빨리 취할 수가 있다. 과도한 알코올 섭취가 기내 난동으로 이어질 경우 처벌도 받을 수 있으니 조심하자.

❸ 기내는 안방이 아니죠

장시간 비행에 몸도 붓고 불편해서 신발을 벗는 고객이 있다. 문제는 양말까지 벗어 옆 사람에게 불쾌감을 주는 경우이다. 항공사에 따라 슬리퍼나 편하게 신을 수 있는 덧신 같은 양말을 제공하니 이를 이용하자. 장거리 여행이니만큼 편한 슬리퍼를 준비하고 복장도 간편한 것으로 준비를 하는 것이 편하게 여행을 하는 방법이기도 하다.

❹ 승무원은 이렇게 불러주세요.

가끔 승무원을 “스튜디~어스”라고 어려운 발음을 강조해서 부르는 경우가 있다. 스튜디어스가 아니라 “스튜어디스”다.

간혹 나이 드신 고객이 ‘이모’ 또는 ‘안내양’, ‘아줌마’, 심지어는 승무원의 신체 일부를 툭툭

치면서 부르는데 승무원을 부를 때는 그냥 '승무원'이라고 호칭하는 것이 가장 무난하다. 그리고 먼 곳에 있는 승무원을 부를 때는 좌석에 있는 콜 버튼을 이용하면 된다.

⑤ 화장실 매너

기내 화장실은 남녀 공용이다. 그렇기 때문에 잠금장치를 꼭 확인해야 하는데 화장실 내에 사람이 있으면 빨간 불로 'occupied'가 표시되고, 비어 있으면 녹색의 'vacant' 사인이 나온다. 이를 확인한 후에 화장실을 이용하고 이용한 후에는 다음 사람을 위해 세면대를 휴지로 깨끗하게 닦아주고 물내리는 것도 잊지 않아야 한다.

⑥ 식사할 때는

뒤에 앉아 있는 승객이 편히 식사할 수 있도록 등받이를 바르게 세운다. 식사 후에는 정돈해서 승무원에게 돌려준다.

⑦ 생명 벨트! 좌석 벨트!

비행기 이착륙 시, 또는 비행기가 많이 흔들릴 때 'fasten seat belt' 사인이 나오면 반드시 착석을 하여 벨트를 매어 주어야 한다. 또한 비행 중에도 갑작스런 기류 변화로 비행기가 흔들릴 수 있으니 앉아 있을 때도 좌석 벨트를 매어 준다.

⑧ 기내물건은 제자리에

거리를 다니다 보면 항공사 담요를 심심치 않게 본다. 특히 K항공사 담요는 전 국민의 담요라 해도 과언이 아닐 만큼 여기저기서 쉽게 볼 수 있다. 기내물품은 항공사 자산이기도 하지만 면세품이기 때문에 반출해서는 안 되는 것이다. 심지어는 모든 승객이 이용하기 위한 화장실 물품도 없어지는 경우가 많다. 요즘은 담요를 별도로 판매하고 있는 항공사도 있으니 필요한 사람들은 구입을 하면 된다.

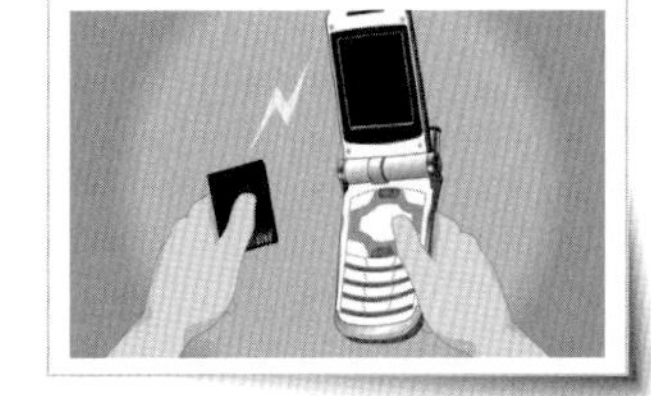

이외의 기내에서 지켜야 할 에티켓에 대해 생각해 보자.

⑨ 휴대폰은 반드시 꺼주십시오.

비행 중에는 관제탑과의 교신에 전파 장애를 초래할 수 있기 때문에 휴대폰을 사용해서는 안 된다. 또한 착륙하기 전 또는 착륙 후에 승객들이 내릴 곳으로 이동하는 유도로에서도 역시 휴대폰은 사용을 자제해야 한다. 세계 각 공항에서 이를 규제하고 있다.

⑩ 비행기가 완전히 멈춘 후 일어나주시고 내리실 때도 질서를 지켜주세요!

비행기가 완전히 멈춘 후 앞좌석 승객부터 내릴 수 있도록 질서를 지켜야 한다. 짐을 꺼내기 위해 비행기가 착륙하자마자 일어서는 것은 위험하다.

4 입국절차정보와 에티켓

(1) 기내작성서류(검역질문서/여행자 휴대품신고서)

여행자 휴대품신고서는 개인당 한 장씩이며 가족 단위로 여행할 경우 가족당 1장만 작성한다. 세관신고 대상 물품을 기재하고 여행자의 이름, 생년월일 등 인적 사항을 기재한다. 세관신고서를 성실히 기재해 신고하는 경우 관세의 30%(15만원 한도)가 감면된다.

기본면세범위

- 해외(국내외 면세점 포함)취득합계액 미화$600이내
  *출국시면세한도는 $3000
- 주류 - 1ℓ, $400 이하 1병
- 담배 - 200개비
- 향수 - 2온스(약 60ml) 이하
  *위의 내용은 법 규정에 따라 변동 가능.

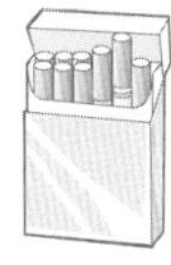

여행자 휴대품신고서

◇ 모든 입국여행자는 신고서를 작성하셔야 합니다
※ 한 가족당 대표로 1인이 신고 가능

성명 : 성			
명			
여권번호			
국 적	성 별 □ 남 □ 여	생년월일(년/월/일)	
항공편명		입국일자(년/월/일)	
동반가족수 명		직 업	
한국 입국전 방문한 국가들	1.	2.	3.
여행목적 □ 관광 □ 사업 □ 친지방문 □ 공무 □ 교육 □기타			
체류기간(방문자 경우) : ( )년 ( )월 ( )일			
연락처 : ☎ :( )		E-mail :	
한국내 주소 :			

사진 출처 : www.airport.co.kr

(2) 여행자 검역

콜레라, 황열, 페스트 오염지역(동남아시아, 중동, 아프리카, 남아메리카)으로부터 입국하는 승객과 승무원은 검역질문서를 작성한 후 입국 시 제출하여야 한다.

여행 중 설사, 복통, 구토, 발열 등의 증세가 있으면 입국 시 즉시 검역관에게 신고하여야 하며, 귀가 후에 설사 등의 증세가 계속될 때에는 검역소나 보건소에 신고해야 한다.

검역(Quarantine)이라는 말은 40일이라는 기간을 의미하는 이탈리아어 'quarante giorni'에서 유래한 것으로서 14세기 무렵 흑사병이 돌던 지역의 배가 베니스항구에 입항하기 전에 미리 연안에서 40일간 정박시키고 문제 발생 여부를 지켜보는 과정에서 비롯되었다.

(3) 입국심사

입국해도 좋다는 입국허가 심사를 받는 것이다.

대부분의 공항이 내국인과 외국인 심사대가 구분되어 있다. 이때 외국인일 경우 비록 심사대의 줄이 길더라도 자기가 있어야 할 곳에 위치한다.

(4) 수하물 찾기

전광판에 표기된 지정된 수하물 수취대에서 자신의 수하물을 찾는다. 만약 분실 및 파손되었다면 항공사에서 이를 배상한다. 수하물을 찾을 때 자신의 가방과 비슷하여 다른 사람의 가방을 가지고 가는 경우가 있는데 실수하지 않도록 한다.

(5) 동식물 검역

동물과 축산물, 유가공품 및 육포와 같은 식육가공품은 물론 생과일, 열매채소도 반입이 금지되고 있다. 이를 휴대할 경우 세관신고서에 체크하여 신고해야 한다. 불법 반입시 500만원 이하의 과태료가 부과되니 주의하자.

(6) 세관검사

기내에서 배부받아 작성한 휴대품신고서를 제출한다.

(7) 입국 환영장

에티켓!

세관신고는 규정을 지키자.

모 방송국에서 한때 고가의 물건을 다량 구입한 후 입국 시 세관신고를 하지 않은 양심불량의 사람들을 보여준 적이 있다. 자신의 양심을 속이는 행위는 하지 않도록 하자.

영어 문장

ENGLISH SENTENCE

공항 수속 시
"여권과 티켓을 보여주시겠습니까?" / "여기 있습니다."

A May I see your passport and ticket?

B Here you are.

기내에서 음료 주문 시
"음료수는 어느 것으로 하시겠습니까?" / "맥주 주세요."

A What would you like to drink?

B Beer, please.

탑승시간을 알고 싶을 때
"탑승시간이 언제에요?"

When is the boarding time?

입국 심사 시
"로스엔젤레스에서 어디에 머무를 예정이세요?" / "힐튼 호텔이요."

A Where are you going to stay in Los Angeles?

B At the Hilton hotel.

CHAPTER 03

호텔 및 공공장소 에티켓

오늘의 학습목표

- 호텔시설이용 에티켓에 대해 알 수 있다.
- 호텔서비스이용 에티켓에 대해 알 수 있다.
- 팁의 유래와 방법에 대해 알 수 있다.
- 공공장소 에티켓에 대해 습득할 수 있다.

에티켓 내용

- 호텔이용 에티켓
- 팁 에티켓
- 공공장소 에티켓

이번 장에서는 팁 문화와 호텔이용 에티켓, 그리고 공공장소이용 에티켓에 대해 살펴보겠다.

01 호텔이용 에티켓

호텔(Hotel)의 어원은 라틴어의 「Hospitale」에서 비롯되었다.

그 어원에서 보듯 원래 Hospital(병원)의 개념에서 시작되어 Hostel(기숙사같은 숙박형태), Inn(규모가 작은 숙박시설) 등의 변천을 거쳐 오늘날의 호텔(Hotel)에 이르게 되었다.

중세의 숙박시설은 수도원을 중심으로 발달하였는데, 당시에는 병의 치료를 겸해 숙식을 제공해 주는 시설을 갖추고 있었으므로 병원과 호텔은 같은 개념으로 인식되고 있었다.

우리가 흔히 호텔과 같은 서비스산업을 영어로 'Hospitality Industry'라고 표현하는데 Hospitality란 일반적인 서비스의 차원을 넘어 손님에게 정성이 담긴 최고의 예우로 '가정을 떠난 가정(Home Away From Home)'과 같은 서비스를 제공한다는 의미를 내포하고 있다.

1 호텔시설 이용

(1) 객실의 이용

> **Tip**
> 외국의 고급호텔에서는 비록, 현금으로 숙박료를 지불할 경우라도 예약접수 시 국제적으로 통용 가능한 신용카드의 번호를 미리 알려 달라는 요구를 하기도 한다.
> 이는 호텔 비즈니스상, 요금지불에 따른 문제발생을 미연에 방지하려는 데 그 목적이 있다.

예약 및 체크인

❶ 성명 및 성별, 도착일시 및 비행기 편, 출발예정 일시 및 비행기 편, 연락처, 지불방법 등에 대해 정확히 알려준다.

❷ 체크인은 보통 2시에 시작

만약 체크인 시간에 늦을 경우 예약이 취소될 수 있기 때문에 사전에 연락한다. 호텔의 체크인은 보통 오후 2시, 체크아웃은 대부분 오전 11시부터 정오까지이다. 시간을 초과하였을 경우에 초과 요금을 낸다.

③ 호텔에 도착하면 먼저 프론트에 가서 등록카드(Registration)를 작성한다. 등록카드는 가족동반의 경우를 제외하고 한 사람씩 작성하게 되어 있는데 특히 주소를 자세히 적는 것이 중요하다. 호텔 체크아웃 이후에 배달된 서류나 우편물을 회송하는 데 유효하기 때문이다. 그런데 등록카드에 성명을 기입할 때는 Mr.나 Mrs. Miss 등을 붙이도록 한다. 또 가족동반인 경우에는 한 장에 함께 기입한다.

④ 프론트에서 객실을 배정받으면 벨맨이 고객의 짐을 들고 객실로 안내해 준다. 객실에 도착하면 일단 벨맨이 객실 내의 시설 이용에 대한 간단한 안내를 해주므로 명심해 들었다가 이용하면 되지만, 좀 더 구체적인 사항에 대해서는 객실 내에 비치되어 있는「서비스 디렉토리(호텔이용 안내책자)」를 이용한다.

> **Tip**
> 오늘날의 고급호텔에서는 바쁜 비즈니스 고객이나 단골고객인 경우, 익스프레스 체크인(Express Check-in)이라고 하여 예약 시 호텔측에서 미리 등록카드를 작성해 고객이 도착하면 프론트를 거치지 않고 바로 객실로 안내하는 시스템도 운영하고 있다.

객실 내 비품의 사용

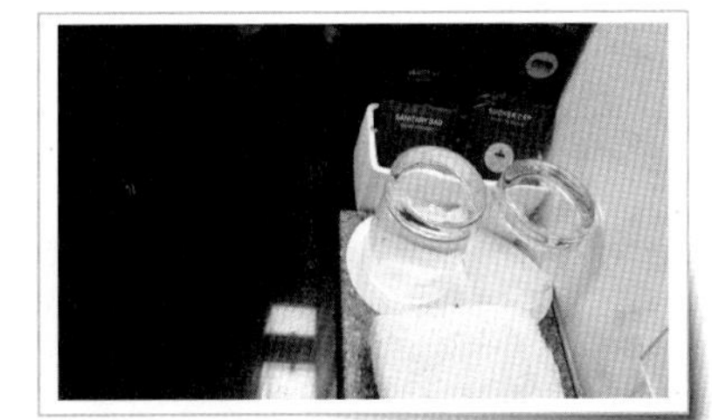

객실 내에 고객의 편의 도모를 위해 호텔에서 무료로 비치해 둔 각종 소모품이 있다. 이것을 Amenity라고 하는데 주로 욕실의 용품이 대부분이다. 샴푸와 린스, 빗, 면도기, 화장솜과 면봉, 반짇고리 등으로 이것은 모두 소진이 가능하다. 간혹 일회용 슬리퍼를 비치해 두는 호텔도 있다. 이러한 Amenity 이외의 호텔 비품은 절대 가지고 나가서는 안 되며 파손이나 분실 시에는 정해진 요금을 지불해야 한다.

이러한 Amenity와 비품이 특히 잘 갖추어져 있는 곳은 일본으로 치약과 칫솔까지 특별한 개인 용품을 따로 준비하지 않아도 될 정도이다.

냉장고 미니 바의 사용

호텔에 들어서면 작은 탁자 위에 바나나 같은 열대과일 또는 포도주, 초콜릿 등이 놓여있을 때가 있다. 공짜일까 유료일까. 냉장고 위의 음식이나 과자는 대부분 돈을 낸다. 과일과 생수는 대부분 무료이다. '웰컴(welcome)' 또는 '컴플리멘터리(complimentary) 또는 with compliment'라고 쓰여 있으면 공짜란 뜻이다.

냉장고에 있는 음료수를 마시고자 할 때는 자동시스템인지를 확인해야 한다. 일본과 유럽 등의 고급호텔을 이용하다보면 미니바가 자동식으로 되어 있어 홀더에서 꺼내는 순간 무조건 객실 사용료에 포함이 되는 경우가 있다. 이용하지 않을 경우 증명(?)을 해야 하는 번거로움이 생길 수 있다.

욕실 사용

유럽이나 미주로 여행하는 사람들이 실수를 하는 곳 중의 하나가 욕실이다.

❶ 샤워는 샤워부스나 욕탕 내에서 한다.

우리나라와 크게 다른 점은 욕실에 물 빠지는 하수 구멍이 없다는 것, 즉 욕조 밖에서 샤워를 하게 되면 물이 넘쳐 방안이 온통 물바다가 된다. 이럴 경우 세탁비용을 내야 한다.

따라서 샤워는 욕조 안이나 샤워 부스에서 해야 한다. 샤워할 때도 샤워커튼을 꼭 사용한다.

이는 욕실은 때를 벗기는 곳이 아닌 휴식공간으로 이용하기 때문이다.

그래서 고급호텔에는 카펫이 깔려져 있는 중앙에 욕조가 있을 정도이다. 주의하자.

❷ 개인전기용품 사용 시 전원이 110V인지 220V인지 어댑터가 맞는지 확인한다.

드라이기나 면도기 등 개인이 준비해 간 전기용품을 사용할 때에는 반드시 전원을 확인해야 한다. 미주의 경우 거의 110V 전원을 사용하며 유럽은 220V이지만 구멍이 세 개인 경우가 대부분이므로 흔히 말하는 우리나라식 돼지 코처럼 생긴 플러그가 맞지 않을 수 있다. 이 때에는 프론트에 어댑터를 부탁하면 연결해서 사용할 수 있다. 또한 미주나 유럽의 일부 호텔에서는 드라이어가 욕실에 설치되어 있기도 하다.

③ 미끄럼방지를 위한 고무매트를 사용한다.

해외여행 시 나이 드신 분들이 호텔에서 샤워하다 미끄러져 사고를 당하는 경우가 종종 있다. 욕실에 들어가면 고무매트와 좀 두껍고 큰 타올이 욕조에 걸쳐져 있다. 고무매트는 미끄럼을 방지하기 위한 것으로 샤워를 할 때 바닥에 깔고 하고 좀 두꺼운 타올은 발의 물기를 닦는 용도로 사용한다. 이를 목욕(bath)타올로 사용한다면 곤란하다.

④ 용도에 맞는 타올을 사용하자.

두 장씩 정리되어 있는 타올 중 제일 큰 타올은 bath 타올로 목욕 후 전신을 감쌀 때 사용하는 타올이고 중간 타올은 세면 시 사용한다. 손수건만한 크기의 가장 작은 수건(wash rag)은 세면 시 물이 밖으로 튀지 않게 세면대 끝에 놓기도 하고 샤워 시 비누거품을 내는 용도로 쓰인다.

⑤ 수도꼭지의 콕을 확인하자.

영어권의 경우 더운물은 H(hot), 찬물은 C(cold)로 표시하지만 프랑스나 이태리 같은 경우 C(Chaud)가 더운물, F(Froid)가 찬물이므로 주의하자.

전화, 인터넷 사용

전화기에 호텔 내선번호, 시내전화, 국제전화 사용방법에 대해 표시가 되어 있다. 이를 확인한다.

그리고 대부분의 호텔에서는 객실 내 인터넷 사용이 가능하다. 하지만 유료인 경우도 있다.

TV보기

Pay TV(유료 TV)는 보통 6~8불 정도 하며, 최근 상영된 영화나 Adult movie를 상영한다. room에 자동으로 charge되기 때문에 Check-out 때 지불하면 된다.

특급호텔 즐기고 '먹튀'하는 스키퍼

뛰는 안전 시스템 위 나는 그들을 잡아라.

"대우전자 부사장 ㅅ아무개입니다."

120수의 명품 정장 웃옷에 작은 대우전자 배지가 반짝였다. 아직 대우사태가 벌어지기 전인 1997년 봄, 그룹의 위세는 하늘을 찔렀다. 프론트의 체크인 담당은 인수인계 파일을 곁눈질했다. '대우전자 부사장 - 익스프레스 체크인으로 처리할 것.' 보통 예약 손님이 오면 외국인은 여권과 신용카드를 프론트에 맡기고 한국인은 명함이나 주민등록증과 신용카드를 맡겼다. 그러나 초특급 VIP들은 이런 절차를 뛰어넘는 익스프레스 체크인 혜택을 받았다. ㅅ부사장은 저녁 봄바람이 쌀쌀하다는 듯 옷깃을 여몄다.

체크인 두 시간 뒤부터 룸서비스 전화에 불이 났다. ㅅ부사장이 최고급 양주 8병을 한꺼번에 주문했기 때문이었다. 특급호텔의 프리미엄 양주는 '액체로 된 금'이다. 시중에서는 구할 수도 없는 고급이 많다. "ㅅ그룹의 인수합병 문제로 부산에 있는 ㅅ그룹 대표이사를 만나는데 선물로 줄 술"이라는 부사장의 목소리는 근엄했다. 그러나 최고급 양주를 오밤중에 룸서비스로 올려 보낼 처지가 된 식음 담당 지배인은 진땀을 흘렸다. 머릿속에서 '혹시…' 하는 생각과 'VIP 고객의 주문'이라는 생각이 교차했다. 급한 대로 야간에 손님 접대를 총괄하는 당직 지배인의 서명을 받아 올려 보냈다.

식음 담당 지배인은 다음날 아침 총지배인에게 불려갔을 때도 무슨 일이 벌어졌는지 실감하지 못했다. "사표 쓰라"는 말을 듣고서야 그는 잠에서 깼다. 자칭 '부사장님'은 새벽에 양주를 쇼핑백에 우겨넣고 사라졌다. 물론 1,400만원에 달하는 술값과 객실 이용료는 내지 않았다. "사표 내!" 복도까지 새나갈 만큼 데시벨 높은 총지배인의 목소리가 처음 전화로 예약을 받은 직원, 체크인 담당 직원, 식음 담당 지배인 등 세 직원의 심장을 찔렀다.

세 직원은 그 사람을 찾기로 결심하고 형사의 도움을 받아 차적 조사를 하는 등 여러 날 조사를 벌인 끝에 결국 자칭 '부사장'을 찾아냈고 그는 놀랍게도 어엿한 인쇄업체의 사장이었다. 합의로 풀려난 '부사장'은 두 번 다시 스키퍼(skipper·돈을 내지 않고 도망가는 고객을 가리키는 호텔업계 용어) 노릇을 하지 않았을까?

<출처 : 한겨레 신문, 2009년 2월 23일자>

이야기

무료버스 이용하기

호텔에서 손님을 위한 배려 중 하나가 바로 무료 셔틀버스다.

대부분 공항이나 시내 번화가, 면세점 등을 왕복 운행한다. 혹시 비용을 지불하더라도 택시보다 훨씬 유리하므로 셔틀버스를 이용하도록 하자.

기타

① DDcard(Don't Disturb card) : 호텔에서 쉴 경우 방해받고 싶지 않을 때는 Don't Disturb card를 문 밖에 걸어두던지 객실 내에 있는 버튼을 눌러 표시를한다. 만약 이를 이용하지 않는다면 룸메이드가 노크 없이 들어와 당황할 수도 있다.

② Safe deposit box : 귀중품을 보관하기 위한 것으로 프론트에 신청하면 무료 또는 유료로 이용할 수 있다. 만약 Safe deposit box에 보관했는데도 분실당했다면 호텔에서 책임을 져야 한다.

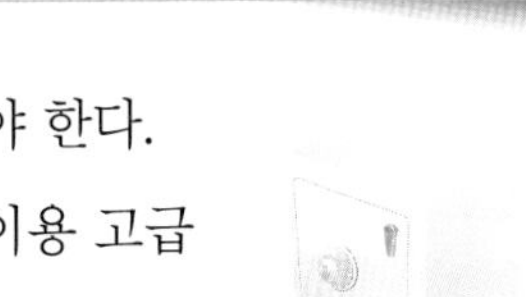

③ 정보수집 : 호텔 내에서 필요한 정보수집. 간단한 책자나 팸플릿 이용 고급 호텔에서는 'Guest guide travel host'라는 책자가 있어 근처에 구경할 만한 곳, 쇼핑할 정보 등이 포함되어져 있는지 알아본다.

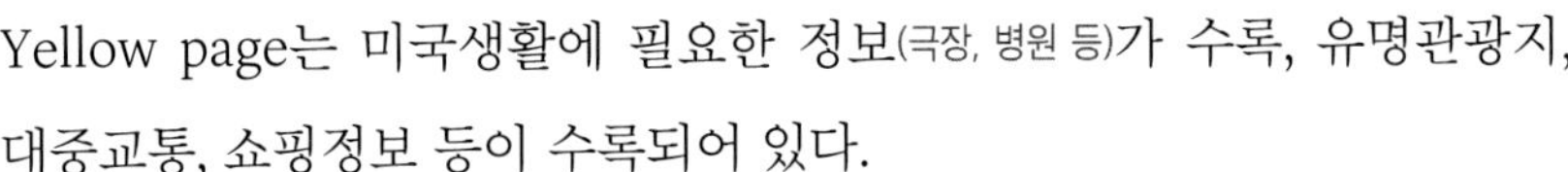

Yellow page는 미국생활에 필요한 정보(극장, 병원 등)가 수록, 유명관광지, 대중교통, 쇼핑정보 등이 수록되어 있다.

(2) 수영장이나 spa 이용

수영장 옆에는 Spa(whirl pool)가 있는 경우가 있다. 뜨거운 물에 몸을 담고 있으면 여행 피로가 확 풀린다.

주로 남녀공용으로 수영복을 입고 간다. 하지만 유럽의 일부 나라는 옷을 벗고 입장하기도 한다는 점을 유의하자.

에티켓!

만약 남녀공용 사우나가 옷을 입고 가지 않는 곳이라면 아예 입장을 안하든지 하고 싶다면 다른 사람과 같은 조건(?)으로 자연스럽게 사우나를 즐겨야 한다. 부끄럽다고 옷을 입고 있으면 큰 실례가 된다.

(3) 레스토랑 이용하기

호텔마다 차이가 있지만 대개 호텔은 여러 개의 식당을 운영한다. 가이드 북을 참고하자.

식사를 한 후에는 방 번호를 적고 체크아웃 시 계산한다.

어떤 투숙객은 레스토랑에서 식사한 뒤 다른 방 번호를 적거나 체크아웃 한 뒤 식사를 하고 방 번호를 적기도 한단다. 이런 일은 없도록 하자.

> **에티켓!**
> 유럽으로 여행을 한다면 호텔에서 아침식사 시 청바지 차림이 민망할 수도 있다. 서양에서는 식사 예절을 중요시하기 때문에 비즈니스가 아니라 관광 여행이라도 청바지나 반바지같은 캐주얼이 아닌 준정장 한 벌 정도는 챙기는 것이 좋다. 오히려 비즈니스 시 청바지를 입더라도 식사 시 정장을 입는 경우도 있다.

(4) 기타

- 자동판매기와 얼음제조기

  미국 같은 경우 수돗물을 그냥 마실 수도 있기 때문에 생수가 따로 서비스가 되지 않는다. 이럴 경우 복도 끝에 작은 공간에 자동판매기 또는 Ice cube를 받을 수 있는 얼음 제조기가 설치되어 있는 호텔도 있다.

- 회의실 이용

  일부 호텔들은 비즈니스 맨들을 위해 호텔 안에서 자유롭게 회의할 수 있도록 회의실을 빌려주기도 한다. 회의실에서는 노트북과 빔 프로젝터 그리고 핸드폰을 대여받을 수 있으며 복사와 스캐닝 번역과 통역 서비스도 이용할 수 있다.

2 호텔 서비스

(1) 룸 서비스 : 전화로 주문하여 식사제공을 받는다. 약간의 서비스료가 가산된다.

(2) 세탁 서비스 : 호텔 내에서는 작은 것이라도 빨래가 금지되어 있다. 호텔 내에서 세탁을 해야 한다면 옷장 안에 있는 빨래주머니를 이용, 세탁물을 넣고 전표에 방 번호와 품명을 적어 당번에게 주어 세탁을 맡긴다. 유료이며, 이때 반드시 완성시간을 체크한다.

(3) 모닝콜 : 교환대에 일어날 시간을 미리 알려놓으면 이튿날 아침에 깨워준다.

(4) 객실 메이크업 서비스 : 외출 시 청소 서비스를 부탁한다.

(5) 컨시어지 서비스(문지기 서비스) : 각종 정보의 제공과 컴플레인을 처리한다. 호텔에 따라 GRO(guest relation office), 당직 지배인으로 불리기도 한다.

Tip

고급호텔에는 대개 컨시어지 서비스를 운영한다. 컨시어지(concierge)는 옛날 고성에서 촛불을 관리하는 사람이란 뜻이다. 호텔 주변 식당 추천, 여행 코스 상담이나 예약, 공연장 티켓 예약 등은 물론 항공권 예약 확인도 해준다.

3 기타 기본 에티켓

객실 내 취사는 절대 금물이며 복도에서 큰소리로 떠들거나 파자마 차림으로 다니는 일이 없도록 하자.

알아두면 편리한 호텔 용어

- american coffee 커피의 종류로서 연한 정도에 따라 나뉘어지는 가장 연한 종류의 커피
- american plan 호텔숙박요금에 매일 3식이 포함된 유형의 계산방법
- baggage rack 객실 내 짐을 놓는 곳
- baggage tag 물건보관증 꼬리표
- bell cart 벨직원이 고객의 짐을 옮기는 등받이가 있는 카
- bell man 벨데스크 직원
- bell trolly 벨데스크의 많은 짐을 옮기는 조금 큰 카
- bill instruction 지불조건
- blocked 사전에 객실을 지정해 놓는 경우를 말함
- booking 예약기록
- business center 비즈니스센터, 팩스, 인터넷 및 기타 고객을 위한 사무용 목적
- captain 지배인과 웨이터 중간 직위, 실무의 중추
- check in 프론트에서 폼을 작성하고 객실에 투숙하는 행위
- check out 프론트에서 계산을 마치고 객실에서 나온 상태. AM 12를 기본으로 함
- cloakroom 호텔에서 코트나 짐 등을 맡기는 임시 보관소
- confirmation sheet 예약확인서
- connecting room 서로 문으로 연결되어진 방. 가족단위의 투숙객에 좋음
- door man 도어맨, 현관에서 발생하는 일을 전담하는 직원
- door stop door holder, stopper. 문을 고정시키는 삼각형 모양의 작은 막대
- double room 싱글침대 1.5배 크기의 침대 1개인방
- early out 조기 퇴숙, 퇴근
- front office manager 객실부 지배인
- front cashier 프론트 캐셔
- guest laundry pick-up 고객세탁물 수거, 룸 메이드의 업무
- incoming message 수신 메시지
- long term guest 장기 투숙자
- maid room 층마다 있는 메이드 작업방. 많은 객실 내 비품과 린넨류
- message delivery log book 고객의 메시지 연락상황
- minibar 객실 내 준비되어지는 유료의 음료와 스낵종류
- morning call 모닝콜

- operator 교환원
- outgoing message 발신 메시지
- overbooking 판매가능 객실수를 넘겨 예약을 받는 것. 주말 등 no show 등을 감안해 하는 경우가 있음.
- PABX private automatic branch exchange. 교환실
- parking tag 주차 후 확인꼬리표
- pick-up service 차량지원업무. 벨데스크나 기사대기실 업무
- pillow 베개
- registration card 투숙객의 등록카드. 이름·주소 등을 기록
- reservation manager 객실예약 담당 지배인
- room assign 객실 배정
- room change slip 객실 변경사항
- room check 룸 상태 점검
- room maid 룸 메이드, 주로 여성, 객실 정비업무
- room to room change 고객의 요구에 의해 방을 옮겨주는 서비스
- service station 서비스를 위한 공간(= backside)
- shower courtain 샤워커튼, 욕조의 이용 시 물이 욕실바닥에 튀지 않도록 욕조 안으로 치는 커튼
- skipper 계산을 하지 않고 가는 고객
- single room 1인용 침대방
- suite room 특실, 호텔별로 많은 고유이름을 가지고 있음
- telephone booth 공중전화
- triple room twin room + 1bed를 넣은 방
- twin room 1인용 침대 2개인 방
- upgrading 객실을 한 단계 좋은 것으로 배정하는 것, 자주 사용함
- vallet parking 주차서비스
- vice general manager 부 총지배인
- walk in guest 예약 없이 오시는 손님
- welcome drink 고객의 환영에 제공되는 무료 음료서비스, 로비에 셋업

02 팁핑

일반적으로 우리에게 팁은 익숙하지가 않다. 팁은 기분이라고 생각하는 경향이 많기 때문이다. 원래 팁은 선불이였다. 신속한 서비스를 받기 위해 테이블 위에 미리 올려놓던 풍습이 오늘날 service charge, 즉 후불식 팁으로 만들었다. 현재 팁 문화가 가장 보편적으로 이루어지는 미국은 사실 영국으로부터 식민지 시절 팁 문화를 전해 받았다고 알려져 있다. 미국은 독립전쟁이 끝난 후에 팁 문화를 영국 귀족 계급의 제도로 치부해왔으나, 현재는 세계에서 팁 문화가 가장 발달한 나라가 된 것이다.

현재 팁은 서비스에 대한 대가를 주는 의미로 사용되고 있으며 전 세계적으로 감사의 표시 차원을 넘어 통상적인 관례로 되어가고 있다. 그러므로 비즈니스나 관광여행을 계획한다면 방문할 국가의 팁에 관한 문화를 파악한 뒤 최소 단위 지폐를 미리 준비하도록 한다. 물론 잘 모를 때는 직접 물어보는 것이 좋다.

1 팁의 유래

18세기 영국의 어느 선술집 벽에 '신속하고 훌륭한 서비스를 위해 지불은 충분하게'라는 문구가 붙어 있었다.

이 문구가 후에 'To Insure Promptness'로 바뀌게 되었고 약어로 TIP이 되었다. 결국 팁은 신속한 서비스에 대한 사례의 의미로 사용되기 시작하였다.

2 상황별 팁 에티켓

팁이 보편화된 나라에서는 비록 언제·어디서나 적용되는 철칙은 없지만 서비스를 제공받은 경우 팁을 내는 것이 올바른 에티켓이라고 말할 수 있다.

그러나 팁이 지불할 금액에 포함돼 있거나 서비스 제공 측에서 팁 사양의 뜻을 밝혔을 경우는 굳이 주지 않아도 된다.

단, '사양한다(No-Tipping-Allowed)'는 것과 달리 '낼 필요가 없다(Tipping-not-Required)'고 밝힌 경우 서비스 수준에 따라 팁을 내야 할 필요가 있다.

전자의 경우 표현 그대로 받지 않겠다는 것이며, 후자는 훌륭한 서비스를 받은 대가로 팁을 준다면 받겠다는 뜻이기 때문이다.

'얼마만큼의 팁을 내야 할 것인가'와 관련해 보면 서비스 수준, 지불 금액 등을 고려해야 하나, 대개의 경우 세금이 붙지 않은 상태의 지불금액에서 15~20%가 상례다.

지불할 금액이 별로 안 될 경우 18~20% 정도, 지불 금액이 큰 경우에는 15% 정도가 알맞다.

그러나 서비스의 질에 따라 팁 수준을 달리해야 할 필요가 있음은 물론이다.

(1) 관광 시 관광업 일선에 나서는 서비스 제공자에게는 팁을 주는 게 철칙이다.

특히 이 경우 수시로 서비스를 제공받는데다 서비스 제공자도 여러 명에 이르기 때문에 관광객 입장에서는 곤혹스러울 때가 많은데 요즘 들어 관광업계에서는 이를 감안해 관광에 나서기에 앞서 아예 문구로 기본 팁 수준을 밝히는 경우가 대부분이다.

관광의 경우 버스든 크루즈든 하루 10달러의 팁이 상례화되어 있다. 이렇게 관광객이 낸 팁은 크루즈의 경우 객실 안내원·웨이터·관광가이드에 이르는 모든 승선원들이 일정한 비율로 나눠 갖는다. 그러나 선상 미장원 및 사우나 시설을 사용한 경우는 개인적으로 줘야 한다.

따라서 여행이나 관광에 나설 경우라면 총 경비에 이 같은 팁까지도 반드시 염두에 두어야 한다.

(2) 고급 레스토랑

고급 레스토랑에서는 일반 식당보다 높은 비율의 팁을 줄 필요가 있다.

레스토랑에 따라서는 와인을 서브하는 담당자가 따로 있는 곳도 있는데 이 경우 와인 서비스와 음식 서비스에 따른 팁을 별도로 줘야 한다.

세금이 붙기 전의 음식 값 및 와인 값에 대해 15~20%를 음식 서비스 제공자와 와인 스튜어트에게 각각 지불해야 한다.

- 주차서비스를 받을 경우 $1~$3
- 바텐더 10-15%
- 클록룸 조수 코트 1~2벌당 $1

(3) 숙박시설

숙박시설을 사용했을 경우는 하루 1달러를 객실 내 책상 위에 놓거나 그렇지 못했다면 객실 번호와 하우스키퍼 이름을 적은 봉투에 하루 1달러씩 계산된 팁을 넣어 프론트 데스크에 일괄처리해 주는 것이 올바른 매너다. 호텔 등지에서 짐을 들어주는 등의 서비스 제공자에게는 한 개당 1달러씩 계산해 주는 것이 바람직하다.

(4) 택시

택시의 경우는 10~15%가 관례이다.

의사 또는 변호사와 같은 전문인들에게는 팁을 주지 않는 게 상례다.
이들에게 사례해야 할 필요가 있을 경우라면 팁 대신 꽃이나 초콜릿, 와인 등을 선사하는 것이 좋다.

(5) 공연장

안내인이 자리까지 안내해줬을 경우 50센트에서 $1정도 지불한다.

(6) 미장원

요금의 15%를 지불한다.

3 국가별 팁 에티켓

전 세계적으로 휴양지나 여행지에서는 팁 문화가 어느 정도 자리잡고 있으나 나라별로 팁의 비율이나 문화적인 것에는 차이가 있으므로 이에 대해 어느 정도 상식을 갖고 있다면 팁에 대한 불편함이 어느 정도 해소될 것이다.

미국

- 매우 보편적인 팁 문화
- 레스토랑, 택시, 호텔 등 모든 서비스 이용 시 팁 지급 : 10~15% 사이
- 미국의 영향으로 캐나다도 10~15%의 팁(최소 1달러의 팁)

브라질

- 중남미 국가 : 계산서에 봉사료가 포함돼 있을 때가 많아 따로 주지 않아도 됨.
- 브라질 : 팁이 보편화되어 있어 금액의 10%나 1달러 정도를 건넴.

뉴질랜드

- 공식적으로 팁을 요구하지 않으며 팁에 대한 관습이 일반적이지 않음.
- 특별하게 고마운 서비스를 받았을 때는 약간의 팁을 주는 센스

호주

- 팁이 일반적이지 않음.
- 고급 호텔을 이용할 때나 고급 레스토랑에서 만족할 만한 서비스를 받았을 때는 금액의 10~15%를 팁으로 건네기

프랑스

보통 금액의 10~15%를 팁으로 지불
서비스에 다소 불편함이나 불만이 있었다면 지불하지 않아도 됨.

터키

- 유럽과 가까이 있어 팁 문화가 매우 발달
- 호텔을 비롯해 레스토랑 등에서 팁을 지불하는 것이 일반적
- 벨보이에게 짐을 옮겨줄 것을 부탁했을 때는 1달러 정도를 지불하며, 룸 팁은 하루에 통상 1~2달러 정도를 놓아두는 것이 적당

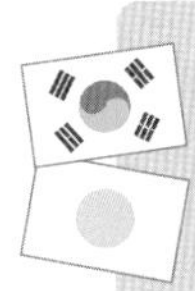

아시아 지역은 특별한 팁 문화가 없음.
대부분의 고급 음식점에서는 식대에 서비스료를 포함하고 있어 따로 팁을 준비할 필요는 없음.

필리핀

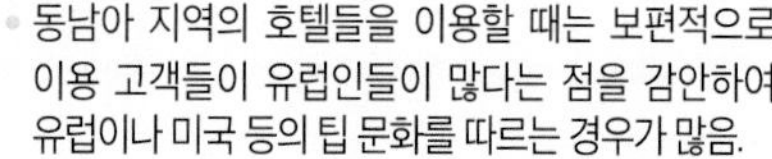

- 서비스에 만족했을 때 성의 표시로 5~10%의 팁을 지불
- 동남아 지역의 호텔들을 이용할 때는 보편적으로 이용 고객들이 유럽인들이 많다는 점을 감안하여 유럽이나 미국 등의 팁 문화를 따르는 경우가 많음.
- 외출 시 1달러 정도는 기본으로 침대나 탁자에 놓고 나가거나 서비스를 받았을 때는 1~2달러 정도를 지불

중국 고급 호텔의 경우에 약간의 팁을 지불

① 미국의 경우 팁 문화는 아주 보편적으로 반드시 지급해야 할 부분이다. 레스토랑이나 택시, 호텔 등 모든 서비스를 이용할 때 팁을 지급한다. 대개 팁의 비율은 10~15% 사이인데 요즘은 15%를 주는 것이 일반적이다. 팁

문화가 일상화되어 있는 것은 미국과 근접해 있는 캐나다도 마찬가지로 통상 이용 금액의 10~15%를 팁으로 주는데, 최소한 1달러 정도는 주는 것이 예의다.

② 중남미 국가에서는 계산서에 봉사료가 포함돼 있을 때가 많아 따로 주지 않아도 되지만, 브라질은 팁이 보편화돼 있어 금액의 10%나 1달러 정도를 팁으로 건넨다.

③ 남태평양 나라들은 점차 팁 문화가 형성되는 추세이지만 보편적이지는 않다. 뉴질랜드는 공식적으로 팁을 요구하지 않으며 팁에 대한 관습이 일반적이지 않다. 그러나 특별하게 고마운 서비스를 받았을 때는 약간의 팁을 주는 센스를 발휘하도록 한다. 호주의 경우 팁이 일반적이지는 않다. 그러나 고급 호텔을 이용할 때나 고급 레스토랑에서 만족할 만한 서비스를 받았을 때는 금액의 10~15%를 팁으로 주도록 한다.

④ 유럽에서는 팁이 관례화되어 있다. 호텔에서는 1박에 1유로씩 베개나 테이블 위에 두고 나가는 것이 기본적인 에티켓이다. 또한 레스토랑에서는 식사비의 10~15% 가량의 팁을 준비해준다. 만약 거스름돈이 있을 때는 따로 팁을 지불하지 않더라도 남은 금액을 받지 않으면 된다. 유럽에서도 프랑스는 보통 금액의 10~15%를 팁으로 지불하나 미국처럼 팁 문화가 아주 일반화되지 않았기 때문에 서비스에 다소 불편함이나 불만이 있었다면 지불하지 않아도 된다. 또한 터키도 유럽과 가까이 있어 팁 문화가 매우 발달되어 있는데, 호텔을 비롯해 레스토랑 등에서 팁을 지불하는 것이 일반적이다. 벨보이에게 짐을 옮겨줄 것을 부탁했을 때는 1달러 정도를 지불하며, 룸 팁은 하루에 통상 1~2달러 정도를 놓아두는 것이 적당하다.

⑤ 한국과 일본 등 아시아 지역은 특별한 팁 문화가 없다. 대부분의 고급 음식점에서는 식대에 서비스료를 포함하고 있어 따로 팁을 준비할 필요는 없다. 다만, 중국에서는 고급 호텔의 경우에 약간의 팁을 지불해야 하고, 필리핀에서는 서비스에 만족했을 때 성의 표시로 5~10%의 팁을 지불한다.

⑥ 또한 동남아 지역의 호텔들을 이용할 때는 보편적으로 이용 고객들이 유럽인들이 많다는 점을 감안하여 유럽이나 미국 등의 팁 문화를 따르는 경우가 많다. 외출할 때 1달러 정도는 기본으로 침대나 탁자에 놓고 나가거나 서비스를 받았을 때는 1~2달러 정도를 지불하도록 한다.

4 팁 지불 시 에티켓

(1) 돈이 보이지 않도록 하라

팁을 줄 때 돈이 보이게 주는 것은 실례니, 눈에 띄지 않을 만큼 돌돌 말거나 작게 접어서 손바닥을 아래로 향해 쥐어주는 것이 바람직하다. 이때 고마움의 뜻을 함께 전하는 것은 필수이다.

(2) 액수를 확인하는 것은 금물

익숙지 않은 화폐라 종업원이 보는 앞에서 이리저리 지폐를 살펴보는 것은 예의에 어긋나는 일이다. 미리 팁을 챙겨두도록 하자.

(3) 오래 머물 경우 팁을 한 번에

호텔에서 오랫동안 머물 경우 룸 메이드에게 팁을 마지막 날 체크아웃할 때 한 번에 주면 된다.

마찬가지로 호텔 레스토랑에서도 계산서를 받았을 때 객실 번호와 영문 이름을 적고 사인을 한 뒤 마지막 날 체크아웃할 때 팁까지 한꺼번에 계산하면 편하다.

(4) 사교의 자리에 여성과 남성이 같이 있을 경우 남성이 팁을 주도록 한다.

(5) 팁과 관련해서 무엇보다도 중요한 것은 상식에 따라야 한다는 점이다.

2달러짜리 아침식사를 서비스받았다고 해서 15%의 팁으로 30센트를 내는 것은 잘못된 팁 계산이다. 적어도 50센트는 내야 하고 여러 차례에 걸쳐 커피 서비스를 받았다면 1달러를 줘야 한다.

(6) 디스카운트 서비스를 받게 됐을 경우라 할지라도 팁은 정상적인 지불 금액을 기준으로 내야 한다.

가령 20달러짜리의 음식을 디스카운트 받아 10불에 먹었다면 팁은 1불 정도가 아닌 2~3불을 줘야 한다.

상황에 맞는 적절한 팁과 매너는 자신의 품위와 서빙하는 사람의 인격을 존중하는 하나의 격식이다.

3 공공장소 에티켓

모차르트나 베토벤 시절에는 '객석에 개는 입장이 안 된다.'라는 경고문구가 있었다 한다. 그 당시에는 개도 입장을 시킨 사람이 있을 정도로 콘서트를 가볍고 사교적인 분위기에서 관람하였다. 그러던 것이 지금처럼 경건한 분위기로 바뀐 것은 부르주아 청중이 탄생하는 19세기 들어서면서 분위기가 바뀌고 더불어 공연장에서 지켜야 할 에티켓도 생긴 것이다.

1 공연장 에티켓

(1) 공연시작 적어도 5~10분 전에 착석

공연시작 후 입장은 다른 관객들에게 피해를 줄 뿐 아니라 공연하는 아티스트들에게도 실례이다. 적어도 5분 전에는 착석을 하자.

(2) 핸드폰은 꼭 off!

핸드폰은 꺼둔다. 일부 공연장은 벨이 울렸을 경우 벌금을 물게하거나(뉴욕), 레이저 불빛으로 경고를 하고(중국), 심지어는 전파를 차단시키기도 한다(일본).

(3) 디지털카메라, 캠코더, 핸드폰캠 사용 불가

공연 중 터지는 플래시는 아티스트의 공연을 방해하고 아티스트의 저작권을 침해한다.

(4) 아이들의 사전교육

아이들과 같이 해외에 가서 공연을 관람한다면 감상능력이 떨어지는 유아나 아이들은 보호자의 철저한 교육이 필요하다. 공연 중에도 돌아다니지 않도록 사전교육을 하자.

(5) 자리 앉기

웬만한 공연들은 다 자리가 정해져 있고, 관객들도 정해진 자리에만 앉게 되어 있다. 좌석에 따라 요금체계가 다르니 이를 확인하자.

(6) 소음

음악공연에서 특히 문제가 되는 소음은 바로 헛기침이다. 정말 억제하기 힘든 기침 소리는 거의 드물고 대개 장소에 익숙하지 않아 나오는 긴장의 헛기침인데 문제는 전혀 참으려는 노력을 하지 않는 관객들이다. 또한 악장 사이에 기다렸다는 듯이 한 사람이 헛기침을 시작하면 다른 사람들도 일제히 헛기침을 따라 하는 경우도 있다.

(7) 음식물의 반입

공연장은 영화관과 달리 음식물을 반입할 수 없는 곳이다.

(8) 공연의 사전지식 취득

무엇보다 중요한 건 자신이 볼 공연에 대한 약간의 지식이 있는 것이 중요하다. 적어도 누가 연출자고 주연배우는 누구이고 공연의 특성은 무엇인지를 알고 공연을 관람하면 그 즐거움을 배로 즐길 수 있다.

(9) 박수치는 시점

박수와 환호는 공연하는 사람들에게 활력소가 되기도 하지만 때로는 공연을 방해하기도 한다. 박수치는 시점은

- 연극, 오페라, 발레는 막이 내린 후
- 기악은 마지막 악장 후 : 악장과 악장 사이는 연주자들의 집중이 필요하기 때문에 박수를 치거나 잡담을 하는 건 금물이다.
- 성악은 3곡마다 박수를 친다.

> 브라보(Bravo)는 이탈리어로 잘한다, 좋다, 신난다의 의미로 남성솔로일 경우 외친다. 성별과 수에 따라 브라바(Brava)는 여성솔로, 브라비(Bravi)는 남성 또는 복수 단체일 경우, 브라베(Brave)는 여성 복수일 경우 외친다.

(10) 모든 공연이 끝난 후 자리에서 일어나도록

공연이 끝나기 전에 주차 등 복잡한 것을 싫어하는 일부 관객들이 자리에서 일어나 나가는 경우를 본다. 공연자에게 큰 실례가 되고 여운을 느끼려는 다른 청중들에게도 예의가 아니다.

2 전시장이나 박물관 관람 에티켓

(1) 복장은 화려하지 않은 게 좋다.

만약 그림 전시회를 갔다면 전시장의 주인공은 그림이다. 그림보다 더 화려한 옷차림은 피하자. 영화나 사진 같은 데서 보면 외국 전시장에 초대된 사람들은 거의 검은 복장을 하고 있는데, 결국 주변을 모노톤으로 만들어주어 그림을 살려주는 의도이다. 또한 미니스커트, 탑, 체육복, 슬리퍼 차림은 곤란하다.

(2) 안내원의 지시에 따르며 질서를 지키고 조용히 관람, 감상한다.

(3) 전시장에 가서 너무 많은 질문은 하지 않는 게 에티켓

전시된 그림 또는 물품에 대해 전부다 돌면서 일일이 질문을 하는 경우에는 난처하다. 그러니 정말 좋은 느낌의 그림 몇 점이나 전시물을 골라 도움을 받는 차원에서 물어 보는 정도가 좋다.

(4) 사진 촬영 금지

일단 사진 촬영은 하지 않는 게 국제적인 매너이다. 촬영금지라는 팻말을 자주 보았을 텐데, 특히 미술관에서는 철저한 금기로 여기고 있다.

Tip

미술관에서 사진 촬영을 금한 이유~

예전의 그림들은 재료가 요즘과 달라 빛이나 열에 아주 민감하여, 더러는 약간의 열에도 균열이나 탈색이 일어났기 때문에 이런 이유로 사진촬영을 금했으나 근래에 들어와서는 그런 위험보다는 저작에 관한 문제로 촬영을 금지한다.

(5) 전시품에 손을 대거나 파손시키면 안 된다.

(6) 전시품에 대해 큰 소리로 아는 체하는 행위는 삼가야 한다.

(7) 줄을 지어 관람할 때는 혼자 한 작품 앞에 오래 서 있어 뒷사람에게 방해를 주지 않도록 한다.

(8) 내용을 이해하지 못하는 어린 아이는 다른 사람의 관람을 방해할 수도 있기 때문에 가급적 동반하지 않도록 한다.

3 사찰, 성지 관광 에티켓

종교적 계율로 노출이 절대 금지되어 있는 나라가 있는 반면, 경외심을 표현하기 위해 노출을 삼가는 나라도 있다.

(1) 종교적인 사찰이나 성지를 방문 시에는 민소매 옷은 가급적 삼가고 다리와 발이 보이지 않도록 해야 한다.

이탈리아의 교황청과 인도네시아, 미얀마, 말레이시아, 태국 등 아시아 지역의 불교, 이슬람, 힌두 사원을 방문할 때 미리 옷차림을 신경써야 한다. 태국에서는 사원 입구에서 허리에 두르는 '샤롱'이라는 긴 천을 빌려주기도 한다.

사원 외 태국의 왕궁도 민소매, 짧은 반바지나 치마를 입은 상태에서 출입이 허용되지 않는다.

(2) 큰 소리로 떠드는 것은 금물이고 엄숙하게 성지를 방문한다.

(3) 사찰 내에 성스러운 물건을 손으로 만지는 행위는 금한다.

4 공공화장실 이용 에티켓

이번엔 공공장소 중 화장실 문화에 대해 잠깐 알아보자.

(1) 화장실의 다양한 종류

세계 각국의 화장실은 다양하다. 개방형 화장실과 밀폐형 화장실, 노천 화장실과 첨단 화장실, 수상, 해상화장실, 공중화장실과 돼지화장실, 유료와 무료화장실 등이 있다.

- 동남아지역의 수상가옥 사람들은 강물 위에 세워진 수상화장실을 이용, 배설물이 아래로 떨어지게 한다. 수상가옥 형태로 된 관광지의 레스토랑을 이용 시에도 마찬가지다.
- 태평양 서사모아에서는 바다 위의 해상화장실을 이용한다. 수상화장실과 같은 이치이다. 모래 기슭에 용변을 보는 경우도 있다. 재미있는 것은 파푸아뉴기니의 경우 인분이 집게들의 먹이라는 점이고 그러한 집게는 지역민들에게 사랑받는 음식 메뉴라는 거다.
- 밀림지대의 사람들은 나무 꼭대기에 세워진 공중화장실을 이용한다.
- 인도, 중국, 부탄의 사람들은 우리나라 제주도처럼 돼지화장실을 이용한다.
- 스위스 같은 곳은 최첨단 화장실시설이 되어 있다. 우리나라도 호텔이나 백화점 등에서 문을 열 때 센서가 작동하여 자동 세척이 되는 화장실도 있을만큼 다양화 되었다.
- 유럽의 일부 나라에서는 화장실 이용 시 돈을 지불한다. 우리나라 사물함처럼 동전을 넣으면 열리는 형태로 되어 있어 반드시 코인을 준비해서 화장실을 가야 한다.

> **Tip**
> 인도에서는 세균의 온상이 되는 화장실이 불결하다 하여 집 근처나 건물 주변에 화장실을 두지 않는다. 그래서 개울가나 풀숲에서 볼일을 보기도 하는데, 이때 화장지를 쓰지 않고 작은 깡통에 물을 받아 이걸 들고 이동을 해서 볼일을 본다. 물론 관광객에게 이런 현지 문화를 따르라고는 하지 않겠지만 어떤 관광객은 아침에 깡통 들고 지나가는 인도사람에게 불쌍한 거지인줄 알고 동전을 넣어주기도 했다. 그 사람들… 화장실 가는 사람들이다!

(2) 화장실 이용 에티켓

❶ 한 줄 서기는 기본이다. 서양권 사람들은 먼저 화장실에 온 사람이 줄을 잘못 섰다는 이유로 나중에 들어가는 것은 불합리하다고 생각한다.

❷ 노크가 때로는 실례가 되기도 함.

호주나 뉴질랜드 등은 꼭 호텔이 아니더라도 웬만한 화장실에 'vacant', 'occupancy'가 표시가 된다. 굳이 확인을 할 수 있는데 노크를 한다면 이를 실례라 생각한다.

❸ 다음 사람을 위해 청결한 화장실 사용은 기본

이슬람권의 화장실

대소변을 보고 반드시 물로 닦으라는 코란의 가르침에 따라 전 세계 21억 무슬림들은 일을 보고 나서 휴지를 사용하지 않고 물로 닦는다. 이슬람문화권의 나라에 가면 화장실 내에 물을 사용하는 호스가 있는 것을 볼 수 있다. 수세식 화장실문화는 엄밀히 이야기하면 1천 4백 년 전 이슬람 세계에서 시작됐다고 볼 수 있고 무슬림들에게는 비데는 없어서는 안될 생활필수품이다.

"좌측통행? 우측통행?"

한국은 차량통행 시 우측통행을 한다. 하지만 가까운 일본 그리고 대표적으로 영국, 호주 등이 좌측통행을 한다. 이러한 통행 방식의 차이로 외국 방문시 교통사고가 나는 경우가 많은데 이러한 차이가 생기게 된 원인에 대해 알아보자.

고고학자들에 따르면 고대 로마시대 채석장 유적지 주변의 도로를 연구한 결과 왼쪽이 더 깊게 파였으며 이는 고대에도 통행규칙이 있었고 좌측 통행이 기본이었을 거라고 추측하고 있다.

영국의 좌측통행에 대해서는 세가지 설이 있다. 우선 영국의 기사들과 관련된 것으로 당시 영국의 기사들은 오른손에 창을 들고 말을 몰았다. 그 결과 전투에서 좌측으로 달리며 우측에서 오는 적을 공격하는 것이 유리하여 이러한 관습이 마차로 이어지고 자동차로 이어졌다는 것이다. 또한 당시 대중교통수단이었던 마차의 마부가 오른손으로 채찍질을 하기 위해 오른쪽에 앉았으며 마주 오는 마차와의 충돌을 피하기 위해 좌측통행이 유리했다고 한다. 또 다른 설은 17세기 초 영국 런던과 지방을 잇는 유일한 교통로였던 런던교가 매우 복잡하여 당시 런던시장이 "시내로 들어가는 마차는 강 상류 쪽(왼쪽), 나가는 마차는 하류 쪽으로 진행하라"는 런던교 통행 원칙을 선포했다고 한다. 이것이 영국 최초의 교통법규로 각국에 퍼졌다는 설이다.

일본의 좌측통행은 사무라이들과 관련이 있다. 사무라이들은 왼쪽 옆구리에 칼을 차고 다녔는데 우측 통행을 하게 되면 마주 오는 사무라이의 칼과 칼 끝이 부딪칠 수 있었다. 사무라이들은 이를 수치로 여겼다고 한다. 그래서 이를 피하기 위해 좌측 통행을 했다고 한다.

우측 통행의 기원 역시 흥미롭다. 한 때 유럽을 정복했던 나폴레옹이 영국의 기마법을 역이용했다고 한다. 즉, 우측 대신에 좌측으로 공격하기 위해 우측통행을 기본으로 하는 기마법을 개발하여 연승해 유럽을 정복했다고 한다. 이에 따라 영국과 그 식민지를 제외한 다른 나라에서는 프랑스 기마법을 따르게 됐고 이것이 마차와 자동차까지 이어져 오늘날에 이르렀다는 설도 있다.

ENGLISH SENTENCE

❙ 영어 문장 ❙

예약 시

"내일 밤 2명이 투숙할 방을 예약하고 싶은데요"

I'd like to make a reservation for a twin bedroom for tomorrow night.

모닝콜 요청 시

"7시에 깨워주시겠어요?"

"Can you give me a wake-up call at seven?"

메트로폴리탄 박물관을 찾을 때

"메트로폴리탄 박물관이 어디에요?"

"Where is the Metropolitan Museum?"

전시 내용을 물을 때

"특별한 전시가 있습니까?"

"Is there a special exhibition?"

MEMO

CHAPTER 04

비즈니스 매너

오늘의 학습목표

- 방문·안내 시 에티켓에 대해 알 수 있다.
- 소개의 원칙과 주의할 점에 대해 알 수 있다.
- 인사의 종류와 방법 그리고 국가별 다양한 인사방법에 대해 알 수 있다.
- 명함 교환방법에 대해 알 수 있다.

에티켓 내용

- 방문·안내 에티켓
- 소개 에티켓
- 인사 에티켓
- 명함 교환 에티켓

01 방문·안내 시 에티켓

1 방문/초청 매너

(1) 약속은 기본

(2) 방문시간

❶ 일반적으로 오후 3~5시가 이상적이다.

❷ 출·퇴근 등 혼잡한 시간은 피한다.

❸ 5일 근무제나 근무시간이 다른 회사도 있으므로 주의해서 방문시간을 정해야 한다.

참고로 나라별 근무시간을 알아보면 다음과 같다.

독일은 아침 7시부터 오후 4시까지, 미국은 아침 8시 반부터 4시 반 또는 5시까지, 그리스는 아침 8시부터 오후 1시 반까지, 그리고 오후 5시 반부터 8시 반까지 나누어 근무하기도 한다. 중국은 점심 후 낮잠시간을 가지고, 중남미에서는 점심시간이 3시간 정도. 우리나라와 일본은 출근 시간은 정확한 반면 퇴근 시간은 대중없다.

시에스타는 점심을 먹은 뒤 잠깐 자는 낮잠을 일컫는 말이다. 이 말은 스페인어로, 원래는 라틴어 hora sexta(여섯 번째 시간)에서 유래했다. 동틀 녘부터 정오 사이인 6시간이 지나 잠시 쉰다는 의미를 내포한다.

이는 스페인의 전통적인 습관이며 스페인 문화의 영향으로 수많은 라틴 아메리카 국가들에서도 시에스타를 볼 수 있다. 그러나 포르투갈의 지배를 받은 브라질에서는 시에스타가 나타나지 않는다. 스페인어권 국가를 빼고서도 비슷한 습관은 필리핀, 중국, 베트남, 인도, 이탈리아, 그리스, 크로아티아, 몰타 등에서도 나타난다.

(3) 사전 준비 철저히

방문목적 정리, 방문할 기업에 대한 정보나 개인방문이면 고객의 명단, 주소, 스케줄을 체크한다. 명함은 면담자의 3배수 정도 준비한다. 방문 소요시간을 예측한다. 30분이 적당하다.

(4) 깔끔한 용모와 단정한 옷차림

가급적 캐주얼 차림보다는 정장차림과 단정하고 청결한 용모를 한다.

(5) 안내를 받는다.

❶ 도착 후 비서나 안내 데스크에서 자신의 신분과 방문 대상자, 용건을 명료하게 밝힌다. 만약 안내 카운터가 없으면 경비실에 이름과 방문목적을 말하고 연락해 주도록 안내를 구한다.

❷ 동행이 있는 경우, 반드시 사전에 알린다.

❸ 초청할 경우에는, 로비나 안내 데스크에 연락하여 방문자가 당황하지 않도록 미리 조치해 둔다.

(6) 기다리게 될 때에는

❶ 안내자가 지정해 준 자리에 앉도록 한다.

② 코트는 접어서 옆자리에 둔다.

③ 명함과 필요한 서류를 준비해 둔다.

④ 바른 자세로 기다리다 상대방이 오면 일어서서 인사한다.

2 안내 매너

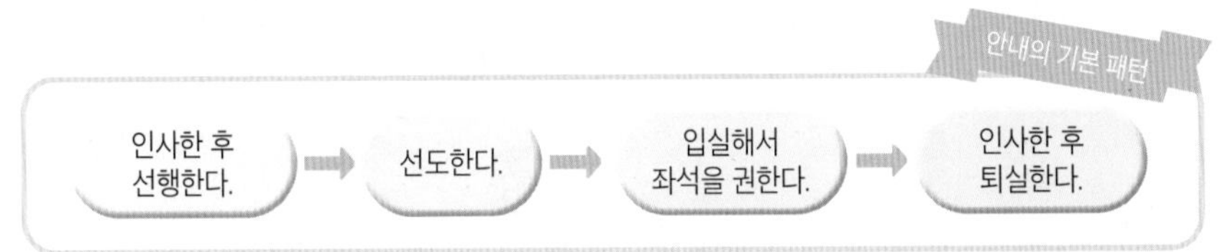

(1) 장소별 안내

① 엘리베이터

- 안내원이 있는 경우 : 상대방이 먼저 탑승하기
- 안내원이 없는 경우 : 상대가 1인일 때 상대방이 먼저 탑승/하기 하고, 상대가 다수일 때는 안내자가 먼저 탑승하고 나중에 하기 한다.
- 좁은 공간이므로 가급적 큰소리로 이야기하지 말아야 하고 중량 초과가 예상되는 경우 다음 차례를 이용하며 초과 시에는 먼저 양보한다.

② 문

- 당기는 문인 경우 : 몸의 방향을 상대방을 향하도록 서서 노크한다. 문 쪽과 가까운 손을 이용하여 문을 연다.
- 미는 문인 경우 : 위와 마찬가지로 노크를 한 후에 문을 열고 들어가 상대를 안쪽으로 들어오게 안내한다.
- 회전문 : 수동식일 경우 상대를 먼저 들어가게 한 후 뒤에서 천천히 밀어 상대가 편하게 입실할 수 있도록 한다. 자동회전문일 경우 역시 상대가 먼저 들어가도록 한다.

- 미닫이문 : 문을 열고 손님이 들어가게 한 후 문을 닫는다.
- 자동문 : 안내자가 손님보다 1~2보 먼저 들어가 문 옆에서 기다린다.
- 용수철 장치가 있는 문 : 좌우 어느 한 쪽을 손으로 밀어 열고, 되돌아 튕겨져 나오지 않도록 민 채로 옆에서 안내한다.

❸ 계단 안내자는 1~2 계단 앞서 오르고 내린다. 단, 여성이 안내자인 경우 상대인 남성이 먼저 오르고, 내려올 때는 여성이 먼저 내려온다.

❹ 복도 고객은 중앙에 서고, 안내자는 2~3보 앞에서 보조를 맞추어 걷는다.

대중교통 이용 시

대중교통 이용 시 여성이 먼저 타고, 내릴 때는 남성이 먼저 내린다. 남성이 버팀목 역할을 한다. 에스컬레이터 역시 남성이 아랫쪽에 위치한다.

(2) 상황별 안내

❶ 즉시 안내할 경우

- 약속이 된 경우 : 정해진 장소로 안내
- 약속이 되지 않은 경우 : 지시에 따라 안내

❷ 오래 기다리게 할 경우

- 돌아올 시간이 정해져 있을 때는 시간을 알려주고 기다릴 수 있는가 묻는다.
- 기다리게 할 경우 의자를 권하고 차 접대와 사보, 신문, 카탈로그 등을 제공한다.
- 담당자 외에 다른 사람으로 대신해도 좋은가 물어본다.

방향 지시를 할 경우

- STEP 1 : 지시 내용을 복창한다.
- STEP 2 : 손가락은 모으고, 손 전체를 사용한다. 손등이 보이지 않도록 하고 약 45도 정도를 유지한다. 가까운 손을 사용하되 사물은 한 손, 사람은 두 손으로 지시한다. 팔의 각도에 따라 거리감을 표현한다.
- STEP 3 : 시선도 함께 이동한다. 시선의 3접점 : 고객 → 방향 → 고객
- STEP 4 : 상대방을 기준으로 말하여 안내한다.

3 방문 시 체크리스트

(1) 초청자의 경우

❶ 약속시간 손님을 기다리게 하지 않는다.

❷ 도착 시 자신 또는 부하직원이 직접 안내한다.

❸ 소개 책상에서 나와 인사하고 똑같이 의자에 앉는다.

❹ 코트, 짐 옷은 받아 걸고, 무거운 짐은 받아준다.

❺ 착석 손님이 앉을 곳을 지정해 준다.

❻ 명함 명함을 제시한다.

❼ 방해 급한 전화가 아니면 받지 않는다.

❽ 작별 인사 안내 데스크까지 배웅한다. 만약 방문이 길어졌거나 다른 약속이 있을 경우 정중히 사과를 구한다.

(2) 방문자의 경우

❶ 약속시간　정해진 시간 또는 10분 정도 일찍 도착한다.

❷ 도착 시　안내 데스크에 자신의 회사명, 이름, 약속한 사람의 부서명, 이름 등을 말하고 명함을 제시한다.

❸ 소개　악수를 한다.

❹ 코트, 짐　옷을 걸 만한 장소를 보아 두고, 안내를 기다린다.

❺ 착석　초청자가 앉으라고 할 때까지 기다리고 책상 위에는 지갑이나 가방 등을 올리지 않는다.

❻ 명함　초청자가 명함을 제공하지 않을 경우 물어 보고 명함을 준다.

❼ 흡연　흡연은 삼가는 것이 좋다.

❽ 방해　급한 전화가 아니면 받지 않는다.

❾ 작별 인사　일어서서 악수를 하고 너무 오래 머물지 않으며, 방문 후에는 감사편지를 간단히 작성해 발송한다.

02 소개

H기업 회장이 공식회의가 있기 전 안내를 해주고 음료를 갖다주는 여과장에게 묻는다.

회 장 "자네 이름이 뭔가?"
여과장 "네?"(당황하며…) '아… 이럴 땐 어떻게 내 소개를 해야하지… 높은 회장님 앞이니깐… 아! 이렇게 하면 되겠구나…'
"네… 저는 홍자 길자 순자 과장입니다."
회 장 ???

1 소개의 기본 원칙

(1) 자기 자신을 소개할 때

❶ 자신의 지위를 밝히지 않고 이름과 성을 알려주는 것이 상례이다. 만약 위의 경우 그냥 "홍길순입니다." 하면 된다. 하지만 간혹 상대방에게 부서에서의 위치를 알려주고 호칭을 편하게 사용할 수 있게끔 해주는 의미에서 직급을 이야기하기도 한다. "홍길순 과장입니다."라고 이야기하면 "홍길순씨~" 보다는 "홍과장"이라는 표현이 사내에서는 더 자연스럽다.

❷ 자신의 이름 앞에 Mr. 혹은 Mrs.나 Miss같은 존칭을 붙이지 않는다.

(2) 타인을 소개 시

윗사람의 이름을 먼저 부른 후 아랫사람의 이름을 알려주는 것이 원칙이다.

예 John이 윗사람이고 Kim이 아랫사람일 경우
Mr. John! This is Mr.Kim

(3) 소개 순서

❶ 하급자를 상급자에게 소개한다.

❷ 연하자를 연장자에게 소개한다.

❸ 남성을 여성에게 소개한다.

❹ 가족을 외부인에게 소개한다.

❺ 소개자가 친한 사람부터 소개한다.

❻ 사내인을 사외인에 소개한다. 그러나 직급이 다를 경우 직급이 우선한다.

❼ 많은 사람에게 소수를 소개할 경우, 소수를 다수에게 다수의 직급 순 또는 좌석 순으로 소개한다.

❽ 소개자가 많을 경우, 직업, 소속 등이 다양할 때는 직업과 회사명을 함께 소개하며, 이런 경우 각자 자기소개를 하는 방법도 바람직하다.

2 소개 시 주의점

❶ 소개 시 소개하는 사람과 소개받는 사람 모두 일어서서 한다.

❷ 두 사람을 소개할 때 두 명 중 한쪽만을 소개하거나 이름을 빠뜨리는 등의 결례를 해서는 안 된다.

❸ 소개 시 성과 이름 모두 말해야 한다. 외국인의 경우도 마찬가지이다. 첫인사를 할 때는 정중하게 자기를 낮추고 상대를 존중한다.

❹ 소개의 5단계

- 1단계 : 일어선다.
- 2단계 : 밝은 표정으로 소개를 나눈다.
- 3단계 : 악수나 인사를 한다.
- 4단계 : 명함을 건넨다.
- 5단계 : 대화가 끝난 후 마무리 인사를 한다.

03 인사

인사(人事) 중 인(人)은 '사람·인(人)'자와 '일·사(事)'자로, 즉 '사람이 하는 일'을 말한다. 또한 '사'는 섬길·사의 뜻도 가지고 있다. 따라서 인사란 사람이 하는 일로 할 때는 사람을 섬기는 마음으로 해야 한다.

이것은 동물과 구분이 되는 인간 고유의 행위이며 모든 인간 예절의 틀이다. 사람이 서로 만나거나 헤어질 때 말, 태도 등으로 존경, 우정 등을 표시하는 행동양식이며 또한 인간관계를 원활히 하기 위해 일정한 형식, 또는 의례적인 상호 행위이다.

이는 원시시대(미개시대)에 상대방을 해치지 않겠다는 신호(적이 아니라는 신호)로 손을 위로 들기도 했고(현재의 거수 경례), 손을 앞으로 내밀기도 했고(현재의 악수), 허리를 굽히기도 했다(허리 굽혀 경례).

인사는 예절 가운데서도 가장 기본이 되는 표현으로 상대방을 인정하고 존경하며 반가움을 나타내는 형식의 하나이며 처음 만난 사람이나 웃어른에게 자신의 모든 것을 가장 잘 표현하고 상대방에게서 호감을 받을 수 있는 첫 관문이다.

또한 가장 대표적인 관계 커뮤니케이션의 도구이다.

인사는 크게 신체접촉이 없는 수직 인사법과 신체를 접촉하는 수평 인사법으로 구분할 수 있다. 우리를 비롯한 아시아 여러 문화권에서 행해지는 '허리 굽혀 절하기'와 손을 모으는 '합장'은 신체접촉이 없는 수직적 인사법인 반면, 악수나 포옹, 뺨에 입맞춤하는 '비주'는 신체를 접촉하는 수평 인사법이다.

인사는 민족·시대·계절·시간·조건·계급·신분·종교·직업·연령·성별 등에 따라 각기 구분이 있어 행동양식을 달리 한다.

하지만 오늘날 비즈니스 세계에서는 나라와 문화를 불문하고 악수가 지배적이다. 따라서 악수에 대해 살펴보고 또한 신체적 접촉이 없는 인사법 중 우리나라의 인사법인 '허리굽혀 절하기'에 대해 자세히 살펴보면 다음과 같다.

1 악수

(1) 악수의 유래

악수의 유래에 대해서는 정확하지는 않지만 고고학적 유물이나 고대 자료를 보면 악수는 신에게서 지상의 통치자에게 권력이 이양되는 것을 의미했다. 이것은 이집트 시대의 동사인 '주다'라는 표현이 상형문자로 손을 내민 모양을 나타내는 것에서도 알 수 있다.

또한, A.D 30~25년 로마 Nerva 시대의 동전에 악수하는 그림이 그려져 있고 현재 영국박물관이 소장한 기원전 70~38년에 헬라클레스와 안티오크스 1세가 협정을 위해 악수하는 장면이 새겨진 비석이 있다.

다른 연구자들은 악수는 Walter Raleigh경에 의해 16세기 말에 영국법정에 소개되었다고 주장하는 사람도 있다.

또 어떤 사람들은 손에 무기를 지니고 있지 않음을 보여줌으로써 화해 평화를 위한 제스처로 유래를 찾는 사람도 있다.

유래가 어떠든간에 악수(握手)는 두 사람이 손을 맞잡고, 이후 맞잡은 손을 위아래로 흔드는 의식적인 행위로 오늘날 만날 때, 헤어질 때, 축하할 때, 합의를 이끌어 냈을 때 그리고 스포츠에서는 좋은 스포츠맨십을 나타내는 표시로 행해진다.

악수의 목적은 신뢰와 균형, 평등을 위한 것이며 선의를 보이기 위한 것이다.

(2) 악수의 3단계

- 1단계 : 일어선다.
- 2단계 : 자기를 소개하며 엄지를 세우고 비스듬히 손을 내민다.
- 3단계 : 적당한 힘으로 잡고 두세 번 흔든다.

사진 출처 : 위키피아 백과 사전

(3) 올바른 악수법

❶ 자세 악수는 수평적인 악수이기 때문에 허리를 숙이지 않고 꼿꼿하게 세우고 한다. 하지만 대통령이나 왕족을 대하는 경우에는 머리를 숙인다.

❷ 손을 잡을 때

- 오른손으로 한다. 단, 오른손에 부상이나 장애가 있을 경우에는 왼손으로 하거나 생략하기도 한다.
- 만약 장갑을 끼었다면 장갑은 빼고 한다. 하지만 오페라를 보러갈 때 착용하는 드레스용 장갑이나 결혼식 때 착용하는 웨딩용 장갑은 끼고 해도 무방하다.
- 너무 꽉 잡지 않고 적당한 힘으로 잡아준다. 이때 너무 느슨하게도 잡지 않는다. 힘이 없는 악수를 'limp fish' 또는 'dead fish' 악수라고 할 정도로 상대방이 느슨한 악수에 언짢아 할 수도 있다.
- 상대방이 지나치게 세게 잡을 때(bone breaking) 그리고 길게 잡고 있을 때는 갑자기 빼지 말고 손의 각도를 위로 해서 손을 빼겠다는 표현으로 한 번 톡치면서 가볍게 뺀다.
- 두 손으로 잡는 것은 친한 관계라면 상관은 없다. 단, 다른 한 손이 상대방의 손 위에 올라가지 않도록만 주의하자.
- 오른손에 물건을 쥐고 있을 때 물건을 내려놓고 오른손으로 한다.
- 손에 땀이 많이 났을 경우에는 손수건으로 닦은 후 악수한다.

Tip

만약 상대방이 장갑을 끼고 악수를 청했다면 상대방이 무안하지 않도록 굳이 장갑을 빼지 않도록 한다.

우리나라의 악수법은?

서양식 악수의 기본인 허리를 꼿꼿하게 세우고 하는 악수는 우리나라 정서상 맞지 않는다. 그래서 우리나라 인사법과 접목을 시켜 악수 시에는 10~15도 정도 허리를 굽혀 예를 표한다. 단, 왼손은 가지런히 바지나 치마 옆선에 놓는다. 두 손으로 상대방 손을 부여잡거나 오른팔 밑에 대거나 배에 대지 않도록 한다.

- 2~3회 흔든다. 너무 오래 잡고 흔든다든가 하는 과장된 행동은 아부나 아첨으로 보일 염려가 있다.

③ 시선처리

악수를 하는 동안은 상대의 눈을 보면서 밝은 표정으로 한다.

감정교환의 중요한 수단인 상대방의 시선을 피하는 것은 상대의 의견을 무시하는 행위로 간주된다.

(4) 악수를 청할 때

- 선배가 후배에게
- 상급자가 하급자에게
- 연장자가 연하자에게
- 여성이 남성에게
- 기혼자가 미혼자에게

Tip

만약 회사 내에서 남성인 상급자와 여성인 하급자가 있을 경우 악수는 누가 청할까? 이럴 경우 회사에서는 직급이 우선이기 때문에 상급자가 남성이더라도 먼저 여성 하급자에게 청해도 된다.

(5) 각 나라별 악수의 특징

① 독일, 오스트리아, 이탈리아, 스페인의 유럽과 중남미 국가의 남성들은 악수를 한 뒤 손등에 입맞춤하는 버릇이 있다. 반면 덴마크, 벨기에, 네덜란드 여성은 손등에 입을 맞추는 것을 무례하다고 여긴다. 특히 독일은 힘이 들어간 악수가 기분이 최상이라는 의미로, 오래도록 손을 잡고 흔들면 진한 친밀감을 느끼며 뼈가 으스러질 정도로 잡는다면 자신을 특별한 존재로 여기고 있다는 의미이다.

② 폴란드　젊은 연하의 남성이 여성의 손에 코를 부비는 일이 종종 있다. 이때 여성은 남성이 자신에게 특별한 감정을 갖고 있다 생각하나 코를 부비는 행위는 윗사람에 대한 존경의 의미를 담고 있다. 폴란드와 오스트리아는 또한 아무리 많은 사람이 모였더라도 모든 사람에게 악수를 건네는 것이 습관화되어 있다. 상당한 시간이 소모된다.

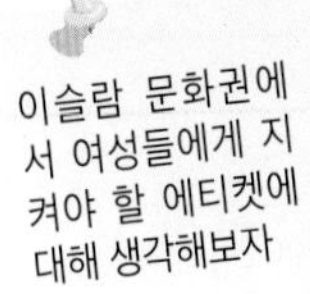

③ 영국은 초면의 남성에게만 악수를 청하며 그 다음부터는 생략한다. 그다지 악수에 호의적이지 않다.

④ 이슬람 사회와 인도 사회에서는 여성들에게 절대 악수를 청해서는 안 된다. 여성과의 악수는 여성의 사생활을 침해한다고 여긴다. 그리고 왼손을 부정하다고 여기기 때문에 왼손으로 악수하는 일은 절대 없도록 한다.

⑤ 알바니아 이성 간에만 악수가 허용된다.

⑥ 프랑스 악수하기를 무척 좋아한다. 손이 젖었거나 다쳤을 때조차도 손목이나 팔뚝을 내밀 정도로 악수가 습관화되어 있다. 하루에 몇 번씩 같은 사람과 악수를 나눈다. 이때 악수를 나눈 후에는 그 사람을 꼭 기억하고 있어야 한다. 만약 기억을 못했을 때 첫 악수 시 상대방을 무시했다 생각한다.

⑦ 미국 상대방 가까이 다가가 악수를 청하며 손 역시 펌프질 하듯 세게 흔든다.

2 허리 굽혀 인사하기

(1) 인사 자세

① 바른 자세로 상대를 향해 선다.

- 발 : 발꿈치를 붙여서 V자 형으로 하고, 무릎을 붙인다.
- 가슴과 등 : 자연스럽게 곧게 편다.
- 어깨 : 힘을 빼고 어깨선이 굽지 않게 한다.
- 손 : 여성 – 오른손이 위로 오도록 하여 두 손을 앞으로 모은다.
  남성 – 바지의 재봉선에 자연스럽게 붙인다.

② 상대방의 눈을 보며 상냥하게 인사말을 건넨다.

시선을 부드럽게 상대방의 눈을 응시하며, 밝고 쾌활한 목소리로 인사한다.

❸ 상체를 정중하게 굽힌다.

허리, 등, 목이 일직선이 되도록 하여 일반적인 인사의 경우 30도 정도 굽힌다.

❹ 잠시 멈춘다.

시선은 상대방의 발끝에서 1~2m 앞에 두고 0.5초에서 1초 정도 멈춘다.

❺ 천천히 올린다.

굽힐 때보다 천천히 상체를 든다.

❻ 바로 서서, 눈맞춤을 한다.

미소띤 얼굴을 유지한다.

공수법 남좌여우란?

공손한 자세를 취하기 위해 잡는 손 '공수'(拱手) 를 할 때 평상시에는 남자는 왼손이 위이고 여자는 오른손이 위로 가게 잡는다. 이를 '남좌여우'(男左女右)라고 한다. 자기 자신을 기준으로 했을 때 남자는 양이므로 해 뜨는 쪽 동쪽의 방위가 자신이 되고 여자는 음이므로 해지는 쪽 서쪽의 방위가 자신이 되는데 이를 '남동여서'(男東女西)라고 한다. 그러므로 남자의 경우는 동쪽이 왼손이므로 왼손을 위로 가게 잡고 여자는 서쪽이 오른손이므로 오른손을 위로 가게 잡는 것이다. 그러나 흉사시(제사, 문상)에는 평상시와는 반대로 '남우여좌'를 한다.

옛날 우리 조상들에게 있어서 남자와 여자라는 관념은 상하 주종의 개념이 아니었다. 낮과 밤처럼 자연의 일부로서 살아가는 인간을 이해하고 그 속에서 조화를 꾀하려는 질서이자 합리적 규정이었다.

(2) 종류

- 목례 : 가벼운 눈인사로 도서관이나 회의실과 같은 조용한 장소에서 할 수 있는 인사이다.

- 약례 : 15도 인사로 계단과 엘리베이터 안과 같은 좁은 장소에서 할 수 있다.
- 보통례 : 30도 인사로 일반적 상황에서 인사할 때 할 수 있다.
- 정중례 : 45도 인사로 깊은 사죄와 감사의 마음을 전할 때 할 수 있다.

(3) 상황별·장소별 인사법

❶ 먼 거리에서 마주오고 있을 때 우선 상대방을 보았다는 표시로 웃으면서 눈 인사를 나눈 후에 인사하기에 알맞은 거리인 140cm 정도의 거리에서 허리를 숙여 보통례를 한다.

❷ 한 번 이상 마주칠 때 처음 마주쳤을 때는 보통례로 인사를 나눈 후에 한 번 이상 계속 마주칠 경우 약례로 가볍게 인사를 나눈다.

❸ 엘리베이터에서 엘리베이터에 들어가면서 크지 않은 목소리로 15도 약례 인사한다.

❹ 계단에서 상급자가 위에서 내려오고 하급자가 아래에서 올라가고 있을 때는 두세 계단을 사이에 두고 15도 약례를 한다. 하지만 반대로 하급자가 위에 상급자가 아래에 있을 때는 하급자가 빠르게 내려와서 같은 계단에서 가급적 인사를 할 수 있도록 한다.

❺ 복도에서 복도가 좁다면 15도 약례를 한 후 옆으로 서서 상대방이 지나갈 수 있도록 배려를 한다.

(4) 인사를 생략해도 되는 경우

- 무거운 짐을 들 때 또는 이동할 때
- 화장실과 같은 개인적 장소
- 회의 중이거나 교육 중일 때

Tip
단, 눈이 마주쳤다면 목례나 약례를 한다.

3 국가별 다양한 인사법

(1) 일본

인사를 할 때 허리를 30도 이상 깍듯이 굽히는 것으로 유명하다. 특히 작별을 할 때는 부담스럽게 인사를 연거푸 하는 경향이 있다. 일본사람과 인사를 나눌 시에는 비슷한 정도로 허리를 굽혀주고 헤어진 후 다시 시선을 주어 인사를 한 번 더 나눠주는 것이 필요하다.

(2) 태국, 라오스, 스리랑카

합장하듯 두 손을 가슴 위에 가지런히 모으는 방식이다. 태국은 와이(wai), 라오스는 '놉'이라고 한다. 부처님께 합장하여 인사함으로써 불심에 전념하고 있음을 나타내고 기도하는 것처럼 두 손을 가지런히 모음으로써 상대에 대한 존중과 신뢰를 표현한다.

손이 높이 올라갈수록 더 큰 존경을 나타낸다. 웃어른에게 인사를 할 때는 손을 입술 가까이까지 닿아야 한다. 그리고 스님이나 높은 관료들에게는 손이 눈썹까지 이르도록 해야 한다. 합장할 때는 고개를 숙여 웃어른에 대한 예의를 표현하지만 대등한 관계에서는 고개를 숙이지 않아도 된다.

(3) 인도와 네팔

태국에서처럼 두 손을 모아 합장하는 것은 같으나 서열 구분 없이 모든 사람에게 고개를 숙이는 점에서 차이가 있다. 성자나 연장자에게 존경을 나타낼 때는 좀 더 예의 바르게 무릎을 꿇고 상대방의 발을 만진 손을 자신의 눈과 이마에 차례로 대는 인사를 한다.

(4) 멕시코, 페루, 미국, 유럽 등

'비주'라고 하는 인사법을 한다. 이것은 가까운 가족과 친구 간에 볼에 살짝 입을 맞추기도 하고 뺨을 부드럽게 부딪히기도 한다.

보통 오른쪽 뺨부터 입을 맞추는 게 관례이다. 나라마다 한 번 혹은 네 번까지도 한다.

(5) 에티오피아 징카족

남녀 불문하고 서로의 입술을 대여섯 차례 새 모이 쪼듯 재빠르게 입맞춤한 뒤 주먹으로 가슴을 번갈아치면서 반가움의 인사를 나눈다.

(6) 러시아

베어허그(bear hug)는 가까운 이들과 서로 힘주어 꽉 끌어 안는 것, 갈비뼈가 으스러지도록 안아주는 것이다.

(7) 에스키모와 뉴질랜드 마오리족

에스키모인들의 인사법은 '서로의 코를 비비는 것' 이다. 이 인사법은 모성애에서 비롯된 키스에서 비롯됐다. 이것은 치아가 없는 어린아이를 위해 음식을 씹은 뒤 입으로 건네 먹이던 어머니의 행동이 아이의 치아가 자란 뒤에도 비슷하게 반복하면서 친밀감과 사랑의 표현으로 바뀌게 되었다.

뉴질랜드 마오리족 역시 "hongi"(소리를 지르면서 코를 비빔)인사를 한다.

가장 민감한 신체의 한 부분인 코를 서로 접촉하는 것은 서로에 대한 개방적이고도 우호적인 마음을 교환하는 걸 의미하며 또한 나아가서는 코로부터 흡입되는 상대방의 체취까지 가슴속 깊이, 영혼까지 간직한다는 의미이기도 하다.

Tip

축복의 인사말!

1. 나마스테(namaste) : 산스크리트어로 '당신과 나의 영혼의 근원은 하나입니다. 그러므로 나는 당신을 존경합니다.'라는 뜻이다.
2. 살롬 : 히브리어로 '평화'를 뜻하며, 건강과 평온을 기원하는 말로 정신적, 육체적, 물질적으로 완전하게 이상적인 충족 상태를 축원하는 상징적인 언어로 사용
3. 살람 알레이쿰(Salam Aleikum) : 이슬람인이 사용하는 인사말. 당신에게 평화가 함께 하기를 축원한다.

(8) 아프리카

❶ 탄자니아의 통게족　웃어른을 만나면 무릎을 꿇은 뒤 허리를 굽혀 박수를 친다.

❷ 세네갈의 월로프족　웃어른 앞에서 무릎을 꿇은 다음 어른의 손등을 잡아 마치 열을 재듯. 자신의 이마에 갖다 댄다.

❸ 마사이족　상대방의 얼굴에 침을 뱉는다.

❹ 키크유족　상대의 손바닥에 침을 뱉어 반가움을 표현한다.

독특한 인사법 1

아프리카의 마사이족의 인사법은 '서로의 얼굴에 침을 뱉는 것'이다. 키크유족과 마찬가지로 일종의 축복을 기원하는 의미로 상대방에게 '물의 축복'을 베풀어 준다는 상징성을 갖고 있다. 아프리카지역의 마사이족은 물이 부족하였고, 그 때문에 자신의 몸에 있는 수분 또한 귀하게 여기게 되었다.

그로인해 자연스럽게 침을 뱉는 행동은 귀한 것을 함께 나눈다는 의미를 담게 되었고 그것이 지금까지 이어져 오고있는것이다. 물을 얼마나 중요시 여기는지는 평상시 모습에서도 쉽게 볼 수 있다. 이들은 얼굴에 파리가 앉아도 이를 손으로 내쫓지 않는 것이 습관이 되어있다. 파리가 물이 그리워 수분이 있는 인간의 얼굴로 찾아 왔는데 이를 내쫓지 것은 물에 대한 경외심이 부족한 것으로 여기기 때문이다.

독특한 인사법 2

티벳에는 독특한 인사법이 있다. 모자를 벗고 혀를 내미는 것인데 이는 9세기경 불교를 탄압한 것으로 유명한데 랑다르마왕에서 유래를 찾을 수 있다.'랑다르마'는 '도깨비'라는 뜻으로 머리에 뿔이 있고 혀가 없기 때문에 뿔을 가리기 위해 항상 모자를 쓰고 다녔다고 한다. 티벳인들은 랑다르마가 악마의 화신이라고 생각했기 때문에 스스로 그 왕과 같은 종류의 인간이 아니라는 것을 보여주기 위해 사람들을 만나면 한 손으로 모자를 올리고 혀를 쭉 내밀면서 나는 머리에 뿔도 없고 혀도 있으니 랑다르마와 같은 악마가 아니라는 뜻을 담아 인사를 했다고 한다.

4 명함 교환

1 명함의 유래

명함은 visiting card(사교용 명함)와 business card(업무용 명함)로 구분이 된다. 처음 명함은 visiting card의 목적으로 사용이 되었다. 중국은 채륜이 종이를 발명한 시점부터 아는 사람집을 방문했을때 부재 시 이름을 적어 남겨두었고, 유럽에서도 17세기에 귀족이나 왕족의 하인이 방문하고자 하는 호스트의 하인에게 그들이 도착했음을 알렸던 것이 visiting card의 시초였다. 이러한 visiting card(사교용 명함)의 목적으로 사용된 것이 요즘은 business card(업무용 명함)의 목적으로 많이 사용된다.

국내에 보관된 최초의 것으로 추정되는 명함은 연세대 동은 의학박물관에 보관된 민영익의 명함으로 구한말 민영익이 나라를 대표하여 외국을 방문하는 사절단의 자격으로 구미 순방 때 사용한 명함이 그 시작으로 여겨진다. 미국산 종이로 되어 있으며 요즘 명함과 비슷한 크기인 가로 5.5 센티미터, 세로 9센티미터인 이 명함에는 민영익 특유의 필체로 이름이 적혀 있다고 한다. 또한 명함을 받은 미국 인사가 그를 기억하기 위해 연필로 'Min young ik, corean ambassador to US'라고 적어 놓았다고 한다. 아래 사진은 구한말 민영익(閔泳翊·1860~1914)과 그가 1893년 조선보빙사 자격으로 구미 순방 때 사용한 명함이다.

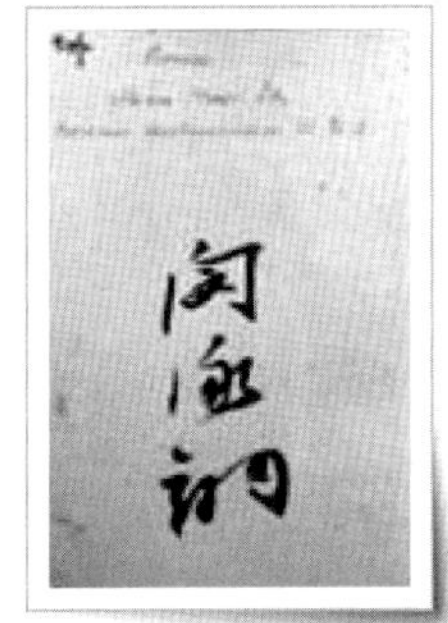

2 명함의 종류

명함은 visiting card(사교용 명함)와 business card(업무용 명함)로 구분이 된다. 미국의 경우 사교용 명함과 업무용 명함을 구별하여 쓰는 것이 일반적이다.

보통 업무용 명함에는 이름과 직위, 회사로고, 회사명, 전화번호, 이메일 주소, 팩스번호를 기재한다. 사교용 명함에는 주소와 이름만을 필기체로 적는다.

3 명함 전달 순서

1. 하급자가 상급자에게
2. 연하자가 연장자에게
3. 남성이 여성에게
4. 방문객이 직원에게

4 명함 주고받는 매너

❶ 명함은 전용지갑이나 상의 안주머니에 보관한다. 보통 만날 사람의 3배수를 준비한다.

❷ 명함은 선 자세로 건네는 것이 예의이다. 탁자 위에 놓고 손으로 밀거나 서류봉투 위에 놓아 건네는 것은 좋지 않다.

❸ 명함의 여백 부분을 잡고 상대가 바로 읽을 수 있도록 하여 반드시 두 손으로 공손히 전달한다.

❹ "저는 H기업 OO부의 OOO입니다"라고 이름을 확실하고 분명하게 발음하여 전달한다.

❺ 받을 때에도 두 손으로 받고, 받은 후 상대의 이름이나 직위 등을 소리내어 확인한다. 모르는 한자가 있을 경우, 그 자리에서 물어보아도 된다.

❻ 명함 교환 시 상대방과 동시에 할 때는 오른손으로 주고 상대의 명함을 왼손으로 받은 후 나머지 손으로 곧바로 받쳐 든다.

❼ 상담 시에는 테이블 위에 올려 놓고 보면서 이야기를 나눈다.

❽ 건네는 시기를 놓쳤을 때는 "실례했습니다. 늦었지만 …" 한 마디를 덧붙인다.

❾ 받은 명함은 정성스럽게 다루도록 하며 보관에 유의한다.

❿ 여러 명의 상대와 명함을 교환하는 경우, 한 사람과 교환하는 경우와 마찬가지로 한 사람 한 사람씩 명함을 건네고 받는다. 받은 명함에 새로 받은 명함을 겹쳐도 결례가 아니다.

Tip

서양에서는 비즈니스 관계가 아니면 초면에 명함을 내미는 경우가 거의 없다. 즉, 그들은 충분한 대화가 오가고 서로의 연락처가 필요하다 싶으면 그때서야 명함을 교환하는 것이다.

Tip

처음 만나 서먹한 자리에서 때로는 명함에 적힌 정보들이 관심사를 조심스럽게 이끌어내는 작은 단서가 되기도 한다.

영어 문장

ENGLISH SENTENCE

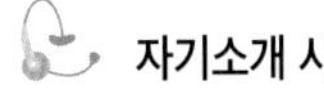

자기소개 시

"안녕하세요! 저는 나잘난입니다. 저는 마케팅관리업무를 맡고 있습니다."

"Hello! I'm Jal Nan Na. I'm in charge of marketing management."

상대방을 어떻게 불러야 할지 모를 때

"김선생님, 이분은 밀러씨입니다."

"밀러씨, 이분은 김선생님이십니다."

"Mr. Kim, this is Mr. Miller."

"Mr. Miller, this is Mr. Kim."

명함을 요청할 때

"명함을 받아도 될까요?"

"May I get a business card?"

소개받고자 할 때

"저기 계신 분을 소개해 주실 수 있습니까?"

"Could you introduce me to that gentleman(lady)?"

CHAPTER 05

공식 의전 및 선물 에티켓

오늘의 학습목표

- 의전의 기본정신에 대해 알 수 있다.
- 의전 실무, 즉 서열과 경칭, 상석 등에 대해 알 수 있다.
- 의전을 준비 시 필요사항에 대해 체크할 수 있다.
- 선물 수수의 기본 원칙과 국가별 선물 에티켓에 대해 알 수 있다.

에티켓 내용

- 소개, 경칭 에티켓
- 서열과 장소별 상석 에티켓
- 선물 수수의 기본 에티켓
- 국가별 선호, 금기선물 에티켓

01 공식 의전

1 의전의 의미

의전은 원래 외교 용어다. 의전은 '프로토콜(protocol)'을 일본식으로 번역한 단어이며 "프로토콜은 그리스어로 '맨 처음'을 뜻하는 'protos(프로토스)'와 '붙이다'는 뜻의 'kollen(콜렌)'이 합쳐진 단어다. 원래 공증 문서 맨 앞장에 붙인 표지를 일컫는 말이었는데 이후 외교관계를 담당하는 정부부서의 공식문서 또는 외교문서의 양식을 의미하게 되었다.

의전은 국가 간의 관계에서 가장 기본이 되는 것, 즉 첫째로 지켜야 하는 것이라는 의미를 담고 있다. 에티켓(etiquette) 또는 예의범절(good manners)이 개인 간의 관계에서 지켜야 할 일련의 규범이라면, 의전은 국가 간의 관계 또는 국가가 관여하는 공식행사에서 지켜야 할 일련의 규범(a set of rules)을 뜻한다.

대통령 의전은 대통령이 참가하는 모든 행사와 관련이 있지만, 원래 국가의전은 국가원수뿐 아니라 고위급 외빈을 맞이하는 의전행사의 뜻으로 쓰인다. 방문목적에 따라 국빈방문, 공식방문, 실무방문, 비공식 또는 사적 방문의 네 가지로 나뉜다. 가장 격식이 높은 국빈방문은 초청국의 국가원수가 직접 영접하며 특별 예복을 입고 만찬을 베푼다. 공식방문은 여러 의전 절차가 생략되며 행정부 수반이 오찬을 베푼다. 실무방문은 격식이 최소한으로 줄어든다.

<사진출처 : 문화체육관광부 해외문화홍보원>

이러한 의전은 고위공직자 또는 대통령의 의전에 국한하지 않고 비즈니스 의전으로 더 보편화되고 실용화된다.

2 의전의 기본 정신

(1) 상대에 대한 존중(Respect)

의전의 바탕은 상대 문화 및 상대방에 대한 존중과 배려에서 출발한다.

지구상에는 190여 개국이 넘는 나라가 다양한 문화, 다양한 생활방식으로 살아가고 있다. 공통적으로 적용되는 의전 관행도 있지만, 문화권별로 독특한 것도 있다. 예컨대 우리의 경우 집 안에 들어갈 때 신발을 벗는다. 의전의 관점에서 보면 그런 문화에 익숙하지 않은 외빈들을 배려하는 자세, 외빈의 입장에서는 지역 문화를 존중하는 자세를 지니는 것이 중요하다.

2007년 4월 이라크 말리키 총리 방한 시 이라크 측은 대통령 주최 만찬이 시작되기 불과 몇 시간 전에 상호 건배 제의를 하지 말자고 요청했다. 이는 처음에 술 대신 사전에 준비한 사과 주스로 건배를 하기로 했으나 건배 시 술로 비칠 수 있으므로 자국 내 보수적인 이슬람교도들에게 비판거리를 제공할 수 있다는 이유에서다. 결국 그날 만찬은 건배 제의도 없이 밋밋하게 시작됐다고 한다.

모하마드 하타미 이란 대통령은 1999년 4월 이란 지도자로서는 20년 만에 프랑스를 방문하려던 계획을 돌연 연기했다.

조선일보 보도에 따르면 프랑스와 이란 정부가 공식 발표한 표면상의 이유는 '양국 간 일정에 합의하지 못해서'였지만 실제 이유는 이란의 하타미 대통령 측에서 자크 시라크 프랑스 대통령과의 만찬석상에 포도주가 오를 경우 자리를 함께 할 수 없다는 주장을 굽히지 않았기 때문이었던 것으로 알려졌다.

이란 측은 '금주'를 규정한 이슬람 율법을 따라야 한다고 주장한 반면, 프랑스 측은 '외빈이 초청국의 문화 관습을 따르는 것이 국제적 관례'라며 불쾌한 반응을 나타냈다고 한다.

<출처 : 신동아>

(2) 문화의 반영(Reflecting Culture)

의전은 곧 문화의 이해이다. 각 나라의 다양한 문화에 대한 이해를 통해서 의전의 품위를 높일 수 있다. 예를 들어 중동지역 국가의 경우 국가 의전행사 때 여성을 동반하는 경우가 드물며, 반면 서구문화에서는 여성에 대한 우대가 특별하다. 서구의 의전은 어떤 의미에서는 '여성 존중(lady first)'에서 유래된 측면도 있다. 이처럼 지역별, 나라별로 상이한 의전 관행과 문화를 이해해야 좋은 관계를 유지할 수 있다.

(3) 상호주의 원칙(Reciprocity)

의전은 또 상호주의를 원칙으로 한다.

상호주의는 상호 배려의 다른 측면이기도 하다. 내가 배려한 만큼 상대방으로부터 배려를 기대하는 것이다.

즉, 의전에서는 국력에 관계없이 모든 국가가 1대 1의 동등한 대우를 해야 한다. 한국 대통령이 상대국 방문 시 국빈으로 성대하게 대접을 받았다면, 그 나라 대통령이 우리나라를 방문할 때 우리 측도 이와 유사한 의전상 예우를 제공하게 된다. 하지만 자국 대통령의 해외방문 때 의전상 소홀한 점이 있었다면 외교경로를 통해 불만을 표시하거나 그에 상응하는 조치를 검토하기도 한다.

> 중국 후진타오 주석이 2006년 4월 미국을 방문했을 때 백악관 환영식장에서 중국의 국가 명칭을 'People's Republic of China'가 아닌 'Republic of China'로 부른 일이 있었다.
>
> 또한 정상회담 후 공동 기자회견 때 파룬궁 여성의 돌발시위가 있었는데 중국은 미국이 이를 막지 못한 것에 대해 불만을 나타냈고, 미국 측은 이를 해명하느라 상당한 노력을 기울인 것으로 알려졌다.
>
> 의전상 결례가 불가피한 경우에는 사전, 사후에 충분한 설명을 통해 상대의 이해를 구하는 것이 중요하다.

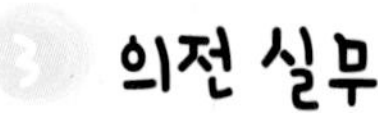

3 의전 실무

(1) 소개

대통령에게 Mr. A를 소개할 경우,

"Mr. President, may I have the honor to present Mr. A?"

- 추기경일 경우 Your Eminence, 가톨릭 성직자인 경우 Father Bishop
- 최고 재판소 판사일 경우 Chief Justice
- 대사일 경우 Ambassador

여성을 고위공직자에게 소개할 때는 상급자에게 미리 여성을 소개하겠다는 양해를 구한다.

예를 들어 소개자가 대사 Y에게 X씨를 소개할 때,

"Your Exellency(sir처럼 상대방을 존칭하는 것), may I present you to Mrs. X?"

"Mrs. X, may I present His Excellency the Korean Ambassador Y?"

여성일지라도 왕, 대통령, 성직자와 소개를 나눌 때는 여성을 먼저 이들에게 소개한다.

(2) 경칭

❶ the honorable(디 오너러블)

이 경칭은 주로 귀족이나 주요 공직자에게 붙인다.

- 영국
  - The most honorable : 후작(Marquis)과 Bath 훈장 소유자, 황제의 고문관에게 붙인다.
  - The right honorable : 백작(Earl), 자작(Viscount), 남작(Baron), 추밀원의 구성원에게 붙인다. 또한 대법관, 대법원장, 고등법원장, 영국의 14개 도시 시장, 수상 및 장관에게도 붙인다.
  - The honorable : The Hon으로 축약돼서 쓰이기도 하며 Mr or Esq. 로도 사용
- 미국
  - 대상 : 대사 및 공사, 주지사, 장관 및 차관, 차관보, 상·하의원 및 각 사무총장, 대통령 비서관 및 비서관 보좌, 재판관, 주의원, 대도시 시장, 전직 대통령, 전직 장관 등

Tip
- 추밀원: 왕명의 출납·숙위(宿衛)·군기(軍機) 등에 관한 일을 맡아보던 관아

- 사용방법

a. 약어로 The Hon이나 Hon이라고 사용해도 된다.

b. full name 앞에 쓴다.

예 The Honorable Josept King.

c. 성과 이름의 첫 글자만 써도 되지만 성만 쓰는 것은 잘못된 표현이다.

② Excellency(엑셀런시)

His Exellency Mr. David Bush

또는 H. E. Mr. John Bush

His Excellency the President : 대통령 각하

각국 대사에 대한 호칭

프랑스	Ambassador of the French Republic	남아프리카공화국	the Union of South Africa
도미니카	the Dominican Republic	영국	British Ambassador
아르헨티나	the Argentine Republic	중국	Chinese Ambassador
불가리아	the People's Republic of Bulgaria	이탈리아	Italian Ambassador
루마니아	the People's Republic of Rumania	일본	Japanese Ambassador

③ Majesty(마제스티)

왕이나 황족에게 Majesty 또는 Highness를 붙인다.

천황폐하	His(Her) Imperial Majesty	저하(왕세자, 세자)	His Royal Highness
전하(황태자)	His Imperial Highness	전하(속국의 왕, 자주적 대공)	His (Serene, Serenely, Sereneness) Highness
국왕폐하	His Royal Majesty	영국 왕세자	His Royal Highness the Prince of Wales

④ Sir(써)

말하는 사람이 자신을 낮추어 상대방에 경의를 표하는 칭호로 나이가 비슷하거나 여성에게는 사용하지 않는다. 여성은 상대방인 남성의 지위가 아무리 높아도 나이가 비슷하다면 Sir이라는 호칭을 사용하지 않는다.

유럽 왕족 및 귀족의 작위와 경칭

구 분	독일	프랑스	이탈리아	스페인	러시아
황제 Emperor Empress	Kaiser Kariserin	Empereur Imperatrice			Tsar Tsarina
왕 King Queen	König Königin	Roi Reine	Re Regina	Rey Reina	
대공 Grand duke Grand duchess	Großherzog Großherzogin		Granduca Granduch- essa		Velikiy Knyaz Velikaya Kniagina
대공 Archduke Archduchess	Erzherzog Erzherzogin				
선제후 Elector Electress	Kurfürst Kurfürstin				
공작 Duke Duchess	Herzog Herzogin	Duc Duchesse	Duca Duchessa	Duque Duquesa	
후작 Margrave Margravine	Markgraf Markgräfin	Marquis Marquise	Marchese Marchesa	Marqués Marquesa	Boyar Boyarina
백작 Count Countess	Graf Gräfin	Comte Comtesse	Conte Contessa	Conde Condesa	Graf Grafinya
자작 Viscount Viscountess	Vizegraf Vizegräfin	Vicomte Vicomtesse	Visconte Viscontessa	Vizconde Vizcondesa	Viskont Viskontsha
남작 Baron Baroness	Freiherr Freifrau /Freiherrin	Baron Baronne	Barone Baronessa	Barón Baronesa	Baron Baronessa
준남작 Baronet Baronetess	Baronnet	Baronetto			
기사 Knight	Ritter	Chevalier	Cavaliere	Caballero	Rycer

5 동양 전통 경칭

폐하(陛下)	용상 앞 돌계단 (陛) 밑에서 우러러 봄(황제, 황후)
전하(殿下)	궁전 밑에서 우러러 봄 (왕, 왕비)
저하(邸下)	저택 밑에서 우러러 봄 (왕세자)
각하(閣下), 합하(閤下)	집무실 다락문 밑에서 우러러 봄. 일본어(정승)
휘하(麾下)	대장기 밑에서 우러러 봄 (장군)
곡하(轂下)	수레 밑에서 우러러 봄 (사신)
슬하(膝下)	무릎 밑에서 우러러 봄 (부모)
족하(足下)	발 밑에서 우러러 봄 (조카. 각종 친지)
궤하(机下)	책상 밑에서 우러러 봄. (선배, 타인)
좌하(座下)	앉은 자리 밑에서 우러러 봄. (상사, 윗사람)
마루하(抹樓下)	마루 밑에서 우러러 봄. (마마의 어원인 듯)

Tip

'~의 밑'이라는 뜻이 아니지만 下에서 경칭의 의미를 차용한 것들.

귀하(貴下)	일반적인 상대방에 대한 경칭. 일본어
성하(聖下)	가톨릭 교황에 대한 경칭(일본에서는 교황도 '예하'라고 함)
예하(猊下)	고승에 대한 경칭. 일본어
법하(法下)	대마법사에 대한 경칭

이야기

문화적 차이에 따른 상호 이해 부족으로 오해를 불러일으키는 경우도 있다. 2001년 백악관에서 한미 정상회담을 마치고 로즈가든에서 공동 기자회견을 할 당시 부시 대통령이 김대중 대통령을 "this man"이라고 호칭, 한국 언론에서는 미 대통령이 김 대통령을 무시했다고 호되게 비판한 적이 있다. 호칭에 민감한 우리 문화에 대한 미국 대통령의 이해 부족과 미국의 캐주얼한 문화 차이에서 생겨난 에피소드였다.

6 일반적 호칭 에티켓

- 상대방이 자신의 first name(이름)을 불러도 좋다고 하기 전에는 경칭을 사용한다.
- 영어권에서는 성(last name)이나 관직명 앞에 Mr./Mrs./Miss를 붙인다.
  - 예 Mr. Bush 혹은 Mr. President.
- 상대방을 어떻게 불러야 할지 모를 때에는 "What would you like me to call you?"라고 물어본다.
- 학위를 통해 얻은 직함이 더 중요하기도 한다. 독일 등 유럽의 일부 나라

Tip

이름의 배열 David(First name) Baker(Middle name) Phillips(Last name) Middle name이 없는 경우도 많으며 표기 시에는 중간 이름을 약자로 쓰기도 한다. Mr. D. B. Phillips 또는 Mr. David B. Phillips.

에서는 학위를 통해 얻은 직함이 회사의 직함보다 더 존중된다. 소개할 때나 명함을 받을 때 주의 깊게 보고 정확한 직함을 부를 수 있도록 한다 발음에 주의한다. 그 나라 방식대로 발음하는 것이 기본 매너이다. 국가별 호칭과 이름 문화가 상이하므로 주의한다. 자신이 없으면 사전에 물어본다.

(3) 명함

❶ 직함만으로 알 수 있는 고위공직자는 직함만 인쇄한다.

The Vice Present

The Mayor of New York

❷ 사교용 명함에는 이름에 붙여 사용하는 호칭만 기재한다.

Congressman ○○○

Professor ○○○

Doctor ○○

Judge ○○

Tip

■명함에 쓰이는 약자

p.f (pour feliciter) - 축하

p.r (pour remember) - 감사

p.c (pour condoler) - 조의

p.p (pour presenter) - 소개

p.p.c (pour prendre conge) - 작별

p.f.n.a (pour feliciter nouvel an) - 신년축하

p.p.n (pour prendre nouvelle) - 문병

(4) 서열

❶ 서열의 중요성

의전의 기준 및 절차를 한마디로 표현하면 서열(rank)이라고 할 수 있다. 의전 행사에서 기본이 되는 것은 참석자들 간에 서열을 지키는 것이다.

서열을 무시하는 것은 해당 인사뿐만 아니라 그 인사가 대표하는 국가나 조직에 대한 모욕이 될 수 있다. 이 때문에 외국 대사들은 사적인 파티에서도 자신의 지위보다 낮은 좌석배치 등에 대해서는 강하게 항의하고, 퇴장도 불사하는 경우도 있다. 국가를 대표하는 대사들의 서열은 주재국에 부임, 신임장을 받은 날짜를 기준으로 삼는다. 우리의 우방이라고 해서 미국대사를 의전상 우대하는 자세는 자칫 여타 참석 국가 대표들에게 큰 결례를 범하는 것이다.

② 공식서열

- 귀족, 공직자 등의 지위나 관직에 대해 공식적으로 인정되어 있는 서열을 말한다. 국가에 따라 다르다.
- 우리나라의 경우 공직자의 경우 국가별로 헌법, 정부조직법 등 서열 법령에 따른 직위순서를 예우기준으로 삼는다. 실무상 일반적 기준으로 삼고 있는 비공식 서열을 소개하면 대략 다음과 같다.

Tip

모든 국가가 1국 1표제를 행사하는 유엔 총회의 경우 매년 추첨으로 1개국을 선정, 그 나라를 시작으로 알파벳순으로 좌석을 배정한다. 따라서 유엔에서 각 국별 좌석은 해마다 바뀐다. 우리나라는 영어명이 'Republic of Korea'이므로 알파벳 순서에 따라 좌측에는 Qatar(카타르)가, 우측에는 Rumania(루마니아)가 늘 위치한다.

- 한국

  대통령/국회의장/대법원장/국무총리/국회부의장/감사원장/부총리/외무부장관/외국특명전권대사/국무위원/국회상임위원장/대법원판사/3부 장관급/국회의원/검찰총장/합참의장/3군 참모총장/차관, 차관급/외국 주요 국가의 서열관행

- 미국의 경우

  대통령/부통령/하원의장/전직 대통령/국무장관/유엔 사무총장/외국대사/전직 대통령 미망인/공사급 외국 공관장/대법관/각료/연방예산국장/주유엔 미국대표/상원의원

2002년 월드컵 개막식 당시 일본 총리와 황족 내외, 7개국 10명의 정상급 인사가 한국을 찾았다. 개막식에서 로열박스의 배치부터 대통령 주최 청와대 간담회 등 일정 시 이들의 서열을 어떻게 정하느냐가 의전 담당자들에게 아주 중요한 문제가 됐다. 특히 일본 총리와 황족 간의 의전 서열, 국제축구연맹(FIFA) 인사들에 대한 서열을 어떻게 매기느냐가 중요했다.

의전 담당자들은 우선 국가원수, 그 다음 행정수반 순으로 하되, 동급인 경우 영어 국명의 알파벳 순으로 정했다. 이는 통상 다자간 국제회의에서 사용되는 방법이기도 하다. 일본의 경우 의전상 황족이 총리를 앞서기 때문에 로열박스 내의 좌석 배치에 신경을 쓰지 않을 수 없었다. 결국 청와대 의전담당자, 일본과 FIFA 측 담당자들과 협의를 거쳐 오른쪽부터 고이즈미 총리-김대중 대통령-이희호 여사-FIFA 회장-일본 황족-황족 부인 순으로 자리를 정했다. 일본 총리와 황족을 떨어져 앉도록 해서 의전 서열의 민감성을 줄이면서 FIFA의 위신도 살린 것이다.

- 영국의 경우

  여왕/귀족/켄터베리 대주교/대법관/요크 대주교/수상 하원의장/옥새 상서/각국 대사/시종장관/대법원장

③ 관례상 서열

공식적인 지위를 갖고 있지 않은 일반인에게 적용되는 관례적 서열을 말한다.

- 지위가 비슷한 경우에는 여자를 남자보다, 연장자를 연소자보다, 외국인을 내국인보다 상위에 둔다.
- 여성들 간의 서열은 기혼부인, 미망인, 이혼한 부인, 미혼자 순이며, 기혼부 인간의 서열은 남편의 지위에 따른다.
- 공식적 서열을 갖지 않은 사람이 공식행사에 참여했을 때는 당사자의 개인적 또는 사회적 지위, 연령 등을 고려한다.
- 공직자와 민간인이 섞여 있을 때는 고위직 공직자를 우선하고, 민간인은 사회적 저명도, 나이, 주최자와의 친밀도 등을 감안하여 서열을 정한다. 다만, 외국인이나 여성은 내국인과 남성보다 우선적으로 배려하는데, 외국인은 보통 자국 대사나 고위 관리와 민간인 사이에, 그리고 공직이 없는 여성은 남편의 지위에 따라 서열이 정해진다.

④ 서열의 실제

- 상석의 개념
  - 상석의 방향은 동서남북을 기준으로 북쪽이 상석의 방향이다.

    예 제례에 있어서 지방이나 신위를 모신 자리 : 북쪽 / 결혼예식에서 주례의 자리 : 북쪽

- 의전 기준의 기본은 오른쪽(Right)이 상석

  문화적으로, 종교적으로 왼쪽을 불경 또는 불결하게 여겨온 전통의 소산이 오른쪽 상석의 원칙으로 발전했다. 행사를 주최하는 주빈의 경우 손님에게 상석인 오른쪽을 양보한다.

정상회담 때 방문국 정상에게 상석인 오른쪽을 양보하며, 같은 원리로 다자 정상회의 때 정상회담을 자기 숙소에서 주최하는 측이 상대 정상에게 상석을 양보한다. 하지만, 국기의 경우는 그렇지 않다. 특히 우리나라를 비롯해 중국, 일본 등은 국기에 대해 상석을 절대 양보하지 않는 관행이 있다. 국가의 정상은 유한한 인간이지만, 국가를 상징하는 국기는 영원하므로 상석을 타 국가에 양보해서는 안 된다는 생각이 반영된 것이다. 그러나 미국 등은 이런 논란을 사전에 배제하기 위해 양측에 자국과 상대국의 국기를 함께 배치하는 실용성을 보이기도 한다.

서양속담에 'Left hand lady is not a lady'(왼쪽에 서 있는 것은 숙녀가 아니다)라는 말이 있듯이, 굳이 여성만이 아니라 연장자와 있을 때에도 항상 연장자가 오른쪽에 오도록 하며 이는 길을 걸을 경우에도 마찬가지다. 다만, 대통령 등 최고위직의 경우는 여성보다 상석을 차지한다.

기본적인 상석의 기준

- 입구(출입문)에서 먼 쪽(통로 쪽 자리는 말석)
- 소파 좌석(장의자)
- 창 밖을 볼 수 있는 자리, 또는 그림을 감상할 수 있는 좌석
- 레스토랑에서 웨이터가 먼저 의자를 빼주는 자리
- 상대는 항상 오른쪽

장소 상황별 상석의 이해

- 보행시 : 2인 이상 보행 시에는 다음과 같은 기준에 따른다.
- 자동차 : 자동차에서의 상석

  a. 여성과 동승할 경우 승차 시에는 여성이 먼저 타고, 하차 시에는 남성이 먼저 내려 차문을 열어 준다. 윗 사람과 함께 탈 때도 마찬가지이다.

b. 전문운전기사가 있는 경우 : 운전기사의 대각선 자리가 1석

c. 자가 운전인 경우 : 운전자의 옆 자리가 1석임.

전문운전사가 있는 경우

전문운전사가 없는 경우

소파 좌석(장의자)이 상석인 이유와 만약 회사의 부장실에 내부 손님(즉, 같은 회사의 사장)과 외부 손님(다른 회사 사장)이 각각 방문했을 경우 상대방에게 권하는 상석이 같을지 생각해보자.

의전의 핵심은 의전인 듯 의전 아닌 듯한 의전, 즉 티 안 나게 물 흐르듯 흘러가는 것이여야한다. 의전은 3가지 기본요소3R(Respect, Reflecting culture Reciprocity)외에 3R(Rank 서열, Right 오른쪽 우선, Reserve 예비·플랜 B 준비)이 더 필요하다.

노무현 전 대통령이 해외에 국빈 방문해 정상회담을 했을 때였다. 관례대로라면 호스트인 해외 정상의 오른쪽에 노 전 대통령이 앉아야 했지만 왼쪽으로 배정돼 있었다. 외교적 결례였다. 당황한 그에게 상대국 실무진이 와서 귀띔했다. "우리 총리 오른쪽 청력이 안 좋습니다. 양해 부탁합니다."

의전 담당자들이 특히 신경 쓰는 게 테이블 좌석 배치와 차량 상석 배치. 사소한 자리 배치 실수가 미묘한 감정싸움으로 번지기도 한다. 기본원칙은 외교 관행에 따른다.

테이블에서 최상석은 호스트의 맞은편. 주빈이 앉는다. 그다음으로 호스트 오른쪽, 주빈 오른쪽, 호스트 왼쪽, 주빈 왼쪽 순. 대각선 방향으로 지그재그 형태로 순서가 결정된다. 한 국제회의 전문가는 "좌석 배치하다 행사가 끝났다고 할 정도로 자리 배정이 중요하다. 위치를 상징적으로 보여주기 때문"이라고 했다. 그는 "기본적으로는 외교부 자료를 따르는데 국제 행사 연회 테이블을 배치할 때는 한국과 좀 더 실질적인 비즈니스가 많거나 언어가 더 잘 맞는 사람을 옆으로 배치한다"며 "외국어로 말하기 꺼리는 우리 호스트를 대신해 분위기를 띄워 줄 수 있는 사람을 호스트 가까이 배치하기도 한다"고 했다.

- 열차에서의 상석
  a. 진행방향 창쪽이 상석, 옆자리가 2석, 반대편 창쪽이 3석, 그 옆자리가 4석이다.
  b. 침대기차의 경우 윗사람을 아랫쪽에 위치하도록 하며, 특히 수면에 방해되지 않도록 정숙을 요한다.
- 엘리베이터
  a. 조작 버튼의 대각선 안쪽 자리
  b. 조작 버튼이 양쪽 모두 있는 경우 : 방문자가 선 곳의 반대편 방향의 조작버튼을 사용한다.
- 응접실과 사무실
  a. 출입문에서 먼 쪽
  b. 소파의 긴 의자가 손님용이며 단독의자는 사내직원용 자리이다.
  c. 창 밖이 보이거나 좋은 그림이 보이는 곳
  d. 장식이나 난로의 앞쪽

4 공식 의전 준비하기

(1) 사전정보 확인하기

☑ 고객의 직급과 이름을 정확히

☑ 통역자 확인(통역이 필요한 경우)

☑ 고객의 기호, 즉 흡연 여부, 선호 음식, 음료

☑ 경호원 확인(필요 시)

☑ 고객의 건강상태와 선호하는 운동종목 확인

☑ 차량탑승자 및 차량 이동경로 확인

(2) 공항에서의 환영

☑ 공항 VIP라운지 예약
☑ 환영인사 대상과 인원수
☑ 카메라 기사 동반
☑ 차량 확인

(3) 호텔

☑ 호텔측 관계자 접촉
☑ 객실 내 노트북, 팩스 설치 여부
☑ 객실의 종류 및 이용 객실 수
☑ 엘리베이터 대기상태-VIP 전용
☑ Express Check in 확인
☑ 객실 환영인사 카드, 꽃다발, 과일 바구니 등

(4) 리셉션

☑ 오프닝 시간
☑ 리셉션 홀의 준비
☑ 클록룸(옷 보관소) 확인
☑ 테이블 플랜
☑ 메뉴판
☑ 전체 강연시간 조율
☑ 좌석 안내도 및 연회 시의 서열
☑ 좌석 명패
☑ 선물 준비 및 여흥 삽입 여부

(5) 식당

☑ 메뉴 준비 및 선호 메뉴, 식사양, 선호 음료
☑ 초청 문구
☑ 날짜별 메뉴 준비
☑ Place card 및 통역의 위치

(6) 필수준비사항

☑ 일별·시간대별 스케줄
☑ 방문 시 접객 대상
☑ 방문 예정 및 소요시간 예상
☑ 방문지 이동에 따른 사전정보
☑ 고객의 체력 여부

(7) 환송

☑ 탑승차량 확인
☑ 환송 대상 및 인원 파악
☑ VIP실 예약
☑ 수하물 처리
☑ 사진촬영
☑ 비행기 시간
☑ 이동시간 확인

(8) 기타사항

☑ 환송 후 선물 – 사진첩 등
☑ 의전결과 체크
☑ 기간 중 특이사항 및 history card 작성

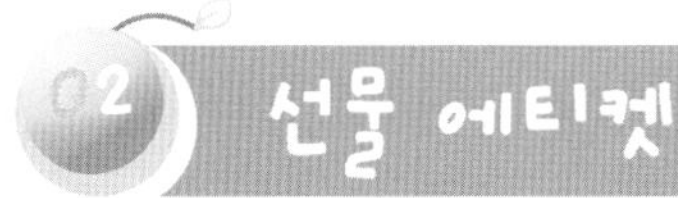

02 선물 에티켓

외국 정상들과의 회담에서 빠지지 않는 관례가 선물이다. 국가 의전에서 선물은 그 나라 문화의 반영이자 상징이라는 의미를 지닌다. 더욱이 외국 정상에게 주는 선물은 통상 그 나라의 전시관에 보관되는 경우가 많아 선물을 통해 홍보 효과도 노릴 수 있다. 그동안 우리나라의 상징물이라 할 수 있는 금관, 거북선, 청자, 백자 등이 국빈용 선물로 많이 증정됐다. 전통 공예품이나 특산품도 좋은 선물이 될 수 있다. 특히 나전칠기 제품은 우리나라가 세계 최고 수준의 기술을 갖고 있어 외국 귀빈용 선물로 애용된다.

선물은 이렇듯 국가 간의 관계를 이어주는 매개체 역할을 하고 개인 간 그리고 비즈니스 목적인 기업 간 서로의 관계를 유지하는 데 중요한 역할을 하지만, 자칫 나라와 문화의 차이가 있어 오해의 소지도 있다. 중국에서는 공무원에게 선물을 주는 것이 법으로 금지되어 있고 싱가폴에서는 선물을 기관장에게 반납해야 하며 일본은 1만엔 이상은 뇌물로 간주한다. 그리고 서양 일부 국가도 공무원들이 받는 선물의 액수를 법으로 정해 놓고 있다.

자칫 선물이 뇌물이 되지 않도록 받아서 좋고 주어서 좋은 선물 에티켓에 대해 알아보자. 비즈니스 상으로 선물을 줄 때 다음 기본 원칙을 알자.

1 선물을 줄 때 유의점

(1) 선물의 5원칙

❶ 선물이 받을 사람의 문화에 적합한 품목인가?

❷ 회사와 부서의 정책에 부합되는가?

❸ 선물 전달시기가 적절한가?

❹ 선물의 가격이 적절한가?

❺ 선물 자체를 주는 것이 적당한가?

2 선물을 받을 때 유의점

(1) 선물받은 후 판단요령

❶ 지나치게 고가이지 않은가?

❷ 받아도 될 때인가?

❸ 받는다고 상대방에게 귀속되지 않는가?

❹ 상대방과 미결된 일이 남아 있는가?

※ 위의 내용 중 하나라도 포함이 되면 그 선물은 안 받는 것이 좋다. 또한 거절할 때는 24시간 이내에 거절 의사를 밝히고 반송 조치를 취하는 것이 좋다.

(2) 선물을 받은 후에는

❶ 감사 인사를 잊지 않는다.

❷ 선물 개봉할 때를 잘 알아 조심스럽게 포장을 풀고, 받은 선물에 대해서는 최대한 기쁨을 표한다.

❸ 감사 카드를 써서 보낸다.

3 선물 품목

(1) 적합한 품목

- 그 나라의 문화를 상징하는 전통 공예품(예 우리나라의 경우 하회탈, 한복 등)
- 양질의 문방구류
- 고급 커피, 차, 초콜릿, 과일 바구니 등
- 간단한 전자제품
- 수첩, 캘린더
- 개인이 직접 만든 소장품

공식 의전에서 사용하는 선물은 최근에 좀 더 한국적인 재료와 종류의 선물을 선정하는 분위기다. IT기술과 전통공예기술을 조화시킨 선물을 개발하는 노력도 그중 하나다. 최근 아시아, 중남미, 동유럽 지역의 일부 국가들은 한국 전통공예품 선물보다는 한국의 최첨단 IT제품(디지털카메라, 휴대전화, MP3 등)을 선호하는 추세이다.

(2) 금해야 할 품목

- 옷과 같은 개인적인 선물
- 지나치게 고가인 선물
- 불우한 역사적 과거를 상징하는 물품(예 독일인에게 나치문양과 같은 선물 등)

4 국가별 선물 에티켓

국가	좋은 선물	금기사항	유의사항
중국	• 담배와 코냑·넥타이·사무용품·필기도구 등 • 붉은색(복을 불러 온다 믿는다)이나 황금색(숭고함을 뜻함)으로 포장해야 함. • 사과 苹果 [píngguǒ] 사과는 "평안하다"라는 뜻을 가진 平安[Píng' ān]과 발음이 비슷하기 때문. 특히 크리스마스이브를 平安夜[píng'ānyè]라고 부르는데, 이 날 서로의 평안을 기원하며 사과를 선물하기도 한다. • 술 酒 [jiǔ] 술은 "오래가다"라는 뜻을 가진 久[jiǔ]와 발음이 비슷하기 때문에 선호한다. 따라서 술을 선물하는 것은 좋은 관계를 지속하고 싶다는 의미를 갖게 된다.	• 죽음과 관련된 것(짚신과 시계) • 우산, 거북무늬가 들어간 물건, 배 • 손수건 : 슬픔과 눈물을 상징 • 네 개의 선물: 숫자 4는 죽을 사(死) 자와 발음이 비슷하기 때문에 싫어한다. ※ 해음현상이란? 특정한 단어의 발음이나 음이 비슷하여 다른 단어를 연상하게 하는 현상을 말하며 중국에서는 이러한 해음현상이 일상생활에 큰 영향을 미친다.	• 중국인들은 선물받기 전에 세 번 정도 거절하므로 계속하여 몇 번 권한다. • 傘(우산)의 '산' 발음이 흩어진다는 싼(散)과 동일한 발음으로 '복이 흩어진다'고 생각 • 시계 钟 [zhōng] 시계는 "끝내다, 죽다"의 뜻을 가진 终[zhōng]과 발음이 같기 때문이다. 그래서 "시계를 선물하다"의 送钟[sòng zhōng]과 "장례를 치르다"의 送终[sòngzhōng]의 발음도 같기 때문에, 시계를 선물하지 않는다. • 거북의 중국어 발음(궤이)이 '귀신(궤이)'이나 '나쁜놈'을 의미하는 글자와 같다. • 배 梨 [lí] 배는 "헤어지다"의 뜻을 가진 离[lí]와 발음이 같기 때문이다. '배를 반으로 나누다'의 分梨[fēn lí]와 '헤어지다'의 分离[fēnlí]도 발음이 같기 때문에, 배를 잘 선물하지 않으며 반으로 쪼개 먹지도 않는다.

국가	좋은 선물	금기사항	유의사항
일본	작은 조각이 담긴 케이크 세트 (화려한)	• 흰색 꽃 • 4와 관련된 선물 • 4송이와 9송이 꽃 • 16개의 꽃잎이 달린 국화	• 짝수를 이루고 있는 선물은 하지 않는다. • 4는 죽음, 9는 고통을 의미하는 숫자이기 때문 • 16개 꽃잎이 달린 국화는 황실 전용 꽃 • 백색과 흑색 포장지는 사용하지 않는다. • 선물 이외의 카드도 보낸다.
미국	초콜릿, 차(tea) 쿠키 바구니	• 백합 : 죽음을 의미	• 선물받은 것은 바로 그 자리에서 풀어본다. • 여러 꽃을 섞는 것을 좋아하지 않는다.
독일	베스트셀러	• 13송이 꽃 • 포장한 꽃	• 선물을 포장할 때 흰색, 검정색, 갈색의 포장지와 리본을 사용하지 않는다. • 꽃은 포장 없이 홀수로 선물 * 과거 불미스러운 역사의 상징물. 예를 들어 나치 문양같은 것도 피한다.
프랑스	그림액자, 공예품, 꽃병, 식기 등의 장식류와 음반, 책 등 예술감각과 지적 이미지가 뛰어난 선물 선호	• 빨간 장미 : 연인 사이에만 준다(구애의 표시). • 카네이션 : 장례식용으로 불길한 꽃이라 간주	• 프랑스 사람들은 향수에 대해 너무 잘 알고 있고 또한 기호품이라 여기므로, 향수는 선물하지 않는 편이 좋다.
말레이시아		• 돼지고기, 술(이슬람 문화) • 장난감 강아지, 개 그림이 들어간 것 : 부정한 것으로 간주	• 선물보다 정성이 담긴 카드를 선물하는 것이 좋다. • 선물 교환 시 반드시 오른손을 사용한다.
인도		• 재스민 : 장례식과 연관	• 힌두교들은 소를 신성시하므로, 소를 이용하여 만든 상품은 선물하지 않는다.
브라질		• 검은색이나 자주색 • 칼 : 인간관계의 단절을 의미	• 처음 만날 때에는 선물을 주지 않는 편이고, 점심이나 저녁을 대접하고 나서 선물에 대한 취향을 알아본 후 선물한다.
러시아			• 러시아인들은 선물을 좋아하므로 자주 선물한다.
몽골	• 전통의상인 '델'을 최상의 선물로 여김 • 과자, 사탕 등도 어린이들에게 좋은 선물이 됨.		• 델을 선물하는 것은 특별히 존경하고 아낀다는 상징적 의미가 내포

벽사: 액운을 몰아냄

벽사란 사악한 기운을 물리친다는 의미이다. 옛사람들은 나쁜 일이 일어나는 것은 사악한 기운, 즉 악신(惡神) 때문이라고 믿었다. 즉 벽사란 악신을 몰아내는 것이고, 벽사를 위한 문양과 장식은 악신을 몰아내는 주술적인 힘을 가지고 있다고 믿어졌다. 길상이 좋은 일이 일어나길 바라는 적극적인 개념이라면 벽사는 나쁜 일을 막고자 하는 소극적인 개념이지만 결국 벽사는 넓은 의미에서 길상에 포함되는 개념으로 볼 수 있다.

(1) 종교적 관습에 의한 선물 교환

기독교

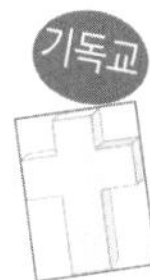

미국 등 기독교 문화권에선 크리스마스를 선물의 최적기라 생각하여 성탄절 아침에 선물을 풀어봄.

이집트

라마단 기간 동안 '파누스'라 불리는 자그마한 열쇠고리형 등불을 주변 사람들에게 나누어줌. 파누스 등이 어둠을 환하게 밝혀주듯 서로에게 축복을 기원한다는 의미

이슬람

라마단 단식이 끝났음을 기념하는 '이둘 피트르'에 가난한 이들에게 돈과 음식을 나누어주는 전통

유대교

이스라엘은 신년설날이라 할 수 있는 '로쉬하사나'에 일년 내내 평온하고 달콤한 일만 일어나라는 의미에서 초콜릿과 사탕을 선물

힌두교

인도에서는 '바이사키'라 불리는 신년제에 집안 가장이 가족들에게 돈과 보석, 과일, 꽃 등을 선물

불교

우리나라를 비롯, 중국, 대만 등지에서는 설날 새해에 세뱃돈을 줌.

(2) 환경적 요인

수단 아프리카 수단에서는 물이 귀하여 물(水) 선물을 하면 좋아함.

(3) 경제적 요인

아시아, 아프리카, 라틴아메리카의 일부 후진국
현금을 가장 좋은 선물로 취급, 설탕 등의 생필품이나 전자제품, 손목시계, 화장품 등을 선호

의전 이야기 I

대통령이 해외 외빈들로부터 수령한 선물은 본인 소유가 될까? 원칙적으로 대통령이 외빈으로부터 받은 선물은 행안부로 이관돼 국립민속박물관에 보관하지만 고가가 아닌 경우 퇴임 시 일부 가져가는 경우도 있다. 2007년 4월 공포된 대통령 기록물관리법에 따라 앞으로는 국가기록원에 보관, 전시된다. 현재 국립민속박물관에는 전·현직 대통령들이 외국정상 등 주요 귀빈으로부터 받은 선물 4000여 점이 보관돼 있다. 청와대 홈페이지(www.president.go.kr) 국빈선물 전시관에는 우리나라 역대 대통령이 받은 선물 목록이 연도별로 잘 정리돼 있다.

역대 대통령이 받은 선물 가운데에는 독특한 것이 많다. 그중 몇 가지를 꼽자면 김일성 주석의 자수액자(박정희 전 대통령), 중앙아프리카공화국 콜링바 대통령의 산돼지 이빨 한 쌍(전두환 전 대통령), 북한 수뇌부의 '불로주'(노태우 전 대통령), 장쩌민 중국 주석의 벼루와 동양화(김영삼 전 대통령), 브루나이 국왕의 모형 대포(김대중 전 대통령), 태국 탁신 총리의 초상화(노무현 전 대통령) 등이 있다.

선물도 다른 의전행사와 마찬가지로 세심한 준비와 교환절차를 거친다. 그러나 일부 중동 국가의 경우, 이러한 원칙을 무시하고 깜짝 선물을 하거나 즉석에서 선물을 직접 전달하여 상대국을 당황스럽게 할 때도 있다. 게다가 살아 있는 동물과 같은 생물은 죽거나 썩을 수 있어 보통 선물하지 않는데 일부 중동·아프리카 지역의 나라에서는 생물을 선물해서 당혹스럽게 할 때도 있다. 중동 지역에서는 매가 사냥할 때 유용하게 쓰이고, 왕궁에 매 사진을 걸어둘 정도로 귀한 동물로 여겨지고 있어 종종 선물용으로 사용된다.

<출처 : 신동아, 2008.10.01 통권 589호, 책 속에 책 '대통령 의전'>

의전 이야기 2

국가 의전과 관계된 재미있는 이야기를 일문일답 형식으로 담아봤다.

- 의전도 나라마다 국가색이 있을까?

당연히 그렇다. 예를 들어 일본의 경우 서구를 지향하면서도 고유의 전통을 매우 중시한다. 2002년 월드컵 개막식 후 김대중 당시 대통령이 일본 천황의 사촌동생 다카마도노미야 황족과 고이즈미 총리를 배웅하게 되는데, 일본 측에서는 다카마도노미야 황족이 먼저 승강기로 내려가도록 했다. 황족과 평민이 같은 승강기를 탈 수 없다는 게 그 이유였다.

아랍에서는 한 여름에 50도가 넘는 기온 탓에 늦은 저녁 시간이 습관화돼 있고, 따라서 공식 만찬도 저녁 9시께 시작된다. 조지 부시 대통령은 밤 9시 반이면 잠에 드는 습관 때문에 곤욕을 치뤘다고 한다.

- '코드 네임' 잘 지어야 의전도 잘된다?

대통령의 해외 방문시기가 결정되면 외교통상부 의전실은 방문계획을 위한 코드 네임(code name)을 정한다.

이름을 잘 지어야 의전행사도 잘된다는 속설이 있다. 국화가 피는 계절에 순방을 한다는 의미로 이름을 지었던 1983년 전두환 전 대통령 아세안 순방 행사 때 붙인 이름은 공교롭게도 '국화행사'였다. 당시 아웅산 테러로 유능한 장관들이 순직하자 조화로 많이 쓰이는 국화를 코드 네임으로 붙인 때문 아니냐는 이야기가 회자됐다.

1980년대와 1990년대에는 한라산, 지리산, 태백산 등 우리나라 명산 이름과 남대문, 동대문 등 유적 이름, 태평양, 다도해 등 바다 이름을 딴 코드 네임이 많았다. 1990년 12월 노태우 당시 대통령의 첫 소련 방문 때는 노 대통령 이름과 고르바초프 대통령의 이름을 따 '노고산'이란 코드 네임을 붙였다.

- 다자회의 때 정상이 앉는 순서는 '짬밥' 순?

보통 양자회담을 할 때는 오른쪽이 상석이라 손님에게 오른쪽 자리를 양보하는 게 관례다. 하지만 여러 정상이 모이는 다자회의 때는 앉는 자리 순서를 어떻게 정할까.

원칙적으로 국가원수 - 행정부 수반 순으로 서열을 정하고, 같은 국가원수끼리는 재임기간 순으로 서열을 정한다.

하지만 APEC 정상회의 등 정형화된 다자 정상회의의 경우는 국명 알파벳 순을 이용해 자리를 배치한다.

- 예포 수도 '급'에 따라 달라진다?

위스키 이름으로 유명한 로열 살루트(Royal Salute). 엘리자베스 2세가 5살 무렵부터 21년 후 대관식을 예상해 숙성시킨 것으로 1953년 대관식에서 발사된 예포의 수를 따라 '로열 살루트 21'이라고 이름을 지었다고 한다.

예포는 방문자의 '급'에 따라 발사 숫자가 달라진다. 통상 국가원수의 경우 21발, 총리, 국회의장, 대법원장은 19발, 장관은 17발을 쏜다.

- 의전 실무자가 가장 먼저 협의하는 내용은?

외빈 방한 때 방문국 선발대가 가장 먼저 협의하는 것은 바로 '모터케이드' 대형이다. 모터케이드는 VIP가 공식행사 참석 등을 위해 차량으로 이동할 때 의전과 경호상 목적으로 구성되는 오토바이와 차량의 행렬을 뜻한다. 보통 10~15대가 행렬을 이루지만, 미국의 경우 전 세계에서 가장 많은 수준인 35대를 동원한다. 2007년 10월 평양에서 열린 2차 남북정상회담 때는 무려 50대가 모터케이드를 이뤄 일대 장관을 연출하기도 했다.

- 국빈들의 호텔비는 누가 낼까?

국빈이나 공식방한하는 국가원수, 정부수반급 외빈 내외에게는 최고급 호텔의 프레지덴셜 스위트 또는 로열 스위트 등 해당 호텔의 최고수준 객실을 제공한다. 외빈 외에도 일정 수의 고위급 수행원에 대해서는 손님을 맞는 국가가 호텔비를 제공하는 게 관례다.

- 의전행사 때 깔리는 레드카펫은 왜 빨간색일까?

화려한 행사하면 제일 먼저 '레드카펫'이 떠오른다. 영어로 융숭하게 대접한다는 뜻으로 'red carpet treatment'란 말을 쓰기도 한다. 왜 하필 레드카펫일까? 중세시대엔 옷감을 염색하는 염료값이 무척 비쌌다. 특히 모직 10kg을 붉게 염색하기 위해서선 연지벌레란 곤충이 14만마리나 필요할 정도로 빨간 천은 고가였다. 당연히 빨간색은 왕족이나 귀족만이 누릴 수 있는 특권이었고, 귀한 손님을 대접할 때 레드카펫이 깔리게 된 것이다.

<출처 : 매일경제 2009년 1월 13일자>

의전 이야기 3

청와대는 대통령 해외 순방 때마다 끊임없이 의전 실수가 재발하는 것과 관련, 최근 의전 시스템 전반에 관한 실태 조사에 착수한 것으로 알려졌다.

청와대가 전면적인 조사에 착수한 것은 '단순 실수'라고 보기 어려울 정도로 의전 실책이 반복되고 있다고 판단했기 때문이다. 정부 소식통은 "지난 1년간 대통령 해외 순방 때마다 거의 매번 잡음이 발생하면서 청와대 수석·비서관들 사이에서도 불만이 쌓일 대로 쌓인 상황"이라고 했다.

2019년 9월 4일 문재인 대통령의 미얀마 방문 때 '아웅산 순교자 묘역 및 대한민국 순국사절 추모비 참배' 직전 강풍을 동반한 폭우가 내렸다. 그런데도 의전팀은 대통령 방문 행사를 강행하려 해 문제가 됐다. 일부 참모진이 '대통령을 비에 홀딱 젖게 할 셈이냐'며 일정 연기를 주장해 행사가 늦춰진 것으로 전해졌다.

또 2019년 6월 말 오사카 G20(주요 20국) 회의를 계기로 열린 한·러 정상회담 때는 블라디미르 푸틴 러시아 대통령이 지각하는 동안 아무런 공지 없이 우리 측 장관과 수석들이 약 1시간 가까이 차에서 대기하는 일이 벌어졌다.

김현종 청와대 국가안보실 2차장이 의전상 실수 때문에 한·폴란드 정상회담에 배석하지 못했던 지난달 23일 한·덴마크 정상회담에서도 비슷한 일이 생겼던 것으로 알려졌다. 의전·안내 실수로 당초 회담 주요 배석자였던 김혜애 기후환경비서관이 회담에 배석하지 못했다고 한다. 당시 한·덴마크 회담의 핵심 의제가 '기후변화'였다.

지난 4월 문 대통령의 카자흐스탄 국빈 방문 때는 카자흐스탄 정부의 훈장 수여를 놓고 문제가 생겼다. 카자흐스탄 정부는 문 대통령에게 외국인이 받을 수 있는 최고 훈장인 '도스특 훈장(Dostyk)'을 수여할 예정이라고 밝혔다가 수여식 며칠 전 돌연 취소했다. 외교부는 카자흐스탄 정부 설득에 나섰지만 결국 실패했다. 당시 문 대통령도 주변에 불편한 심기를 감추지 않은 것으로 알려졌다.

대통령 해외 순방 때 의전 실수 논란은 작년부터 계속돼 왔다. 2018년 10월 벨기에 브뤼셀에서 열린 아셈(ASEM·아시아유럽정상회의)에선 문 대통령이 실무진의 이동 동선 착오와 엘리베이터 문제로 각국 정상 단체 사진 촬영 행사에 참석하지 못했다. 작년 11월 싱가포르 아세안정상회의에선 문 대통령이 마이크 펜스 미 부통령과 회담을 앞두고 13분이나 먼저 면담장에 도착해 대기해야 했다. 문 대통령은 당시 현장에서 10초가량 눈을 감았는데, 이를 포착한 외신들이 "문 대통령이 펜스 부통령을 기다리다 잠에 빠졌다"고 보도했다. 또 올해 3월에는 말레이시아를 국빈 방문한 문 대통령이 공동 기자회견에서 인도네시아어로 인사말을 하면서 '외교 결례' 논란이 일었다.

외교 소식통은 "언론에 알려진 사건보다 알려지지 않은 사건이 더 많다"며 "전문성·책임감·기강의 총체적 문제"라고 했다. 외교부는 지난 4월 실·국장회의에서 '앞으론 절대 실수가 있어선 안 된다'는 지침까지 내렸지만, 이후에도 의전 사고가 잇따랐다.

<출처 : 조선일보 2019년10월13일자>

의전 이야기 4

외교 용어가 아부 동의어로?

한국 직장인에게 의전은 '비즈니스상 접대' '아부' '상사 모시기' 등과 동의어다. 과거 기업 총수들이 제왕적으로 군림할 때 기업에서 최고 권력인 대통령에게 쓰는 의전이라는 단어를 원용(援用)하면서 '회장(상사) 모시는 기술'로 의미가 왜곡된 되었다. 한 외교관 출신은 "기업에서 말하는 의전은 '프로토콜'이 아니라 '호스피탤리티(hospitality·접대)'에 가깝다"며 "국가 간 예우와 격식을 뜻하는 단어가 오남용돼 상사 환심 사기 기술처럼 쓰인다"고 했다.

한 대기업 회장과 임원들이 두바이 출장을 가 최고급 호텔에 머물렀다. "베개가 참 좋더구먼. 간만에 푹 잤네." 회장이 던진 한마디에 '의전의 신' A 임원이 분주해졌다. 여행용 캐리어에 베개를 몰래 넣어 와 사장에게 바쳤다. 얼마 뒤 회사로 편지 한 통이 날아왔다. 발신자는 두바이 호텔. 가져간 베개 값을 변상하라는 내용이었다. 당시 현장에 있었던 관계자는 "과잉 의전이 빚은 국제적 망신"이라며 "지금도 낯이 뜨겁다"고 했다.

대기업 해외 주재원으로 있었던 B씨는 '떡 동냥'을 잊지 못한다. "한국에서 온 사장님이 새벽에 떡라면이 먹고 싶다는 겁니다. 라면은 구했는데 문제는 떡이었습니다. 그 새벽에 타사 한국 주재원들 집을 돌다가 겨우 한 집에서 떡을 구해 호텔에서 끓여 드렸어요."여러 기업에서 의전을 축소했지만, 한국식 의전 문화는 쉽사리 사라지지 않고 있다. 오래 지속됐고 강도도 셌던 만큼 관성(慣性)이 크다. 제동 걸어도 쉽게 멈추지 않는다.

주재원, 군·정계는 의전 여전

“한국 회사 주재원이 도쿄에 부임하자마자 일본어가 서툰데도 맛집부터 알아보더군요. 대단한 미식가인가 했더니 ‘사장님 의전’ 때문이랍니다. 일본에선 의전이 외교 용어로만 쓰여 무슨 뜻인가 했어요.” 오누키 도모코 마이니치신문 전 서울 특파원 얘기다.

해외 주재원의 주요 업무가 의전이란 사실은 변함없다. 대기업 주재원 F씨는 “부임하자마자 전임한테 의전 매뉴얼을 받았다. VIP 공항 픽업 요령, 식당, 숙소, 골프장 정보 등이 ‘족보’처럼 전해진다”고 했다. 의전 실패담을 반면교사 삼는다. “사장님이 오셔서 주재원이 운전했는데 길을 잘못 든 거예요. 사장이 그 주재원 뒤통수를 한 대 치며 당장 차에서 내리라고 하곤 운전대 잡고 갔다는 얘기도 있고요.” 대기업 관계자 G는 “대체로 과·차장급에 4년쯤 주재원으로 나가는데 임원 볼 기회가 없다. 그러니 의전은 출장 온 임원들에게 얼굴도장을 확실히 찍는 기회이지만 실수하면 낙인찍히는 계기가 된다. 주재원들이 신경 쓸 수밖에 없다”고 했다.

그래도 기업은 나은 편. 군과 정계는 여전하다는 게 현장 얘기다. 군 관계자 H씨는 “고깃집 회식 때 상사 옷에 냄새 안 배게 하급자가 자기 옷을 벗어 상사 옷을 덮어주는 건 애교 수준”이라고 했다. 모 국회 상임위원회 소속 국회의원 5명과 함께 미국 출장을 갔던 공무원 I씨는 “서열 중심 한국식 의전의 끝을 봤다”며 혀를 내둘렀다. “의원들 서열은 일반적으로 선수로 정해지는데 상임위는 위원장, 간사, 평위원 순이에요. 여기에 학연·지연까지 더해져서 엄청 복잡한 셈법이 적용됐어요. 겨우 비행기 좌석을 배치했는데 한 보좌관이 ‘우리 영감이 위원장, 간사보다 다선인데 열 시간 넘게 그 양반들 뒤통수 보고 가야 하느냐’며 호통치더군요.”

<출처 : 조선일보 2019년 4월27일자>

ENGLISH SENTENCE

| 영어 문장 |

고위관직인에게 X를 소개시

"(공직자가 대사라면) 대사님, 제가 X부인을 소개드려도 될까요?"

"Your Excellency, may I present Mrs. X to you?"

한국대사 부부를 소개할 때

"한국대사와 부인을 소개드리겠습니다."

"His Excellency the Ambassador of Korea and Madam Lee."

상대방을 어떻게 불러야 할지 모를 때

"제가 어떻게 불러드리면 될까요?"

"What would you like me to call you?"

선물받은 후

"너무나 멋진 선물입니다. 펜이 이쁘네요. 마음에 들고 자주 사용하겠습니다."

"What a wonderful thing. The pen(선물 받은 것)is beautiful. We love it and will use it often."

회사의 규정으로 선물을 거절할 때

(몇)월 (몇)일 보내준 사려깊은 선물 감사합니다. 진심으로 당신의 마음에 감사드립니다. 하지만 회사정책상 이러한 선물을 받는 것이 금지되어 있습니다. 오늘 페더럴 익스프레스로 이 편지와 함께 돌려드리겠습니다.

Thank you for the gift you thoughtfully sent me on(day and date). I sincerely appreciate your sentiments, But company policy forbids me to accept this gift. I'm returning it to you with this note by Federal Express today.

MEMO

CHAPTER 06

비언어적 커뮤니케이션

- 상담 시작 전 준비사항에 대해 알 수 있다.
- 상담진행 시 신체적·물리적 비언어적 커뮤니케이션의 중요성을 인식할 수 있다.
- 국가별 제스처의 의미 차이를 이해할 수 있다.

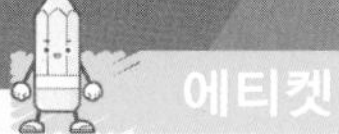

- 상담 전 준비사항
- 시선, 미소, 손, 발의 움직임에 따른 의미 전달
- 거리, 자리 배치에 따른 상담전략
- 국가별 제스처의 차이

01 상담준비

1 상담 재확인

1. 상담이 있을 장소 재확인-상담할 곳까지의 거리와 소요시간, 교통체증 등을 미리 점검하고 시간이 있다면 미리 상담장소를 답사하는 것도 좋다.
2. 상담에 필요한 모든 서류를 준비한다.
3. 상담에 주제를 미리 요약 정리한다.
4. 참석자 수를 확인한다.
5. 시청각 자료가 있다면 리허설을 해본다.

02 비언어적 커뮤니케이션

G. 밀러는 "커뮤니케이션이란 전달자가 수신자의 행동에 영향을 미치려고 의도적으로 의도한 상태에서 메시지를 단일, 혹은 다수의 수신자에게 전달하는 행동적 상황"이라고 정의하였으며, 사피어(Sapir)는 "언어는 자의적으로 생산된 기호에 의해서 사상, 감정, 소망 따위를 전달하는 순전히 인간적이고 비본능적인 방법"이라고 하였다.

그러나 이러한 의도된 언어적 커뮤니케이션 이면에는 의도하지는 않았지만 타인과의 커뮤니케이션에 영향을 미치는 비의도된 비언어적 커뮤니케이션이 있다. 이 비언어 커뮤니케이션을 때로는 배후 커뮤니케이션(metacommunication)이라고 부르기도 한다.

의도된 언어적 커뮤니케이션(oral communication)이 단어를 기호(symbol)로 사용하여 대상, 사건, 사상 등을 나타내는 메시지 행동이라면, 비언어적 커뮤니케이션(non-oral communication)은 메시지 행동의 다른 모든 형태, 즉 신호언어(sign language), 행동언어(action language), 사물언어(object language), 공간, 시간 등을 일컫는다.

언어로 커뮤니케이션을 한 역사보다 비언어적인 보디랭귀지로 의사소통을 전달한 역사가 훨씬 길지만 사람들은 보디랭귀지의 중요성에 대해 간과한다.

미국의 인류학자인 버드휘스텔(R. Lay. Birdwhistell)은 정상적인 두 사람이 대화를 나눌 때, 말을 통해 전달되는 의미는 35% 이하에 불과하고, 나머지 65% 이상은 비언어적 형태로 전달된다고 한다.

미국 UCLA의 교수인 알버트 매러비언(Albert Mehrabian) 교수 역시 '언어·비언어적 변수들이 의미전달에 미치는 영향'에 대한 연구들을 통해 비언어적 커뮤니케이션 변수들의 중요성을 강조하였다.

1970년대와 1980년대를 걸쳐 미국의 학자인 앨런 피즈(Allan Pease)가 기록한 천 건의 판매용 면담과 협상을 분석한 결과 사업을 목적으로 한 만남에서 보디랭귀지는 협상테이블에 미치는 영향력의 80%를 차지하며, 사람은 처음 만나는 상대에 대해 4분 안에 첫인상의 60~80%를 결정한다고 한다. 또한 실험을 통해 전화로 협상했을 때 강하게 주장하는 사람이 대체로 이기는 경우가 많지만, 대면 협상을 했을 때는 전화로 협상할 때와 결과가 다름을 밝혀냈다.

이렇게 비언어적 보디랭귀지는 언어적 표현 못지않게 중요한 역할을 한다. 앨런 피즈가 제시한 비언어적 표현에 대해 알아보면 다음과 같다.

1 시선

옛 말에 '대화를 하거나 협상을 할 때는 상대의 눈을 보고 말하라'는 말이 있다. 그만큼 눈속에는 많은 정보가 담겨 있다. 인간은 시선교환을 통해 대화를 조절하고 지배의지를 표현하고 상대가 거짓말을 하는지 안하는지를 파악한다. 상담 시 서로 얼굴을 대하는 시간이 많기 때문에 눈으로 주고받는 신호가 상대의 태도와 생각을 읽어내는 데 중요한 근거가 된다. 눈은 신체의 초점이고 눈의 동공은 우리 의식으로 통제할 수 없는 것이기 때문에 눈에는 인간의 모든 의사소통 신호가 빠짐없이 정확히 드러난다.

❶ 동공확대

일반적으로 사람은 자신을 자극하는 사람을 보면 동공이 확대된다. 남자가 매력적인 여성을 보았을 때 또는 여자가 멋진 남성을 보았을 때 동공이 확대되는 이유가 그것이다. 기분 좋은 사진을 보았을 때는 동공이 확대되고 기분이 나빠지는 불쾌한 사진을 보았을 때는 동공이 축소된다. 이러한 현상 때문에 포커게임을 할 때 좋은 카드를 쥐었을 때의 자신의 심리를 드러내지 않기 위해 선글라스를 끼는 것이다.

또한 여자들이 눈 화장을 하는 것도 눈의 움직임을 최대한 강조하기 위한 것이고, 어두운 곳에서 동공이 확대되면 매력적으로 느껴지기 때문에 불빛이 어두운 곳에서 데이트하면 상대방이 유난히 더 이뻐 보이기도 한다. 이러한 동공의 확대는 상담 시 상대방이 제안한 협상이나 상담 내용을 마음에 들어하는지를 파악하는 데 중요한 요소가 된다.

❷ 시선 맞추기

함께 이야기를 나누면 어떤 사람은 마음이 편한 사람이 있고 어떤 사람은 불편하고 믿음이 가지 않는 사람도 있다. 이렇게 이야기를 나누면서 상대방이 불편함을 느끼는 이유는 여러 가지가 있겠지만, 서로를 바라보는 시간이나 상대가 말을 하면서 눈을 바라보는 시간과 관계가 있다.

영국의 마이클 아가일은 북미인과 유럽인들은 말을 하는 시간의 61%를 상대를 바라보는 데 할애한다고 한다. 한 번 바라볼 때의 평균 시간은 2.95초이며 서로 바라보

는 시간은 평균 1.18초이다. 대체로 서구인은 말을 할 때는 40~60% 정도의 시간으로 시선교환을 하고 들을 때는 평균 80% 정도의 시간으로 시선교환하는 반면, 동양인은 상대의 눈을 위와 같이 오래 쳐다보는 것은 공격적이고 무례한 행동으로 간주되기 때문에 서구인들보다 빈도수가 낮게 시선을 교환한다. 또한 동양인들은 대화를 나눌 때 시선을 피하거나 목둘레를 쳐다보기 때문에 이런 태도는 서구인들에게 오해를 불러일으키기도 한다.

③ 곁눈질하기

곁눈질, 소위 째려보는 것과 같은 행위는 관심이나 불확실성 또는 적대감을 의미한다. 곁눈질을 하면서 미소를 짓는다면 그것은 관심의 표현으로 구애를 뜻하지만, 곁눈질을 하면서 입고리가 아래로 처진 상태라면 그것은 의심이나 적대감, 비판적인 태도를 의미한다.

④ 눈 깜박이기

정상적인 경우 1분에 6번에서 8번 정도 눈을 깜박이고 한 번 눈을 감는 시간은 1/10초 정도에 불과하다. 하지만 거짓말을 하는 등 압박감을 느끼면 눈을 깜박이는 횟수가 증가한다. 만약 상대가 눈을 오랫동안 감고 있다면 그것은 지루함과 자신의 우월성을 나타낸다. 또한 여기에다 고개를 살짝 뒤로 젖혀 상대를 내려다보는 행위는 자신이 제대로 대접받지 못하다고 느끼는 사람들의 몸짓이다. 대화 중에 만약 상대방이 이런 몸짓을 하면 그것은 내가 뭔가를 잘못하고 있으며 새로운 방법이 필요하다는 신호이다.

⑤ 눈썹 추켜올리기

이 몸짓은 상대의 존재를 인식함을 나타내는 무의식적 신호로 상대방을 공격할 생각이 없다는 뜻을 나타내기도 한다. 보통 먼 거리에 있는 사람한테 인사를 하기 위한 것으로 전 세계적으로 사용되고 있으며 원숭이같은 유인원도 이런 방법으로 인사를 하는 것으로 보아 선천적인 몸짓으로 여겨진다.

하지만 우리나라나 일본 등 동양권에서는 이러한 행위가 간혹 이성에 대한 관심과 성적 의미를 지닌 부적절하고 무례한 행동으로 보이기도 한다.

⑥ 위를 쳐다보기

이는 사진을 찍을 때 소위 '얼짱 각도'와 비슷하다. 머리를 아래로 숙이고 눈을 치뜨는 것은 눈이 훨씬 커 보이고 어린아이처럼 보이고 얼굴을 훨씬 동안으로 보이게 한다. 이것은 어린아이들이 어른보다 작기 때문에 눈을 위로 뜨는 것으로 여자와 남자 모두에게 보호 본능을 일으킨다. 특히 턱을 아래로 당기면서 눈을 위로 했을 때 여성의 급소에 해당하는 연약한 목을 드러내는 것은 복종 자세를 의미하기도 한다.

⑦ 눈 굴리기

눈을 이리저리 굴리는 것은 뇌가 탈출구를 찾고 있는 것으로 현재 벌어지고 있는 일에 대해 불안과 긴장을 느끼는 것이다. 또한 지루한 상황이 계속될 때 그 상황에서 벗어나고 싶은 마음으로 다른 곳을 쳐다보기도 한다.

⑧ 적절한 시선 처리

사교용 시선범위

사교적인 만남에서 사람들은 상대의 얼굴에서 두 눈과 입 또는 턱 끝을 삼각형으로 연결하는 부분을 보는 시간이 90%를 차지한다. 얼굴에서 이 부분을 쳐다보는 것은 위협하는 느낌을 주지 않기 때문에 상대는 공격의사가 없다고 판단하게 된다.

관심용 시선범위

두 눈에서 턱 아래를 훑어보게 되면 상대방에 대한 관심의 표현으로 대화 시 이런 시선처리는 자칫 이성적인 관심으로 오해를 받기 쉽기 때문에 공적인 자리에서는 주의해야 한다.

공격용 시선범위

상대에게 무언의 심리적 압박을 가하고자 할 때 이마 중간부터 두 눈으로 시선처리를 하면 상대가 하던 이야기를 멈출 정도로 압박을 느낀다.

한 결혼정보업체가 회원들을 대상으로 실험을 하였다. 데이트를 하게 될 남자와 여자 각각에게 이번 데이트는 즐겁고 유쾌한 데이트가 될 것이다 라고 이야기를 하고 하지만 상대 여자가 어릴 적 한쪽 눈을 다쳐 잘 움직이지 않을 수도 있다라는 것을 미리 귀띔을 해주었다.

두 사람은 데이트할 때 어느 쪽 눈이 다쳤는지 서로 유심히 보게 되고 그 이유 때문인지 첫 데이트 후 호감을 갖고 두 번째 데이트를 하게 된 사례가 2배나 증가하였다고 한다.

2 미소, 웃음

한국인들은 많이 웃는 사람은 가벼워 보인다고 생각하는 경향이 있다. 그렇기 때문에 한국 사람들은 늘 화가 나있는 사람들로 오해를 받고 또한 남자가 눈웃음을 지으면 바람기가 있다는 부정적인 소리까지 듣지만 외국인과 이야기를 나눌 때는 현재 자신이 미소 짓는 횟수보다 더 많이 웃을 필요가 있다.

우리가 미소를 짓는 것은 상대에게 자신이 위협되지 않을 것이며 자신을 친구로 받아들여 달라는 뜻을 전달하기 위해서다. 사람은 울면서 태어나지만 생후 4~5개월 되면 소리내어 웃기 시작한다.

아기들은 울면 관심을 끌 수 있다는 것을 배우고 웃으면 사람들이 자기 옆을 떠나지 않는다는 것을 경험으로 배우게 된다. 이것은 성인이 돼서도 마찬가지이다. 성공적인 사회생활을 위해 매력적이고 밝은 미소는 사람을 모으고 호감을 주는 큰 힘을 갖는다.

하지만 동양권에서는 미소의 의미가 때론 당황스런 일을 겪거나 불안하고 곤란함을 나타내기도 한다. 따라서 이 웃음의 의미도 잘 파악해야 한다.

●에피소드

필자가 방콕에서 지인을 만날 일이 있어 택시를 탔다. 친구가 적어준 쪽지를 보여주며 기사에게 "이곳을 아냐"고 물었더니 밝게 웃고 출발을 한다. 그래서 나는 '아! 아는구나' 해서 마음 편히 도착하기를 기다렸다. 그런데 분명 5분이면 도착한다던 그곳에 10분이 되어도 도착을 하지 않는 것이다. 그래서 불안한 마음으로 맞게 가는지를 물었다. 역시 환한 미소로 답하길래 조금 늦어지나 보다 했다. 나중에 결국 내가 간 곳은 삼천포였다. 얼마나 당황스럽던지 … 그때야 알았다. 이들에겐 알아도 웃고 몰라도 웃고 … 웃음이 몸에 가득 밴 사람들이라는 것을… 미안할 때도 웃을 수 있다는 것을…

3 손의 움직임

과학자들은 손과 뇌 사이를 연결한 신경망의 수가 가장 많기 때문에 손의 움직임은 사람의 감정 상태를 가장 잘 전달할 수 있다고 한다. 따라서 손의 동작만으로 그 사람의 감정 상태를 확인할 수 있다.

❶ 일상생활 속 손동작의 의미

손바닥 비비기

양 손바닥을 살살 비비는 것은 상대에게 긍정적인 기대를 나타낼 때 사용한다.

옛적 어머니들이 보름달이 떴을 때 정화수를 떠 놓고 아들의 성공을 기원하며 두 손을 비비며 기도한 것도 이러한 마음을 나타내며 식당에서 주인이 손님들에게 '더 필요한 것 없으십니까'라고 물으면서 두 손을 모으는 행위는 음식에 대한 칭찬 등 긍정적인 반응을 기대하기 위한 것이다. 손을 비빌 때

도 빠르게 하는 것이 더 긍정적인 느낌을 주기 때문에 상담 시 손을 빠르게 비비는 것도 상대에게 긍정적인 느낌을 준다.

양손 깍지 끼기

대화 시 이런 자세를 취하는 사람은 부정적이거나 불안한 마음상태를 숨기는 것으로 이 자세는 좌절감이나 불안감을 나타낸다. 이 자세는 상대보다 자신이 불리한 입장에 있다고 생각하므로 우선 상대방이 이런 자세를 보일 때는 음료수나 물건을 건네서 깍지 낀 손을 풀어 편안한 마음을 갖도록 한다.

미국의 보디랭귀지 연구가인 앨런 피즈(Allan Pease)는 1989년 1,500명을 대상으로 팔짱을 끼고 강연을 듣는 실험자집단과 그렇지 않은 집단으로 구분하여 강연이 끝난 후 강의 내용을 얼마나 기억하고 이해했는지 또한 강사에 대한 인상 정도가 어떤지를 물었다. 이때 팔짱을 낀 집단의 피실험자들이 그렇지 않은 피실험자들보다 강연에 대한 기억도가 38%나 떨어지고 강사를 좀 더 부정적으로 인식하며 강연내용에 대해서도 주의를 덜 기울이는 것으로 나타났다. 단순히 팔짱 끼는 것이 편하다고 하더라도 그런 상태로 상대방을 바라볼 경우 이런 부정적 결과가 나타난다.

양손 끝을 마주 세우기

양손을 세워 탑처럼 뾰족하게 두 손을 모으는 것은 자신감이나 확신에 찬 태도를 나타낸다. 상급자가 하급자에게 지시를 할 때도 이런 자세를 주로 취하는데 나를 낮추어 대화를 해야하는 상황에서는 바람직하지가 않다.

뒷짐지기

사람들은 위협을 당할 때 본능적으로 두 팔을 가슴 쪽으로 당긴다. 이는 생명을 유지하는 데 가장 소중한 심장

을 보호하기 위한 본능적 제스처이다. 그래서 불안한 마음이 들 때 팔짱을 끼기도 하는데 이와는 반대로 뒷짐을 지는 것은 가슴을 상대에게 내보일 정도로 강한 자신감을 무의식적으로 나타내는 행위이고 또한 상대에 대한 우월감을 표현하기도 한다.

② 방향지시

- 손바닥을 위로 향한 자세는 복종적이고 비위협적인 자세로 이 상태로 누군가에게 지시를 했을 때 이것은 권한을 위임한다는 의미이다. 반면 손바닥을 아래로 한 방향지시는 2차 대전 당시 독일의 아돌프 히틀러의 경례를 떠올리게 하는 강압적 태도로 상대방에게 불쾌감을 줄 수 있고 상급자에게 명령을 받았다는 느낌을 갖게 한다.
- 손가락으로 하는 지시는 상사나 연장자가 아랫사람을 꾸짖는 것과 같은 느낌을 준다. 말을 할 때 손가락질을 하는 것은 상대방으로 하여금 불쾌감을 유발하고 짜증을 불러일으킬 수 있다. 또한 이러한 행위는 우리나라와 같은 동양권 문화에서는 더욱 불쾌함을 줄 수 있는 행위이다. 사람을 가리킬 때는 특히 손바닥 전체를 펴서 두 손으로 가리킨다.

4 발의 모양

사람들은 표정을 꾸밀 생각을 하지만 다리를 꾸밀 생각은 하지 않는다. 하지만 발도 많은 표현을 한다. 마음이 불안하고 거짓을 이야기할 때 다리를 떠는

터치의 힘

미네소타 대학 연구팀은 '공중전화 박스 테스트' 실험을 하였다. 공중전화 박스 선반에 동전을 올려놓고 숨어 있다가 피 실험자들이 공중전화박스 안에 들어가 동전을 발견하면 다가가서 "제 동전을 여기에 두었는데 혹시 못보셨습니까?" 하고 물었다. 이때 피실험자 중 23%만이 동전을 봤다 하고 돌려주었다. 두 번째는 피실험자들의 팔꿈치에 2, 3초 짧게 팔꿈치에 손을 댄 후 "제 동전을 여기에 두었는데 혹시 못보셨습니까?"하면서 돌려주기를 요구하자 68%가 봤다고 시인하면서 돌려주었다. 이는 다른 사람 몸에 손을 대는 것이 부정적으로 여겨질 수 있지만 팔꿈치와 같은 비교적 큰 의미가 없는 곳의 신체적 부위에 짧은 시간 접촉함으로써 순간적인 유대관계가 형성된 것이다. 이러한 실험을 나라별로도 실시를 하였는데 독일인이 85%로 동전 회수율이 가장 높았고 호주인이 72%, 영국인은 70%, 프랑스인이 50%, 이탈리아인이 22%로 나타났다. 독일인과 호주인, 영국인이 신체적 접촉에 영향을 많이 받는 것이다. 또한 사서에게 책을 대출해줄 때 대출자의 손을 살짝 스치도록 지시한 실험을 했는데 이후 대출받은 사람들에게 도서관의 서비스에 대해 질문을 한 결과 사서와 손을 스친 사람들이 긍정적으로 대답한 확률이 높았다. 영국의 슈퍼마켓에서도 비슷한 실험을 하였는데 거스름돈을 줄 때 손을 살짝 스치게 했을 때 그 마켓에 긍정적인 반응을 보였다.

악수 시 오른손으로 악수하면서 왼손으로 상대방의 팔꿈치나 손을 살짝 건드리고 상대의 이름을 확인하듯 부르면 상대방은 자신을 중요한 존재로 여긴다고 받아들이게 된다. 이렇듯 가벼운 터치는 상대에게 좀 더 긍정적인 인상과 영향력을 줄 수 있기 때문에 상담 시 서류를 건넬 때나 물건 전달 시 손끝의 작은 터치는 긍정적인 효과를 줄 수 있다. 하지만 주의할 것은 이것이 잘못 불쾌하게 받아들여지지 않도록 강약을 조절해야겠다.

등의 하체의 움직임이 크게 나타나는데 소위 '복 나간다'는 그러한 행위는 상대방도 같이 불안하게 하여 대화의 몰입을 방해한다. 그리고 심리적으로 여러 사람과 이야기를 나눌 때 서 있는 사람의 발끝은 가장 호감이 가는 사람에게 향하며 대화 시 다리를 꼬고 앉았을 때는 별로 좋아하지 않는 사람에게 발바닥이 향하게 되기도 한다.

5 거리

다른 사람과 이야기를 나눌 때 거리감에 따라서도 친근함, 불쾌감을 표현할 수 있다. 미국의 인류학자인 에드워드 홀(Edward T. Hall)은 1960년대 인간의 공간 욕구에 대해 연구한 선두자로 '근접학(proxemics)'이라는 말을 만들어냈다. 그에 의하면 개인은 벽이나 담으로 둘러싸인 자신의 집이라든지, 자동차, 침실 등 자신만의 소유물이나 자신의 신체 주변의 일정한 공간을 자신만을 위한 개인공간으로 생각한다고 한다.

개인공간의 넓이는 그 동물이 성장한 환경에 같은 종이 얼마나 있는지, 즉 아프리카의 넓은 평온에서 자란 사자들은 같은 지역에 사는 사자들의 수에 따라 반경 몇 킬로에서 그 이상이 될 수도 있고 자신의 영역을 용변을 통해 표시를 한다. 따라서 사람도 자신이 사는 나라의 인구밀도에 따라 개인공간이 정해지는 데 서울처럼 인구밀도가 높은 나라는 개인공간이 좁은 데 반해, 뉴질랜드 같은 곳은 개인공간이 넓다.

❶ 친밀한 거리(15~45cm) 연인, 부모, 배우자, 자녀, 친한 친구, 애완동물 등 감정적으로 친밀한 사람이나 생명체만 포함될 수 있다.

❷ 사적인 거리(46cm~1.22m) 이 거리는 칵테일 파티나 사교 모임, 친구들과의 만남에서 타인과의 사이에 두는 거리이다.

❸ 사회적 거리(1.22~3.6m) 낯선 사람, 택배직원, 상점 주인 등 잘 모르는 사람을 대할 때 사이에 두는 거리이다.

❹ 공적 거리(3.6m 이상) 청중 연설을 할 때 두는 거리이다.

친밀한 영역 안으로 낯선 사람이 침범을 하면 심장 박동이 빨라지고 아드레날린이 혈관 안으로 대량 공급되면서 많은 혈액이 뇌로 공급되는 등의 몸의 생리학적 변화가 일어난다. 또한 앞으로 있을지 모를 싸움이나 도주 상황에 대비해 근육이 긴장하게 된다. 아침 출근 시 승객이 많은 전철 안에서 긴장을 하게 되는 것과 같다.

또한 시골과 도시에 사는 사람들의 개인공간도 다르기 때문에 악수를 할 때도 시골 사람은 도시 사람에 비해 악수할 때의 거리가 일반적으로 멀다. 나라와 도시마다 이 거리의 개념도 다를 수 있다. 서울과 도쿄, 뉴욕과 같은 인구밀도가 높은 도시에 사는 사람은 인구밀도가 낮은 도시에 사는 사람들보다 비교적 개인거리가 가깝다.

6 자리 배치

자리배치를 어떻게 하느냐에 따라서 상대방의 협조를 쉽게 이끌어낼 수도 있다.

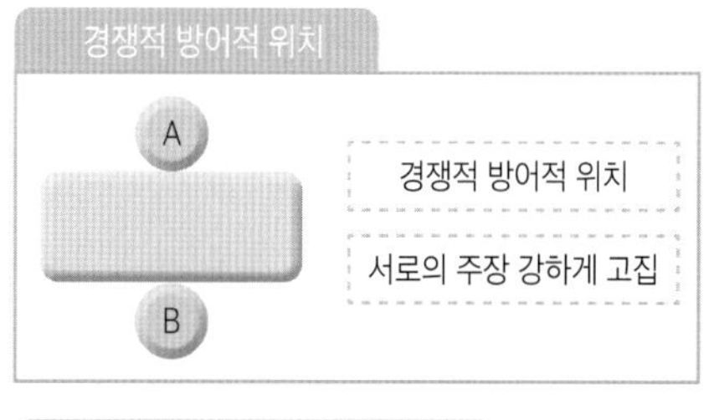

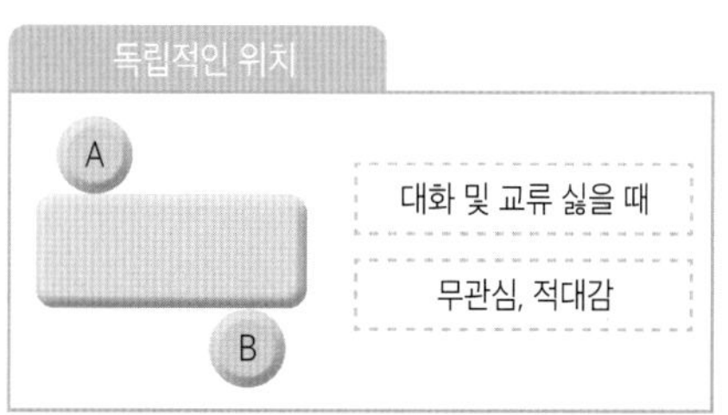

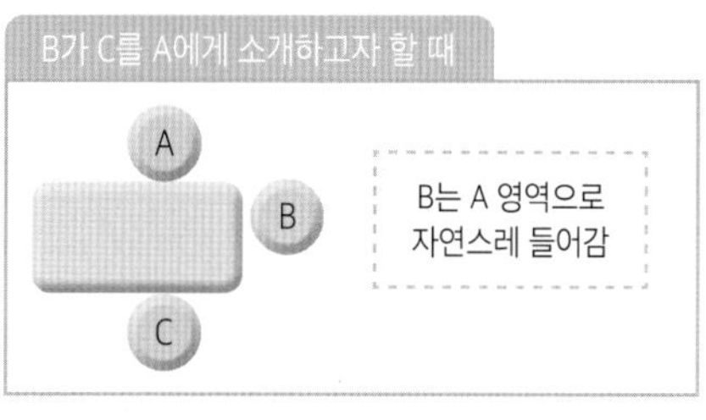

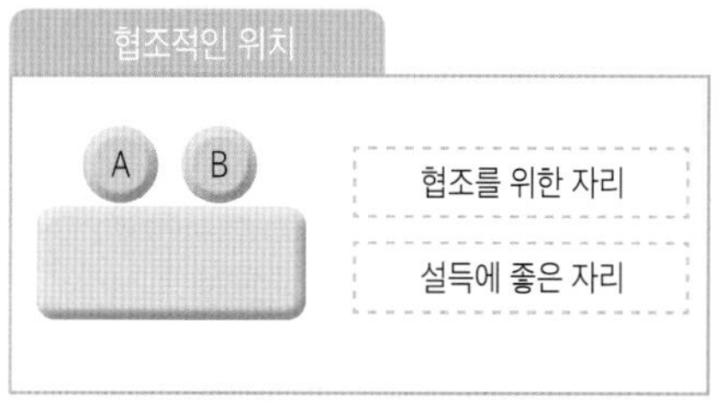

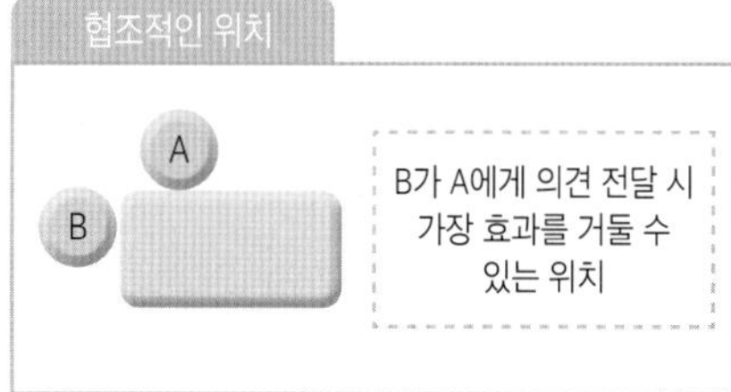

❶ 자리 배치는 협조적인 위치로

시선교환을 편하게 하기 위해 처음에는 탁자를 가운데 두고 앉지만 일단 이야기가 진행되면서 친근한 위치에서 설득이 필요할 경우 가장 효과를 거둘 수 있는 자리는 모서리를 사이에 두고 앉는 것이다. 또한 바로 옆자리에 앉는 것은 서로 협조를 위한 자리로 이 자리 역시 상대를 설득하기에 좋은 자리이고 계약을 성사시키고 협조를 의논할 때 적당하다.

❷ 왼쪽에 앉아라

캐나다 온타리오 교육연구협회 존 커슈너 박사는 교사들을 대상으로 30초에서 15분마다 그들이 쳐다보는 위치를 조사하였다. 조사 결과 전체시간의 44%는 정면을 쳐다보고 39%는 왼쪽을 쳐다보며 오른쪽은 겨우 17%밖에 쳐다보지 않았다. 그리고 교사의 왼쪽에 앉은 학생들이 오른쪽에 앉은 학생들보다 받아쓰기 시험 점수가 더 높았고 야단도 덜 맞았다. 따라서 중요한 상담이 있다면 상대방의 오른쪽보다 왼쪽에 앉아 있는 경우 좋은 성과를 이루게 될 확률이 더 높은 것이다.

❸ 상대방은 벽을 등지고 앉게 하라

빈 공간을 등지고 앉을 때 특히 그 공간에 사람의 출입이 있고 이동이 있을 때 호흡이나 심장 박동수, 뇌파, 혈압이 급격히 높아진다. 특히 출입문을 등지고 앉았을 때 긴장도가 상당히 높아진다.

따라서 상대방을 안정시키기 위해서는 상대가 칸막이나 벽 등을 등지고 앉도록 해야 한다.

❹ 조명은 어둡고 배경음악도 조용한 것이 몸의 이완을 풀어 상대에게 마음을 열 수 있게 된다. 이는 원시시대 동굴 입구에서 먹이를 먹기 위해서 해질 무렵 모닥불을 피워놓고 편안하게 먹이를 먹던 것과 같은 효과를 낸다.

식탁은 개방적인 원형 타입으로 하고 상대방이 주변사람들한테 신경을 쓰지 않도록 개별 룸

이나 칸막이가 있는 곳이면 대화를 더 편히 나눌 수 있다.

따라서 상대를 설득하기 위한 효과적인 자리 배치를 정리하면 다음과 같다.

칸막이가 있는 원형 테이블에 설득을 해야 하는 상대방은 벽을 등지고 앉게 하고 또한 나는 상대방의 시선이 왼쪽으로 올 수 있는 자리에 앉는다.

7 국가별 제스처의 차이

① 머리 일반적으로 위아래로 끄덕이기가 'YES'이고 좌우로 흔들기가 'NO'지만, 불가리아, 터키, 그리스, 이란은 반대이다.

불가리아의 고개를 끄덕이는 것이 'NO'가 된 이유

불가리아는 오스만 터키의 지배를 500년간 받으면서 불가리아 정교에서 이슬람교로 개종할 것을 강요받았다. 이에 저항하면서 이슬람교로 개종을 하지 않을 경우 목숨을 잃게 되는 상황에 처해지자 개종이냐 생명이냐의 갈등에서 목숨은 지키지만 불가이라인의 민족적 자존심과 정교신봉을 위한 마음은 흔들리지 않겠다는 강한 신념을 갖게 되었다. 이에 대한 방법으로 겉으로는 개종에 대한 긍정의 표시로 고개를 끄덕이지만 내심은 개종을 하지 않겠다는 부정적 마음이 있게 되었다. 이때부터 겉으로 고개를 끄덕이는 것이 'NO' 반대로 고개를 옆으로 흔드는 것이 'YES'의 표현이 되었다.

② 눈 윙크하기는 미국, 유럽에서는 비밀을 공유할 때, 홍콩에서는 예의 없는 행동을 나타내고 네덜란드에서는 '그는 미쳤다'라는 뜻이다.

③ 눈꺼풀 당기기는 영국, 프랑스에서는 '날 속일 생각을 마', 이탈리아에서는 '조심해'란 경고의 뜻을 나타내고 유고에서는 슬픔, 실망을 나타낸다.

④ 귀잡기 이탈리아에서는 귓볼을 만지면 호모를 나타내고, 인도는 사과의 의미를 나타낸다.

⑤ 코를 두드리는 행위는 이탈리아에서는 '주의하라'는 뜻을 나타내고, 영국

은 '비밀'을 나타낸다.

⑥ 검지로 빰(볼) 돌리기 독일은 '미쳤다', 이탈리아에서는 아름다운 여성에 대한 매혹의 의미를 나타낸다. 검지로 볼 두드리기는 그리스, 스페인에서는 여성이 매혹적임을 나타내고, 유고는 '성공'을, 미국에서는 '고려 중' 또는 '고민 중'을 뜻한다.

⑦ 턱 튕기기는 프랑스, 북부 이탈리아에서는 '꺼져라', 남부 이탈리아에서는 '아니다, 할 수 없다', 튀니지에서는 모욕의 의미를 나타낸다. 턱을 어루만지는 것은 대개 남성의 수염을 상징하나 아랍권에서는 여성에 대한 매혹을 상징하기도 한다.

⑧ 손가락으로 지시 한국, 일본 등은 손 전체를 사용하여 오라가라 지시하지만, 미국 등 서구는 손가락으로, 말레이시아, 영국은 엄지로, 아메리칸 인디언들은 입술로 방향을 가리킨다.

⑨ 엄지와 검지를 붙인 오케이 사인 한국·일본은 돈을 의미하고, 터키는 동성연애, 프랑스 '0', 브라질은 외설의 의미를 갖는다. 엄지 위로 쳐들기는 일반적으로 '오케이', '좋아' 오스트레일리아, 파키스탄 등은 외설적인 의미로 사용되고 독일은 '1' 일본은 '5'를 나타낸다. 'V'표시는 손바닥을 바깥으로 하는 표시는 일반적으로 '승리'를 나타내고, 그리스에서는 외설적인 의미, 영국에서도 손등이 밖으로 보이게 하면 외설적인 의미로 간주된다.

Tip

O·K는 19세기 초반 미국 신문사들 사이에서 약자를 즐겨 쓰면서 인기를 끌었는데 O·K가 어디서 유래가 되었는지에 대해선 의견이 분분하다. 'all correct'라는 글자를 잘못 쓴 'all korrect'를 줄이면서 O·K가 되었다는 설과 권투에서 'knock-out' 즉, K·O의 반대의미를 가리키는 뜻에서 글자를 바꿔 썼다는 설이 있다. 또한 19세기 미국 대통령선거에서 어느 후보자가 자신의 고향을 친근하게 가리키기 위해 오래된 킨더훅 'old kinderhook'의 약자를 선거운동용 약자로 쓰면서 O·K가 되었다는 설이 있다.

영국에서 손등이 보이는 V sign이 욕설로 여겨지는 것은 중세시대 백년전쟁 중 아쟁쿠르 전투(Battle of Agincourt)에서 유래된 것으로, 프랑스 기사들이 포로로 잡힌 영국 궁수들의 두번째, 세번째 손가락을 자르는 습관에 대해, 영국 궁수들이 두 손가락을 보이며 아직 손가락이 있고 여전히 활을 쏠 수 있음을 나타내는 대항의 의미로 쓰였기 때문이다. 그러므로 영국에서는 V sign의 손바닥 방향에 주의해야 한다.

<출처 : 위키피디아 영문판>

커뮤니케이션 시 보너스 점수를 얻을 수 있는 전략

회의를 할 때는 일어서서 하라

짧은 시간에 의사결정을 해야 할 경우는 일어서서 하라. 서 있는 상태에서 대화를 하면 앉아서 대화를 할 때보다 빨리 끝나고 지위도 높아 보인다고 한다.

손가락을 모아라

이야기를 할 때 손가락을 모으고 손을 턱 아래에 두는 사람이 상황에 대한 통제력을 가장 많이 차지하게 된다. 손가락을 벌리고 손을 턱 높이 위로 들면 힘 없고 권위 없는 사람으로 인식하게 된다.

팔꿈치는 밖으로 향하게 하라

의자에 앉을 때 팔꿈치는 밖을 향하게 하거나 의자 팔걸이에 올려놓아라. 복종적이고 겁 많은 사람은 자신의 몸을 보호하기 위해 팔꿈치를 몸 가까이 붙이는데 이런 자세를 취하면 두려워한다는 인상을 주게 된다.

힘 있는 단어를 사용하라

캘리포니아 대학에서 실시한 연구에 의하면 영어에서 가장 설득력 있는 단어들은 discovery, guarantee, love, results, save, easy, health, new, safety, you 등이라고 한다. 영어를 할 때는 이런 단어들을 많이 사용하라.

서류가방은 가볍게 하라

대개 최종 결정을 내리는 고위층 사람들은 납작한 서류가방을 들고 다닌다. 반면에 크고 불룩한 서류가방을 들고 다니는 사람은 온갖 일을 제시간에 제대로 정리하지 못해 가방 속 가득 들고 나온 듯한 인상을 주기 쉽다.

상대의 재킷 단추에 주목

노사 대립이 있어 협상을 할 때의 모습을 보면 점퍼지퍼나 단추를 끝까지 채우고 협상을 했을 때보다 단추를 풀었을 때 합의점에 도달할 확률이 훨씬 컸다. 회의 중에 갑자기 단추를 푼다면 상대가 자신의 마음도 열고 받아들이려 한다고 생각하면 된다. 재킷을 벗는다면 더욱더 마음을 열 확률은 크다.

CHAPTER 07

언어적 커뮤니케이션

오늘의 학습목표

- 언어적 커뮤니케이션에 대해 알 수 있다.
- 서신교환 방법에 대해 알 수 있다.
- 전화예절에 대해 알 수 있다.
- 네티켓에 대해 알 수 있다.

에티켓 내용

- 듣기와 말하기, 통역의 활용, 국가별 상담화제와 관습
- 비즈니스 편지양식과 다양한 편지의 종류
- 전화의 특징, 전화걸기, 받기 에티켓
- 전자통신 이용 시 에티켓

챌린저호 폭발
경청의 중요성 재확인

미국 플로리다 케네디 우주센터에서 1986년 1월 28일 화요일 아침에 발사된 챌린저호는 발사 후 1분 13초 만에 갑자기 불길에 휩싸이더니 불꽃놀이에서 보듯 부스러기가 되어 떨어졌다. 우주선 안에는 젊은 여교사를 포함하여 7명의 승무원이 타고 있었다.

사건 발생 후 미국 정부는 윌리엄 라저스(William Rogers)를 단장으로 하여 대통령 직속 조사단(Presidential Commission on the Space Shuttle Challenger Accident)을 구성하고 진상 조사에 나섰다. 조사단이 밝힌 바에 따르면 사고 원인은 챌린저 주엔진에 붙은 두 개의 로켓 부스터(solid rocket booster: SRB)에 있었으며, 그 중에서도 부스터를 현장 조립하기 위하여 끼워 넣은 O-링에 있었다. 하지만 챌린저호를 발사하기 전에 NASA에는 공중폭발의 주원인인 연료누설을 일으킨 원형 누설 방지 고리 O-ring이 파손될 가능성이 있다는 사실을 알고 있었던 사람이 무려 1,100명이나 있었다고 한다. 특히 O-링을 직접 설계한 라저 보졸리(Roger Boisjoly)는 O-링에 대하여 걱정하기 시작하였으며 메모를 통하여 O-링을 재설계하거나 아니면 문제가 해결될 때까지 챌린저 발사를 연기하도록 매니저들에게 주지시키려 노력하였으나 끝내 엔지니어들의 의견은 받아들여지지 않았고 발사 하루 전인 27일에도 온도가 챌린저호를 발사하기에는 적합하지 않다고 판단한 엔지니어들이 즉시 케네디 센터에 연락하여 발사 연기를 제안하였지만 결국 발사를 계획대로 진행하도록 건의하는 것으로 결론을 내고 말았다.

만일, 나사가 모든 가능성을 대화하고 주의깊게 경청하였다면 '공중 폭발'이라는 끔직한 결과는 미연에 방지할 수 있었을 것이다. 시카고 로욜라(Loyola) 대학의 교수들은 능력 있는 관리자에게 가장 필요한 요소를 선정하는 연구에 참여했었는데 연구결과에 따르면 관리자가 가장 중시해야 할 기술은 경청(listening)인 것으로 나타났다.

적극적 경청을 하는 사람이 상대방과 함께 있어준다는 것은 상대방의 세계로 들어가 그와 동행한다는 것을 의미한다. 그것은 또한 그의 삶 속에 들어가 판단하지 않고 민감하게 그를 따라가는 것을 의미한다. 적극적 경청은 당신이 신선하고 위협적이지 않은 시선으로 그가 두려워하고 있는 그의 내면의 요소들을 살펴보고 그것들을 상대방에게 이야기하는 것이기도 하다. 이런 과정을 통하여 당신은 상대방의 믿을 수 있는 마음속으로부터 동료가 되는 것이다.

칼 로저스 박사, 「함께 있어주는 방법」

지난 장에서 언어적 커뮤니케이션 중 비언어적 커뮤니케이션에 대해 살펴보았다. 이 장에서는 언어적 커뮤니케이션 방법, 즉 듣기, 말하기, 쓰기에 대해 알아보자.

01 듣기

1 경청을 저해하는 요인

❶ 수많은 외부 환경의 자극 대화 중 발생할 수 있는 주변 소음에 대한 자극, 이러한 자극은 집중해서 들을 수 있는 능력을 떨어뜨린다.

❷ 성급한 대응 습관 자신이 아는 내용을 들을 때는 미리 그 내용을 속단해 버리고 임의로 미리 판단해버린다.

❸ 훈련 부족 어릴적부터 말하기, 읽기, 쓰기에 대한 훈련은 해왔지만 듣기에 대한 훈련은 해본 적이 없다.

❹ 속도의 차이 사람들은 평균적으로 1분당 350~360자를 말하지만 들을 때는 400~500를 듣는다. 이러한 화자와 청자의 속도 차이 때문에 듣는 사람이 화자가 말하는 동안 딴 생각을 하게 되면서 집중력이 떨어지게 된다.

2 경청의 방법

(1) 주의 기울이기

❶ 상대방에게 주의를 집중하고 있다는 것을 보여주는 비언어적 의사표현

- “적절한” 고개 끄덕임
- 표정, Eye Contact, 제스처
- 단순한 음성 반응 : 아, 네, 그래요.
- 상대방의 말 반복, 요약, 환언

❷ pacing 상대행동에 보조 맞추기

❸ eye contact 눈으로 듣고 말하기

(2) 소극적 경청

❶ 침묵 말을 삼가고 묵묵히 수긍하며 듣기

❷ 인정 상대의 말을 묵묵히 동조하기

❸ 말문열기 말을 하도록 분위기 만들기

- 질문을 사용하라.
- "네", "아니오"로 답할 수 있는 폐쇄형 질문보다는 이야기를 이어갈 수 있는 개방형 질문을 사용하라.

(3) 적극적 경청

- 상대방의 이야기를 정확히 이해하는 데서 출발
- 암호화 : 화자가 우회적으로 욕구표현
- 해독 : 이러한 욕구를 해석
- 공감적 피드백 : 화자의 느낌

(4) 경청의 기법

토니 알렉산드라 박사의 CARESS 모델 - 경청의 기법

Concentrate 집중하라!
Acknowledge 인정하라!
Research 탐색하라!
Exercise emotional control 감정을 조절하라!
Sense the nonverbal message 비언어적 의미를 파악하라!
Structure 구조화하라!

02 말하기

1 호감을 주는 말씨

(1) 밝고 적극적으로

밝은 표정과 음성, 밝은 말의 내용을 적극성을 가지고 전달해야 한다. 밝은 내용의 말은 칭찬과 격려의 말이 주를 이룬다.

❶ 밝은 표정과 음성 일반적으로 어둡고 침울한 이미지는 다른 이로 하여금 경계심을 불러 일으킨다. 밝은 표정과 음성은 상대를 기분 좋게 하는 화법이라 할 수 있다.

❷ 밝은 내용의 말

(2) 공손하게

반말, 반토막 말을 사용하지 않으며 성의있고 예의바른 단어를 선택하여 적절한 Tone으로 대화한다. 이때 겸양어를 사용하기도 하는데 겸양어는 나를 낮추고 상대를 높이는 말이다. 예 내가 하겠습니다 → 제가 해 드리겠습니다.

(3) 명료하게

명료하게 말하기 위해서는 목소리 톤, 정확한 발음, 적절한 속도가 조화를 이루어야 한다.

❶ 목소리 톤

문화권별 목소리의 차이 - 네덜란드의 유명한 문화학자인 퐁스 트롬페나의 연구 결과 라틴이나 지중해권 사람들이 동양이나 서구 사람들보다 목소리도 크고 억양도 다양하다는 것을 알 수 있다.

반면 동양사람들은 목소리가 단조롭다. 나지막하고 목소리 톤이 크지 않은 것을 미덕으로 삼기 때문이다.

❷ 정확한 발음

❸ 적절한 속도

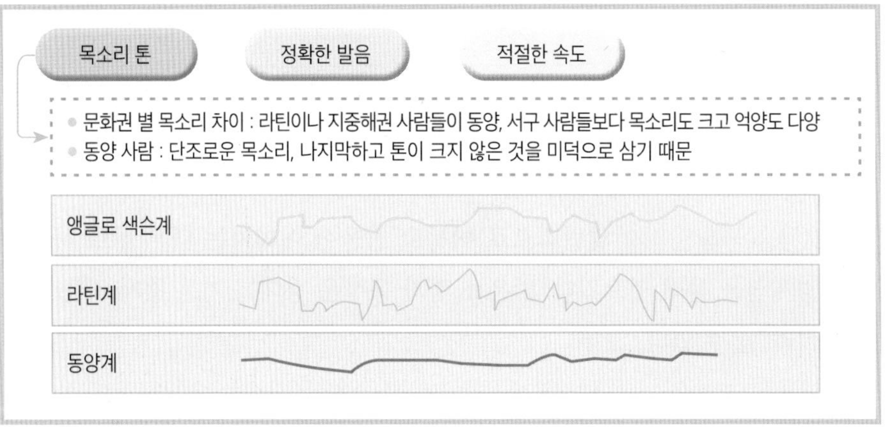

(4) 품위있게 품위있는 대화가 되기 위해서는 속어나 비어의 사용, 전문용어의 사용을 자제하고 상대에게 맞는 적절한 호칭을 사용하는 것이 필요하다.

- 속어나 비어 사용 금지
- 전문용어 사용 자제
- 부정적인 말투, 어투 자제 : "좋을 것 같다", "무슨 뜻인지 알겠나?", "자네한테만 하는 이야기인데", "이 말이 뭐냐하면", "이해가 되나?"

압존법

우리말에는 압존법(壓尊法)이 있다. 이는 최상위자 앞에서 차 상위자를 말할 때 조금 낮추어 말하는 것을 뜻한다.

예를 들어, 평사원이 과장을 부장에게 말할 때 "부장님, OOO과장은 지금 외출 중입니다."라고 표현하며 '님'이나 '께서'라는 호칭은 사용하지 않는다.

불만 고객 상담 기법의 단계

1단계 대화 시작 - 대화의 분위기를 결정하는 단계

※ 대화 시작 시 필요한 스킬
- 용모와 복장을 갖춰라.
- 미소를 띠고 응대하라.
- 밝고 전문가다운 어조로 응대해라.

2단계 니즈 파악
- 질문하기
- 확인하기
- 초점 맞추기 : 적절한 시기에 고객이 말한 것을 요약해서 말해주고 고객의 말에 관심이 있음을 보여준다.

3단계 응대하기(고객의 요구 사안에 대한 응대)

4단계 마무리 : 간단한 인사보다는 상대방과의 만남의 과정을 최종적으로 정리하는 것이 중요하다. 간단한 인사만 하는 경우는 서두르거나 내몰고 있다는 인상을 주기 쉽다.

마무리 스킬

- 목소리를 즐겁게 한다.
- 결정한 사항에 대해서 최종적으로 확인한다.
- 감사의 인사를 한다.
- 고객, 회사, 자신에 대해 긍정적인 인상을 준다. : 바쁘신 와중에도 잘 협조해 주셔서 이 문제가 잘 해결되었습니다. 감사합니다.

2 외국인과 말할 때 주의점

은어나 애매한 말, 방언은 사용하지 말자. 어설픈 모방은 우스꽝스러울 수도 있다.

- 유머는 되도록 하지 말자. 아무리 유머를 구사할 외국어 실력을 갖추었다 해도 잘못하면 분위기만 어색해진다.
- 현재 사용하고 있는 정확한 표현을 익히자.
  예 soviet union ➡ Russia / 레닌그라드 ➡ St.Petersburg

3 통역활용

통역은 중국이나 러시아 등 영어 이외의 언어를 사용할 경우 절실하게 필요하다.

(1) 통역자의 선정

❶ 고등교육을 받은 자
❷ 통역하고자 하는 내용에 대해 사전지식을 갖고 있는 자
❸ 현지뿐만 아니라 우리나라 및 기업에 대해 일반적인 지식을 갖추고 있는 자
❹ 용모 단정하여 신뢰감을 줄 수 있는 자

(2) 통역자에 대한 태도

❶ 다른 고객들과 마찬가지로 정중히 대하고 통역내용에 대한 사전 정보를 알려준 후 용모, 복장 등에 관해 주의를 부탁한다.
❷ 통역 후 통역자에게 감사표시를 한다.

(3) 통역 활용 시 주의점

❶ 원활한 통역이 되기 위해서 통역자와 미리 연습을 해서 실수가 없도록 한다.
❷ 말할 때는 통역자가 아니라 상대방을 보고 이야기한다.
❸ 통역을 활용하더라도 표현은 정중히 한다.

④ 분명하게 이야기하고 되도록 단문을 사용한다.
⑤ 어려운 단어는 피한다.
⑥ 통역자에게 말할 기회를 주지 않고 혼자 길게 이야기하지 않는다.
⑦ 통역자가 메모할 시간을 준다.
⑧ 통역자가 애매한 표현을 충분히 활용할 수 있는 시간을 준다.
⑨ 통역하는 동안 중간에 끼어들지 않는다.
⑩ 정확하게 의미를 전달하게 위해 보디랭귀지를 풍부하게 구사해도 좋다.
⑪ 상담이 진행되는 동안 요점을 놓치지 않고 정리하여 마무리할 때 서로의 의견을 다시 한 번 조율한다.
⑫ 적절한 휴식을 가져 상담자나 통역자가 쉴 수 있도록 한다.
⑬ 통역자가 내가 이야기한 것보다 짧게 이야기를 해도 걱정은 하지 말자.

4 상담화제

(1) 좋은 화제와 나쁜 화제

좋은 화제		나쁜 화제	
날씨	교통	정치	소문(gossip)
스포츠	여행	종교	인종
방문하기 좋은 장소, 도시 추천		자신 또는 타인의 건강	
개인적인 경험		수입 또는 금전적인 문제	
책, 예술, 음식		자신의 개인적 삶에 대한 자세한 묘사	
시사 뉴스		다른 사람의 험담	

(2) 국가별 선호하는 화제

국가	좋아하는 화제	싫어하는 화제
중국	• 역사, 문화 등 저존심을 세워주는 말을 준비하여 호감을 얻는다.	• 정치나 사회체제에 관한 얘기
독일	• 스포츠 - 많은 독일인들은 축구에 열광팬이며 특히, 하이킹을 즐긴다. • 맥주 - 자기 고장의 맥주에 대해 얘기하는 것을 좋아한다.	• 히틀러와 유대인 학살에 관한 얘기
인도네시아	• 여행, 장래 계획	• 인권, 인종문제, 정치, 종교문제
멕시코	• 멕시코인들과 자연스럽게 대화를 이어나가려면 스포츠, 영화, 음악에 대한 상식이 필요하다. • 고대문명의 찬란함. 문학, 연극, 그림 등	• 지진, 빈곤, 불법체류자, 종교문제
브라질	• 축구에 대한 얘기	• 브라질의 무역 라이벌인 아르헨티나에 관한 얘기나 정치 문제
인도	• 인도의 역사와 문화	• 카스트 제도 • 파키스탄과의 관계 • 채식주의 - 힌두교나 시크교도들은 대부분 육류, 생선, 계란이 들어간 음식을 먹지 않는다.
사우디 아라비아	• 축구 • 이슬람 종교에 대한 관심 표명	• 왕정에 대한 비방 • 이슬람교에 대한 비방
이집트	• 고대이집트의 문화유산 • 스포츠 - 축구, 농구, 권투가 가장 인기있는 스포츠이다.	• 부인이나 딸의 안부를 물어보지 않는다. • 이스라엘에 대한 얘기

03 서신교환

1 편지 쓰기 전 체크 포인트

❶ 편지를 써야 할 상황인가를 고려한다.

❷ 편지를 쓰는 목적을 명확히 한다.

❸ 상대방의 시간을 고려하여 일목요연하고 간결하게 정리하여 작성한다.

2 편지의 구성

(1) 미국식 비즈니스 편지 양식

LANGUAGE INTERNATIONAL.INC (레터헤드)
Gil-sung building 11-9, chungdamdong
Gangnam-gu, Seoul, Korea

July 23, 2009 (날짜)

Mr. Yoshikuni Chiaki, Manager (수신인 성명, 주소)
Sari corporation
Time Building 22-3, Otemachi
Chyoda-gu, Tokyo, Japan

Dear Mr. Chiaki (인사)

.... (본문)
....
....

Sicerely yours (맺음말)

Sung-min Kim (서명(타이핑))
Sales Manager
(서명(자필))

① 레터헤드(mailhead)

레터헤드란 사무용 서신용지(書信用紙)에 인쇄해 넣은 발신인의 회사명이나 기관명, 주소, 전화번호, 전신약호 등의 문자나 디자인. 또는 이러한 문자나 디자인이 인쇄된 회사용 서신용지를 말한다. 이는 보통 윗변으로부터 약 2.5~3cm 아래 부분에 인쇄해 넣는데 발신인의 회사명이나 기관명과 주소 이외에 전화

번호 팩시밀리번호, 그리고 마크 등을 넣기도 한다. 하지만 요즘은 전자우편의 발달로 전자메일을 보낼 때 레터헤드를 사용하기도 하고, 특히 외국에서는 이러한 레터헤드를 매우 중요시하여 이의 디자인에 각별히 신경을 쓴다.

❷ 수신인의 성명과 주소

비즈니스 편지는 봉투와 편지지에 모두 수신인의 주소를 적는다.

- 이름
  - 남성은 Mr./여성은 Miss(미혼) Mrs.(기혼)
  - 학위가 있으면 Dr.
  - 대학교수는 Professor
- 직위
  - 간단한 직위(title)는 쉼표로 이름과 구별한다.

    예 Mrs.Babara Pachter, President
  - 긴 타이틀은 두 줄로 표시한다(직위, 부서명 분리).

    Mr. John W.Wayne, General Manager

    Globalization Strategy Division

❸ 인사

- 본문 첫머리 별도의 행에 수신자의 직함을 표기한다.
- 개인적으로 친분이 있을 경우 머리말 뒤에 쉼표(,)를 찍지만 첫인사일 경우 또는 형식을 갖춰야 할 경우 콜론(:)을 찍는다.
- 이름과 성의 구분을 정확히 해야 한다. 특정인의 이름과 성을 모를 경우 해당 회사에 직접 전화를 해서라도 확인을 해야 한다.
- My Dear Mr.A와 Dear Mr.A의 차이를 알아두자.

  미국에서는 'My Dear Mr.A'가 공식적이고 'Dear Mr.A'는 사적인 표현이다. 하지만 영국은 정반대이니 주의한다.

④ 본문

편지의 내용을 서술할 때 가장 중요한 정보를 맨앞에 기술한다.

문어체보다는 평상시 쓰는 말을 사용하고 가능한 한 직접적으로 표현한다.

⑤ 맺음말

본문 말미에 적는 인사말은 미묘한 차이지만 상황에 따라 달리 표현을 한다.

- 'Respectfully' 또는 'Respectfully yours' : 정부관료 등 공문의 형식을 띤다.
- 'Very truly yours' : 정중한 표현
- 'Sincerely' 또는 'Sincerely yours' : 비즈니스상에서 많이 쓰는 표현
- 'Best regards'또는 Best' : 비공식적이거나 친밀한 사이에서 쓰이는 표현

⑥ 서명

- 서명은 자신의 이름 전부나 First name만을 적는다(법률상. 비즈니스 문서는 이름을 모두 적는다).
- 본명은 약자로 하고 성(Family name)으로 서명한다.

  예 영국 – J. F. Kennedy

  미국 – John F, Kennedy(Middle name의 약자)

(2) 봉투 쓰는 법

① 발신인 성명 및 주소

② 수취인 주소 주소를 왼쪽 일렬로 맞추어 타이핑한다.

③ 친전, 인비(Personal, Personal and Confidential)

본인말고는 보지 말라는 뜻 또는 비밀을 뜻한다.

④ 속달(express), 등기우편(Registered) 오른쪽 우표 밑에 간격을 두고 표기한다.

(3) 다양한 편지의 종류

① 감사 편지 타이밍이 중요하다. 2~3일 이내에 감사 편지를 쓴다.

② 불평 편지

- 불평 편지를 쓸 때
  - 편지를 써야 할 대상이 누군인지를 분명히 한다.
  - 상황을 정확히 묘사하라.
  - 요구할 사항에 대해 구체적으로 말하라.
  - 화가 났을 때 편지를 쓰겠지만 보내기 전 안정된 후 다시 검토한 후 보내라.
- 불평 편지를 받았을 때
  - 상황파악 후 바로 회답하라.
  - 비록 상대방이 잘못 오해를 했어도 그것을 직접적으로 표현하지 말라.
    1차 잘못 시인 후 2차 회답 시 오해했던 상황에 대해 설명을 한다.
  - 긍정적인 마무리를 한다.
    이 불만을 해결하기 위해 조직과 담당자가 적극적인 노력을 하겠다는 의사표현을 한다.

③ 후속 편지

이것은 어떤 프로젝트를 수행하는 데 있어 관계를 유지하기 위해 꼭 필요한 편지이다. 굳이 길 필요가 없다. 단지 이전단계와 앞으로의 진행상황을 잘 연결할 수만 있으면 된다. 또한 이전 회의나 편지에서의 요점을 정리해 상대방의 기억을 되살린다.

④ 축하 편지

- 생일 : 보통 아는 사이이면 명함이나 편지로 축하를 한다.선물과 함께 보내는 명함에는 'Wishing you many happy returns of the day'라 적으며, 간단히 할 때는 'p.f'라 적는다.
- 아기의 탄생 : 아기가 태어났음을 통보받은 사람은 축하인사와 함께 산모에게 생화를 보내는 것이 예의이다. 아이 선물을 보내는 것도 무방하지만 축하카드로만 대신해도 무방하다.
- 결혼 : 결혼초대장을 받으면 축하선물을 보내며 축하편지와 명함을 함께

보낸다.

신랑에게는 보통 우정의 증표로 담뱃갑이나 디캔터(decanter : 와인을 담는 크리스털 유리병) 등을 선물하는 것이 통례이다.

5 애도 편지

- 신문의 부고난에서 거래처 이름을 발견하면 우선 직속상사에게 보고하고 문상한다.
- 조문을 할때는 'With deep sympaythy' 또는 소문자로 p.c라고 적어놓는다.
- 애도 편지를 쓸 때는 반드시 손으로 써야 깊은 애도의 뜻이 전달된다.
- 공사에 관계없이 편지지와 편지봉투에 검은 테두리 친 것을 사용한다.

04 전화예절

1 전화의 4대 특성

(1) 음성에 의존

텔레 커뮤니케이션의 특성은 일반적인 커뮤니케이션과는 달라 표정과 제스처 등 시각적인 부분을 전달하기 어렵다. 어휘 16%와 어투 84%로 구성되어 있다. 거의 음성에만 의존하기 때문에 더욱 어휘 선택과 말의 뉘앙스에 신경을 써야 한다.

(2) 일방적

전화를 거는 사람과 달리 받는 사람은 예기치 않게 받게 되는 경우도 있다. 이런 특성으로 인해 상대방이 전화를 받을 수 있는 상황인지, 장소와 시간이 적절한지 확인할 수 없다. 전화를 걸 때는 받는 사람의 입장을 고려해 적절한 인사말을 준비한다.

(3) 경비 발생

전화통화를 하게 되면 경비가 발생한다. 특히, 사내에서 사적인 전화를 오래 할 경우 본의 아니게 외부고객에게 불편을 끼칠 수도 있다. 전화 통화를 할 경우에는 시간에 대한 경제 관념과 비용에 대한 경제 관념을 철저히 가져야 한다.

(4) 보안성이 없음

전화 통화 시, 반경 4m 이내에서 발생되는 소리는 상대방에게 그대로 전달된다. 불필요한 말들의 전달로 인해 회사의 이미지가 손상될 수도 있으니 전화를 걸거나 받을 때 주위의 환경을 정숙히 해주는 것이 에티켓이다. 그리고 통화를 하다가 기다리게 할 경우 반드시 대기 버튼을 활용해 음악이 흐르도록 한다. 그래야 기다림에 대한 지루함이 덜하기 때문이다.

2 전화 응대의 3원칙

(1) 친절

친절은 고객이 가장 기대하는 사항이다. 음성에만 의존하기 때문에 목소리에 상냥함이 배어 있어야 한다. 여성은 '솔'음이, 남성은 '미'음이 가장 상대방에게 호감을 주는 목소리 톤이다. 음성의 톤과 함께 더욱더 중요한 것은 고객의 요구 충족을 위해 애쓰는 태도와 마음의 전달이다.

(2) 신속

고객의 시간을 아끼는 마음은 신속한 전화 응대에서 시작한다. 너무 빨리 받아 상대방에게 여유를 주지 않거나 느리게 받아 고객의 시간을 소홀히 하면 곤란하다. 전화 벨이 2~3회 울릴 때 받는 것이 가장 적절하다고 할 수 있다. 부득이하게 늦게 받았을 경우 반드시 양해의 인사말을 해 기다린 고객에 대한 예를 갖춘다.

(3) 정확

정확한 업무 내용은 전화 서비스를 완성시킨다. 신속한 통화와 친절한 통화가 되기 위한 기본 단계라고 해도 과언이 아니다. 고객이 전화를 하는 이유는 문제를 해결하기 위함이다. 정확한 지식과 정보 전달을 위해서 직원은 업무지식으로 무장을 하고 준비해야 한다.

3 상황별 전화 응대

(1) 전화 거는 법

❶ T.P.O를 고려한다. 시간, 장소, 상황에 맞추어 전화를 걸어도 좋을지 생각한다.
걸 준비를 한다 상대방의 전화 번호, 소속, 성명을 확인하고 수화기를 들기 전에 용건을 메모하여 할 말을 잊거나 빠뜨리는 일이 없도록 한다.

❷ 전화 걸기

❸ 인사한다.

❹ 용건은 명확하게 말한다. 전화를 거는 용건을 정확한 발음으로 명확하게 말한다.

❺ 정중하게 인사하고 끊는다.

(2) 전화 받는 법

❶ 신속하게 받는다 전화벨이 2~3번 울릴 때 신속하고 밝게 받는다.

❷ 인사한다.

❸ 용건을 파악한다. 차분하고 정확하게 수긍을 해가며 요점을 메모지에 기입한다.

④ 정성 어린 마음으로 응대한다.

⑤ 정중하게 인사하고 끊는다.

05 네티켓(Network Etiquette:Netiquette)

네티켓(Netiquette)은 네트워크(Network)와 에티켓(Etiqeutte)의 합성어로, 인터넷 공간에서 지켜야 할 예의범절이다.

1 전자통신 사용 시 주의점

① 제목이 얼굴이다. 본문의 내용을 요약한 간단한 제목을 붙여 한 눈에 어떠한 내용인지 파악이 되게끔 배려한다.

② 계약서나 오퍼 등 형식을 필요로 하는 편지에는 간략한 레터헤드를 만든다.

③ 보낸 사람이 어느 회사 소속의 누구인지 먼저 명확히 밝혀야 한다.

④ 업무상 보내는 메일은 간략하고 명확하도록 한다.

⑤ 단락별로 3~4줄의 간격을 두어 눈이 피로하지 않도록 한다.

⑥ 영문편지를 쓸 때는 대문자보다 소문자를 쓰지만 제목이나 특히 강조하고 싶은 단어는 대문자를 쓴다.

⑦ 이름과 호칭을 사용하는 데 주의해야 한다. 상대방이 이름을 사용한다면 좋지만 초면인 경우에는 Mr./Mrs 등의 호칭에 last name을 사용하는 것이 좋다.

⑧ 영어가 제2언어권인 경우 영문편지를 쓸 때 구어체보다는 가능한 한 쉬운 문어체를 사용한다.

⑨ 비즈니스 서신에는 emoticon의 사용을 자제한다. 자칫 무례하다고 여겨질 수 있다.

⑩ 다른 사람의 이메일 메시지를 많은 사람들에게 함부로 전송하지 않는다.
⑪ 자신의 우편함을 관리하여 메일은 반송되는 일이 없도록 한다.
⑫ 다른 사람에게 노출돼서는 안 될 중요한 정보는 가급적 이메일로 전송하는 것은 좋지 않다.
⑬ 첨부파일은 꼭 필요한 경우에만 용량이 너무 크지 않도록 정리해서 한다.
⑭ 메일 내용을 쓴 후 한번 검토하고 보낸다.
⑮ 수신과 참조는 받는 사람의 중요도에 따라 구분하여 발송한다.

2 네티켓 십계명

1994년 미국 플로리다 대학교의 버지니아 셰어 교수가 제시한 '네티켓의 핵심원칙'으로 세계적으로 인정되어 그 기준이 되고 있는 네티켓 십계명을 알아보면 다음과 같다.

① 인간임을 기억하라.
② 실제 생활에서 적용된 것처럼 똑같은 기준과 행동을 고수하라.
③ 현재 자신이 어떤 곳에 접속해 있는지 알고, 그곳 문화에 어울리게 행동하라.
④ 다른 사람의 시간을 존중하라.
⑤ 온라인상의 당신 자신을 근사하게 만들어라.
⑥ 전문적인 지식을 공유하라.
⑦ 논쟁은 절제된 감정 아래 행하라.
⑧ 다른 사람의 사생활을 존중하라.
⑨ 당신의 권력을 남용하지 마라.
⑩ 다른 사람의 실수를 용서하라.

ENGLISH SENTENCE

| 영어 문장 |

전화 시 부재 중

A 판매 담당자에게 전화를 했는데 지금 자리에 없네요?

B 출장 중이세요.

A I tried to call the sales rep, but he's not in at the moment.

B He's out of town.

관리자의 핸드폰 번호를 가르쳐 달라고 할 때

A 관리자 핸드폰 번호를 모르는데요. 알려주시겠어요?

B 네, 문자로 남겨드리겠습니다.

A I don't know your manager's cellphone number. Can you tell it to me?

B Yes. I'll send you the number by text message.

매너 없이 보내는 스팸메일 때문에 짜증이 났을 때

A 스팸 메일 때문에 진저리가 나!

B 나도 그 기분 알아.

A I'm sick and tired of spam emails!

B I know what you mean.

편지 및 봉투에 쓰는 추신 용어

1) please forward - 전송해주세요.

2) Kindly forward by Mr.A/Forward by Mr.A - Mr.A편으로 보냅니다.

3) N.B(Note Bene, take notice) - 비고, 주의

4) Please Hold - 호텔 등에서 수신인이 도착할 때까지 맡아달라는 뜻

MEMO

CHAPTER 08

복장 매너

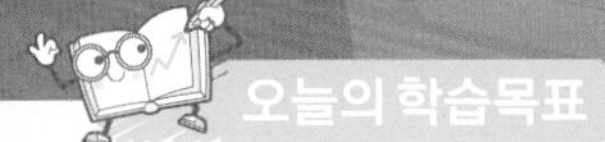

오늘의 학습목표

- 비즈니스맨으로서의 헤어·용모 관리법을 익힐 수 있다.
- 정장·셔츠·넥타이의 바른 착장법과 액세서리 사용법에 대해 알 수 있다.
- 여성들의 용모와 체형별 옷입기에 대해 알 수 있다.
- 멋쟁이연출을 위한 액세서리 이용에 대해 알 수 있다.

에티켓 내용

- 남성 헤어·복장 에티켓
- 남성 정장, 액세서리 사용 에티켓
- 여성 헤어·복장 에티켓
- 여성 액세서리 사용 에티켓

외모가 좋으면 연봉이 높다? 미국 남성 중 평균 이상의 외모를 가지고 있다고 인지되는 사람은 평균 외모보다 4% 높은 임금을 받고 있으며 외모가 못생겼다고 인지되는 사람은 평균보다 9% 낮은 임금을 받고 있다고 한다. 여자의 경우 평균 이상의 외모를 가지고 있는 여자는 8% 높은 임금을 받고 있으며 평균 이하의 못생긴 여자는 4% 적은 임금을 받고 있다고 한다. 이는 외모가 성공에 긍정적인 영향을 미침을 나타낸다.

하지만 아무리 좋은 외모를 가졌다 하더라도 자신의 장점을 잘 표현하지 못한다면 다른 사람들은 그 좋은 외모를 제대로 느낄 수가 없다. 반면 선천적인 외모는 훌륭하지 않더라도 단점을 커버하고 장점을 살리고 개성있는 멋쟁이로 자신을 충분히 표현한다면 비즈니스맨으로서 타인에게 좋은 이미지 전달과 함께 그만큼 성공할 확률이 높다.

루이스 구렐은 『의복: 제2의 피부』에서 이미지 결정 시 의복이 하나의 표면언어로(surface language) 타인에게 전달된다고 하였다.

비즈니스맨으로서의 프로다운 이미지 전달을 위해서 다음과 같은 사항을 알아두자.

01 남성의 용모와 복장

1 남성 용모

(1) 헤어스타일

❶ 헤어 깔끔하게 관리하는 법

- 머리는 반드시 말리고 잔다 : 물에 젖어 있는 머릿결은 가장 약해져 있는 상태다. 잠자면서 베개에 눌리고, 자극을 받으면 아무래도 머릿결이 푸석거린다.

- 샴푸 전 머리를 털어내거나 빗어준다 : 머릿결 사이에 있는 먼지가 털려나가고 두피에 쌓인 때가 일어나 샴푸할 때 각질이나 때가 쉽게 제거된다.
- 모발에 좋은 음식물을 섭취한다 : 모발 건강에 좋은 단백질, 비티민 E, 칼슘, 철, 섬유질이 든 음식물을 섭취할 것, 우유나 달걀, 녹황색 채소 등이 그것이다.
- 자외선으로부터 보호하자 : 모발이 햇빛에 장시간 노출되면 탈색되거나 푸석거리게 되므로 모자를 쓰거나 양산을 써주는 등의 세심한 주의가 필요하다.

(2) 얼굴 관리

'미중년', '초식남' 등 외모와 자기 관리에 신경 쓰는 남자들이 늘면서 이들을 위한 미백기능성 에센스, 안티에이징 제품 등 다양한 화장품이 등장하였다.

❶ 남성용 화장품

- 남성용 화장품의 특징 : 남자피부는 여성과는 달리 피지분비는 많지만 피부 수분량이 여성의 1/3밖에 안 된다. 자연히 여성의 피부보다 거칠고 유,수분의 균형이 맞지 않게 된다. 여성의 피부보다 번들거림이 심하고, 피부결이 곱지 못하고 푸석거리고 면도로 세균감염 위험이 높다. 또 메이크업을 하지 않아 맨 피부로 각종 외부 질환에 노출되기도 한다. 이런 피부 특성에 맞게 남성제품은 보습에 치중하는 여성 제품과는 달리 피지제거성분과 보습성분이 들어 있다는 것이 특징이다.
- 종류
  - 스킨 로션(애프터 셰이브 스킨)

    면도에 의한 미세한 상처를 진정시킬 수 있고 살균작용과 수렴작용까지 해준다.
  - 밀크 로션(밤)

    피부에 영양과 보습력을 주어 매끈한 피부를 유지시켜 준다.

- 영양 크림

 피부에 영양과 탄력을 준다. 공기가 건조한 겨울에 각질이 일어나는 피부에는 반드시 발라주어야 한다.

- 자외선 차단제

 자외선은 피부를 거칠게 하고 잡티를 만드는 원인이 된다.

② 올바른 면도방법

시간적인 여유가 있다면 물 면도를 한다. : 물 면도의 경우 미지근한 물에 세안을 한 다음 셰이빙 폼을 바른다. 셰이빙 폼을 바르기 전에 뜨거운 타올로 얼굴을 찜질하면 더욱 효과적이다. 위에서 아래로, 즉 귀 밑에서 코 밑으로, 턱에서 목덜미 쪽으로 면도한다. 면도 후 온수, 냉수를 교대로 이용해 피부의 노폐물을 완전히 제거해 준다.

비누보다는 셰이빙 폼을 사용한다. : 비누와 비교해서 셰이빙 폼이 우수한 점은 다음과 같다.

- 면도를 부드럽고 용이하게 해 준다.
- 미세한 상처의 발생을 미연에 방지한다.
- 면도날과 피부 사이에 윤활 작용을 한다.
- 면도 후 피부에 산뜻한 감촉을 준다.
- 면도 후 피부 보습력을 유지시켜 촉촉한 감을 준다.

면도 후 피부손질 : 면도 후 피부손질 부족은 피부 트러블의 원인이 되므로 스킨 로션이나 애프터 셰이브 스킨으로 1단계 피부손질을 끝낸다. 1단계 피부손질의 효과를 보면,

- 눈에 띄지 않는 상처를 진정시켜 준다.
- 긴장된 상처를 정상상태로 돌려 준다.
- 살균작용을 한다.
- 수렴작용을 한다.

1단계 피부손질이 끝나면 밀크 로션으로 피부에 영양과 보습력을 주어 매끈한 피부를 유지할 수 있도록 해 준다. 영양 화장수는 피부 친화력이 좋고 흡수가 빠르며 촉감이 산뜻하다.

취업포털 커리어가 직장인 1,254명을 대상으로 6월 27일부터 2일까지 설문 조사한 결과, 응답자의 74.4%가 '동료의 옷차림 때문에 짜증이나 불편을 느낀 적이 있다'고 답했다.

짜증나는 옷차림 유형으로는 '노출이 심한 옷차림'이 50.5%로 1위를 차지했다. 다음으로 '청결하지 못한 옷차림', '며칠째 같은 옷차림', '단정하지 못한 옷차림', '지나치게 화려한 옷차림', '나이·직급에 맞지 않는 옷차림'이 뒤를 이었다.

또 '낡고 허름한 옷차림', '디자인이 촌스러운 옷차림', '직무에 맞지 않는 옷차림', '유행에 지나치게 민감한 옷차림'도 있었다.

꼴불견이라고 생각하는 남성 옷차림은 '구겨지거나 때가 낀 와이셔츠'가 48.4%로 가장 많았고 '음식물 등으로 얼룩진 넥타이'도 상당수를 차지했다.

여성 직장인들의 꼴불견 옷차림은 '지나치게 짧은 미니스커트'가 55.9%로 1위를 차지했고 '가슴이 깊게 패인 상의'가 뒤를 이었다.

상대방의 꼴불견 옷차림이 업무에 '부정적 영향'을 미치는 것으로 나타났으며, '긍정적 영향'을 미친다는 의견은 3.4%에 불과했다. '아무런 영향도 미치지 않는다'는 38.7%였다.

이 같은 꼴불견 옷차림을 본 직장인들의 58.2%는 '혼자 속으로 흉보고 만다'고 답했는데, '동료들과 뒷담화를 나눈다'거나 '상대방에게 직접 얘기해준다', '회사 밖 지인들에게 흉을 본다'는 대답도 있었다.

한편, 옷차림이 상대방의 이미지를 결정짓는 데 미치는 영향에 대해 '매우 큰 영향을 미친다'와 '약간 영향을 미친다'는 답변이 압도적으로 많았다. 직장 내 복장규제의 필요성 역시 '어느 정도는 필요하다'는 의견이 78.6%에 달했다.

2 남성 복장

(1) 정장suit

❶ 개념 및 구분

- 개념 : 같은 소재와 색상의 상하 한 벌의 옷으로 가장 격식을 갖춘 옷
- 구분 : 싱글 정장 / 더블 정장
  - 단추의 개수 : 더블 정장은 싱글의 두 배
  - 라펠(LAPEL)의모양 : PEAKED LAPEL (더블)/NOTCHED LAPEL (싱글)

NOTCHED LAPEL

PEAKED LAPEL

라펠(LAPEL)

깃의 모양으로 PEAKED LAPEL과 NOTCHED LAPEL로 구분된다. 라펠은 세워 입었던 군복에서 유래한 것으로 군복은 라펠을 세워 단추를 채워서 입었다. 라펠 왼쪽의 단추 구멍이 바로 그 흔적이다.

❷ 정장의 착장법

- 재킷
  - 버튼 : 투 버튼은 위 단추만 채운다. 쓰리버튼은 위의 두 개나 가운데 단추를 채운다. 이는 구김을 방지하기 위해, 편리하게 앉기 위해, 옷매무새를 위해서다.

- 품 : 단추를 채웠을 때 가슴 앞 부분을 앞으로 당겨서 주먹이 들어갈 정도로 편안해야 한다. 그리고 단추를 채운 상태로 앉아도 불편함이 없어야 한다. 가슴 품이 넉넉해야 뒷목에 가로 주름이 생기지 않는다.
- 소매길이 : 손을 90도로 꺾어서 소매길이가 손등에 닿을 정도가 적당하다.
- 상의길이 : 차렷 자세로 서서 손을 상의 밑단 안으로 굽혀 상의의 길이가 손끝에 잡힐 정도가 되어야 한다. 그리고 상의는 앞 기장이 뒷 기장보다 1.5cm 길어야 한다. 그래야 옷이 뒤로 넘어가 보이지 않고 자연스러운 라인이 된다.
- 벤트(VENT) : 상의 뒷면의 트임을 말한다. 원래 군인들이 말을 쉽게 타고 다닐 수 있도록 고안한 것이다. 트임이 있으면 주머니에 손을 넣기도 편하고 활동도 자유롭다. 트임이 없으면 모양은 가장 깔끔하게 보인다. 더블 트임은 구김을 적게 하며, 엉덩이 부분을 가려준다. 사이드 벤티드(양쪽트임), 센터벤티드(가운데), 노벤티드(트임이 없는 것)가 있다.

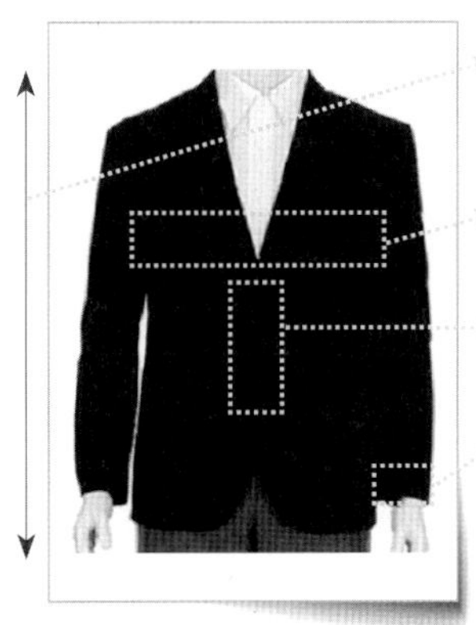

- 상의길이 차렷 자세로 서서 손을 상의 밑단 안으로 굽혀 상의의 길이가 손 끝에 잡힐 정도가 되어야 함. 상의는 앞 기장이 뒤 기장보다 1.5cm 길어야 함.
- 품 단추를 채웠을 때 가슴 앞 부분을 앞으로 당겨서 주먹이 들어갈 정도로 편안해야 함.
- 투버튼 버튼은 위 단추만 채움.
- 쓰리버튼 위의 두 개나 가운데 단추를 채움.
- 소매길이 손을 90도로 꺾어서 소매길이가 손등에 닿을 정도가 적당
- 벤트 상의 뒷면의 트임. 사이드벤티드, 센터벤티드, 노벤티드로 나뉨.

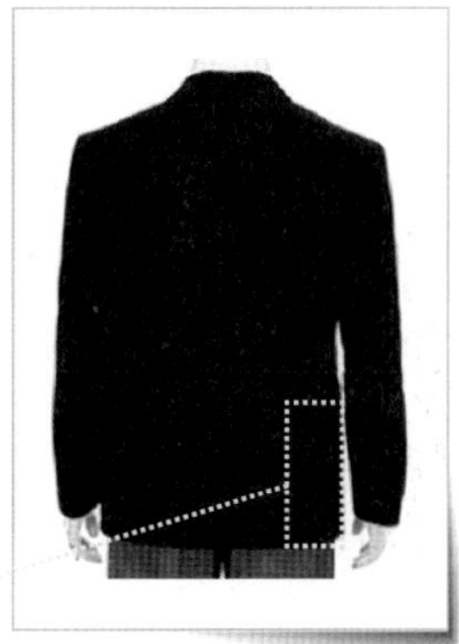

조끼

17세기 경 영국의 지나친 향락과 사치를 금하는 뜻에서 좀 더 검소한 옷차림을 찾기 시작했는데 이때 귀족들의 안에 입는 옷을 가려주는 역할을 하면서 조끼를 입기 시작했다.

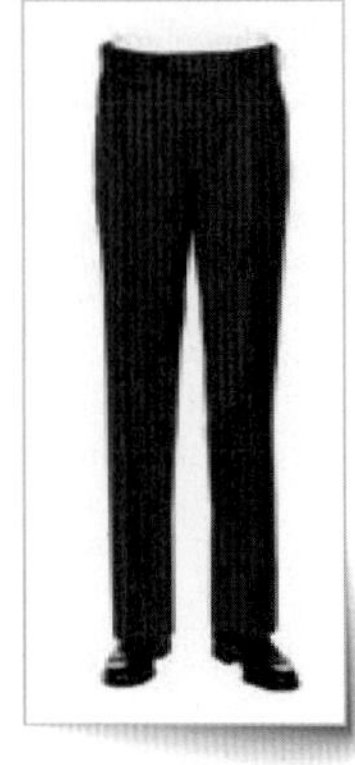

- 단추 : 가장 아래 단추는 채우지 않는다. 이것의 유래는 영국의 에드워드 7세가 실수로 마지막 단추를 채우지 않고 연회에 참석했는데 이것을 본 귀족들이 멋스럽다고 생각하여 따라 한 것에서 비롯되었다.
- 치수 : 몸에 꼭 맞게 입는다. 재킷의 단추를 채웠을 때 그 위로 조끼가 살짝 보이도록 입는다. 조끼의 목선은 셔츠의 칼라 끝을 덮어서는 안 되고 살짝 누르는듯하게 입는다.

바지

- 종류 : 커프스(바지단)가 없는 것 / 커프스가 있는 것
- 길이 : 입어서 걸을 때 양말이 보이지 않을 정도가 적당함. 커프스가 있는 것은 뒷부분이 구두 굽의 1/2 정도, 커프스가 없는 것은 뒷부분이 구두창과 굽이 만나는 지점까지 내려오는 것이 적당하다.

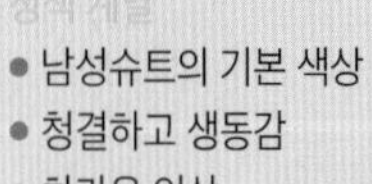

청색 계열
- 남성슈트의 기본 색상
- 청결하고 생동감
- 차가운 인상
- 흰색, 하늘색, 연한 회색, 연한 분홍색 셔츠

③ 색상별 정장

청색 계열 : 남성 슈트의 기본 색상, 비즈니스 정장의 대명사이다. 청결하고 생동감이 있지만 다소 차가운 인상을 줄 수 있다. 흰색 셔츠와 잘 어울리며 하늘색이나 연한 회색, 연한 분홍색 셔츠 등도 무방하다. 흰 바탕에 청색의 가는 줄이 있는 셔츠도 좋다. 타이 색상과 무늬는 비교적 자유롭게 선택할 수 있다.

석세스블루

석세스블루(success blue) : 미국월스트리트의 성공한 비즈니스맨들이 즐겨 입었다 해서 붙여진 이름으로 청색의 슈트와 흰색 셔츠 그리고 붉은색 타이로 연출한다. 이러한 옷차림은 상대방에게 강한 설득력과 신뢰감을 줄 수 있다.

회색 계열 : 차분하고 중후한 느낌과 지성적인 분위기를 풍긴다. 나이와 상관없이 점잖고 안정감 있는 이미지를 연출하는 데 제격이다. 흰색, 파랑

회색 계열
- 차분하고 중후한 느낌
- 지성적인 분위기
- 흰색, 파랑색, 연분홍색 셔츠 등 선택 폭이 넓음
- 어떤 색 타이를 매도 무난
- V존은 화려하게 연출

색, 연분홍색, 와인색 등 셔츠의 색상 선택 폭이 넓고, 파란색 바탕에 흰 줄무늬가 있는 셔츠, 칼라와 소매 끝에만 흰색을 덧댄 클레릭 칼라 셔츠와도 무리 없이 어울린다. 어떤 색 타이를 매도 무난하다. 전문가들은 회색 슈트가 단조로운 인상을 줄 수 있으므로 V존은 다소 화려하게 연출하는게 좋다고 조언한다.

갈색 계열 : 부드럽고 온화한 느낌에 세련된 이미지를 준다. 하지만 색상 코디네이션이 가장 어려워 초보자가 소화하기에는 약간 무리가 있고, 특히 피부가 노란 우리나라 사람들에게 잘 어울리지 않는 색상이다. 흰색보다는 베이지 등 갈색 계열 셔츠에 붉은 색이나 갈색 계열의 넥타이를 매면 전체적인 통일감을 준다. 가능한 동색 계열로 연출해야 세련돼 보인다.

검정 계열 : 정중하고 성실해 보여 예복으로 적당하다. 격식을 갖춘 옷으로 한 벌쯤은 있어야 한다. 하지만 의외로 감각적인 색상이어서 셔츠와 타이 선택에 따라 화려하고 강렬한 이미지로 변신할 수도 있다. 셔츠는 실크 소재의 흰색이 기본

갈색계열
- 부드럽고 온화한 느낌
- 세련된 이미지
- 색상 코디네이션이 어려움
- 우리나라 사람들에게 잘 어울리지 않는 색상
- 갈색 계열 셔츠에 붉은 색, 갈색 계열 넥타이

검정 계열
- 정중하고 성실해 보임
- 예복으로 적당
- 격식을 갖춘 옷으로 한 벌쯤 있어야 함
- 셔츠와 타이에 따라 화려한 이미지로 변신 가능
- 실크 소재의 흰색 셔츠

④ 체형별 정장

- 키가 크고 마른 체형 : 라펠과 어깨는 넓은 것으로 어깨선은 각이 진 것이 좋다. 밝은 색의 가로 선이 있는 쓰리피스가 적당하다.
- 키가 작으면서 몸도 마른 체형 : 몸에 딱 맞는 것보다 조금 넉넉하면서 길이가 짧은 상의를 선택하면 좋다.
- 뚱뚱한 체형 : 짙은 색상을 선택하면 좋고, 키가 크지 않다면 선명한 세로 줄무늬의 옷을, 키가 크다면 어깨선이 일직선으로 딱 떨어지는 것을 선택하는 것이 좋고 바지는 아래로 갈수록 통이 좁아지는 것이 좋다.

블레이저

- **설명** : 금색 단추가 특징인 재킷의 한 종류이다.
- **유래** : 1877년 옥스퍼드 대학과 캠브리지 대학의 보트 경기가 열리고 있는 템스강. 출발에 앞서 양 학교 선수들이 나란히 서 있는 가운데 캠브리지 대학의 선수들은 학교 컬러인 진홍색의 유니폼을 입고 있었다. 그리고 보트에 오르기 전, 그들은 동시에 진홍색 옷을 일제히 벗어 던졌고, 대학생들은 물론 관객들은 오! 블레이징! 하고 외쳐댔다. 눈부신 햇살을 받아 불타는 듯한 진홍색의 진풍경에 터져 나온 함성이었다. 블레이저라는 말은 이렇게 시작되었다. 처음에는 이 진홍색만이 블레이저라 일컬어졌지만 후에 네이비 블루와 그린 등의 재킷까지도 이에 포함되었고, 다른 학교와 일반인들에게 전해짐에 따라 지금처럼 만인의 사랑을 받는 블레이저가 된 것이다. 캐주얼과 비즈니스 웨어를 동시에 소화할 수 있는 아이템이다.

세퍼레이트

세퍼레이트는 코디네이트 슈트(coordinate suit)라고 하는데 흔히 말하는 콤비는 콤비네이션의 일본식 표현이다. 세퍼레이트는 상하 따로 갖춤으로 조화를 모색하는 신사복으로 본래는 스포츠웨어나 타운웨어(나들이복, 비업무용의 사적인 옷)용이었으나 개성 표현이 요구되는 근래에 와서는 자유업 종사자나 일반 회사원의 주말복으로 환영받고 있다. 딱딱한 느낌의 정장, 짙은색 일변도의 슈트에 싫증을 느끼는 젊은 패션 연출가들이 비교적 화려한 색상의 재킷에 민무늬의 슬랙스를 조합한 세퍼레이트 차림은 갈수록 확대되고 있다.

(2) 셔츠

❶ 정식명칭

드레스 셔츠(dress shirts). '와이셔츠'는 화이트 셔츠(white shirts)의 일본식 발음으로 잘못된 명칭이다.

❷ 착장법

- 목둘레 : 목둘레 + 0.5cm(손가락 한두개 정도 들어갈 여유분)
- 소매길이 : 재킷 길이 + 1.5cm(팔을 굽혔을 때 커프스가 손목 위로 올라가면 짧은 것)

❸ 종류

- 레귤러 칼라 : 가장 기본 형태의 칼라
- 와이드 스프레드 칼라(윈저칼라) : 영국의 윈저공이 매듭이 큰 넥타이(윈저매듭법)에 어울리게 고안한 칼라

- 탭 칼라 : 깃 양쪽에 고리가 달려 있어 타이의 매듭 밑에서 서로 연결해 타이의 모양을 고정시키는 칼라로 마찬가지로 윈저공이 개발한 것
- 버튼다운 칼라 : 캐주얼한 이미지로 폴로 경기 중 셔츠 깃이 선수의 얼굴에 펄럭이는 것을 방지하기 위해 셔츠 깃에 핀을 꼽아 사용한 것에서 유래한 칼라
- 핀 홀더 칼라 : 레귤러 칼라의 모양에서 타이를 깔끔하게 모아주기 위해 고안된 것

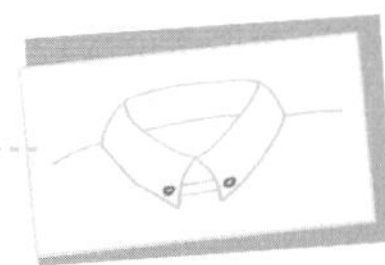

- 라운드 칼라 : 셔츠 깃 끝이 둥글게 마무리된 칼라로 얼굴이 둥근 사람은 어울리지 않는다.
- 윙 칼라 : 공식 모임이나 파티에 보우타이와 함께 입으면 멋스러운 칼라
- 클레릭 칼라 : 깃과 소매단이 셔츠의 본 색깔과 다른 칼라로 드레시한 느낌이 많이 나며 전문직 종사자들이 선호하는 칼라 중 하나다.

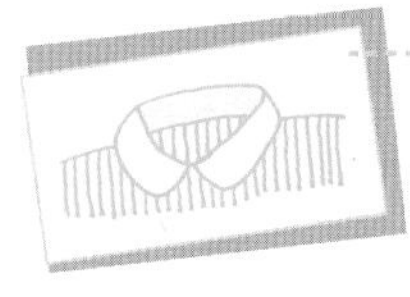

얼굴형에 어울리는 셔츠

① 얼굴이 마르고 긴 사람 : 와이드 스프레드 칼라 + 윈저 노트 타이
② 얼굴이 둥근 사람 : 버튼다운 칼라 or 레귤러 칼라에 스트라이프 타이
③ 각이 지고 넓은 얼굴(목이 짧고 굵은 형) : 레귤러나 버튼다운 칼라에 스트라이프나 로열 크레스트 or 페이즐리 타이
④ 목이 긴 사람 : 핀 홀 칼라나 탭 칼라 셔츠

(3) 넥타이

❶ 유래

넥타이는 Necktie라는 영어 단어에서도 알 수 있듯이 칼라 둘레에 매는 밴드형의 천을 총칭하는 말로 그 역사는 기원전 50년경 고대 로마 병사들이 목에 휘감아 착용한 '포칼(Focal)'에서 시작한다. 이 포칼(Focal)은 거의 목도리에 가깝고 현대의 넥타이 모양과 같은 원형이 완성된 것은 1656년대 중반 프랑스에서 만들어졌다. 크로아티아의 크로아트 연대 병사들이 터키 전투에서 승리한 후 파리에 개선하는 시가행진을 할 때 루이 14세에게 충성을 맹세하기 위해 파리에 개선한 크로아티아 지방의 용병부대가 앞가슴에 크라바트(Cravate)라는 장방형의 천을 매고 있었는데 그것을 본 황제 루이 14세와 귀족들 사이에서 이러한 스타일이 선풍적인 관심을 끌어 이것을 흉내내면서 유행하게 된 것이다. 넥타이가 프랑스어로 크라바트(Cravat)라고 하는 것이 바로 이 크로아트 연대에서 유래되었다. 그 후 크라바트는 프랑스 혁명과 함께 자취를 감추었다가 19세기초에

다시 나타났으며 이러한 스타일은 영국으로 건너가 여러 가지 스타일로 변형이 되어 발전하게 되면서 크라바트라는 말 대신 현재의 넥타이라는 말이 사용되기 시작했다. 영국 패션은 현대의 넥타이의 아버지라 불리우는 보우 브러멜(Beau Brummel)이라는 디자이너가 주도했는데 그는 넥타이를 독특하게 매는 방법을 창안하였고 그 이후 넥타이는 길이, 무늬, 폭에 따라 여러 가지 형태로 변형을 거치면서 현대의 다양한 넥타이로 발전하게 되었다.

② 착용법

넥타이를 맨 후 길이는 허리 벨트의 버클에 타이의 가장 넓은 부분이 닿도록 한다. 타이를 제대로 고르기 위해서는 타이의 끝이 좁은 쪽을 위로 들고, 늘어뜨려 보아 타이가 꼬이는지, 똑바로 매달리는지 살펴보면 된다.

③ 종류

- 올오버 : 같은 모양으로 전체가 다 프린트 되어 있는 것
- 페이즐리 : 아메바와 같은 모양의 프린트
- 솔리드 : 단색 무지
- 크레스트 : 가문이나 특정 단체의 문장을 무늬로 한 것
- 로열 크레스트 : 문장과 스트라이프가 합쳐진 모양
- 레지멘탈 : 크레스트와 스트라이프를 조합한 것으로 각 군대의 심벌 컬러를 짜 맞춘 독자적인 줄무늬 넥타이다. 색, 폭까지 정해져 있다.
- 도트 : 물방울 무늬가 있는 것
- 스트라이프

레지멘탈

도트

스트라이프

④ 매듭법

플레인 노트(포인핸드 노트) : 가장 기본적인 넥타이 매듭 방법으로 19세기 중엽 네크웨어(neckwear)의 주류를 이루던 나비매듭을 벗어나고자 하는 시도로 등장하였다. 오늘날, 세계적으로 가장 활용범위가 넓은 매듭법으로 애용되고 있으며 우리나라에서도 윈저 노트 및 하프 윈저 노트와 함께 가장 선호되고 있다. 이 매듭법은 큰 날을 좌우 어느 쪽에도 걸지 않고 한바퀴 반 감아 내려 맨다. 포인트는 역삼각형 매듭 아래로 내려오는 큰 날의 시작 부분을 자연스럽게 처리하는 것. 응용범위가 상당히 넓어서 확실히 익혀둔다면 어떤 종류의 넥타이도 잘 맬 수 있게 된다.

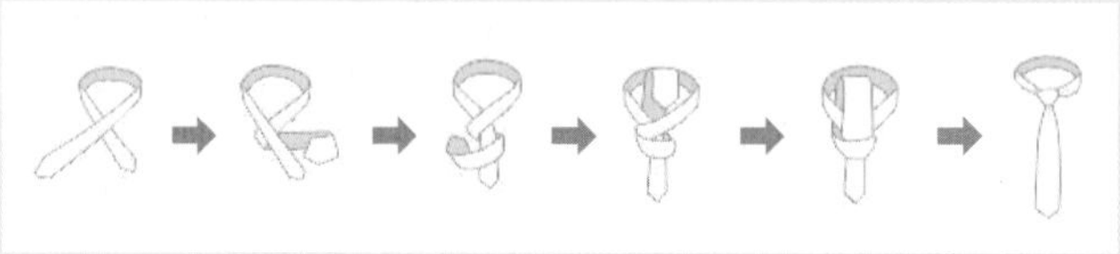

윈저 노트 : 세계적인 베스트 드레서인 영국의 윈저공이 창안한 너무도 유명한 넥타이 연출법이다. 매는 법은 큰 날을 한 바퀴 감아 내린다. 포인트는 양쪽 걸린 부위의 조임이 균등한 상태를 유지하는 것. 특히 매듭 자체가 너무 커지면 품위가 떨어지므로 두툼한 넥타이는 이 방법을 피한다. 이 매듭 법에는 특히 좌우로 넓게 벌어진 와이드 칼라 셔츠인 윈저 셔츠가 어울린다. 윈저 노트가 정말 윈저공 스스로의 착상에 의한 것이었는가에 대한 의문은 남아 있지만 이 방법이 구미에 풍미하게 된 것은 윈저공의 공로이다. 젊은 시절부터 그의 독특한 패션은 온 세계 신사숙녀의 관심을 끌었기에 윈저 노트가 가장 정통한 넥타이 매듭법 중의 하나로 쉽게 자리 잡을 수 있었다.

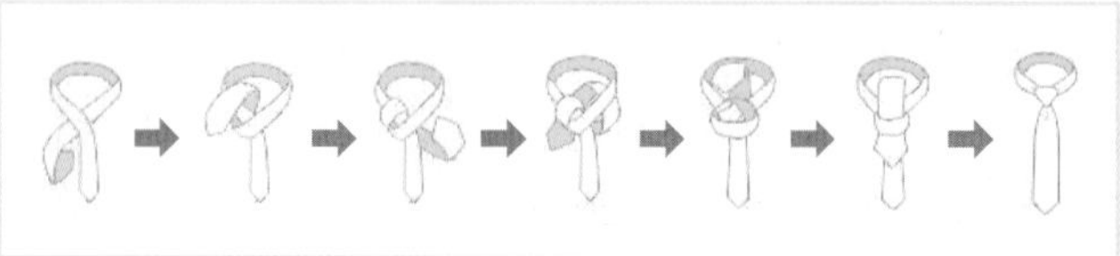

하프 윈저 노트 : 윈저 노트가 연출하는 정갈함이 좋기는 해도 매듭이 너무 크다고 생각될 경우 적합한 것이 하프 윈저 노트. 세미 윈저 노트라고도 부르는 이 방법은, 윈저 노트와 비슷하지만 큰 날을 좌우 어느 한편만 걸어서 매듭을 진다. 한편에만 걸기 때문에 좌우를 균등하게 만들기 위해서는 각 과정에서 착실하게 꽉 조여야 한다. 역시 감이 두꺼운 넥타이는 피하는 것이 좋은데, 볼륨감이 있는 넥타이는 윈저 노트와 거의 비슷한 느낌을 이루게 된다. 심이 얇은 넥타이로 연출하면 플레인 노트의 심플함을 연상시킨다.

더블 노트 : 플레인 노트보다 볼륨감을 더 주고 싶거나 넥타이 심이 부드러워서 풍요로운 느낌을 강조하고자 할 때에 적격인 매듭법이다. 매는 방법은 플레인 노트와 비슷한데 큰 날을 한 번 더 감아 내린다. 결국 이중 매듭을 형성하여 첫 번 감은 부분이 두 번째 감은 부분의 밑에 조금 나타난다. 이때 이것을 감추지 않고 자연스럽게 풍요로움을 표현하는 것이 이 매듭법의 포인트이다. 약간 좁은 듯한 롱칼라 셔츠에 잘 어울리며 개성적인 모습으로 자신을 연출하고 싶을 때 적합하다.

더블 크로스 노트 : 더블 크로스 노트는 격조 높고 중후한 분위기를 선호하는 유럽 신사들이 애용하는 방법이다. 이 방법의 특징은 교차되어 균형을 이룬 제트형 매듭에서 넥타이의 풍요로움이 살아난다. 매는 법은 큰 날을 좌우 한편에 걸어 두 바퀴 감은 후 앞으로 내린다. 자칫 너무 두꺼워질 수

있으므로 두꺼운 감의 타이는 피하며 무늬가 없는 실크 타이가 좋다. 공들여 맨 타이를 자랑하고 싶을 때 와이드 칼라 셔츠나 깃을 높이 세운 드레스 셔츠에 연출하면 그 중후함이 강조된다.

- 블라인드 폴드 노트 : 블라인드 폴드 노트는 넥타이 자체의 존재감이 가장 강하게 어필되는 넥타이 착용법이다. 이제까지와는 전혀 다른 브이 존을 형성하여 강렬한 이미지를 표출한다. 매는 법은 극히 평범한 플레인 노트 상태에서 큰 날을 매듭의 뒤쪽으로 돌려 앞으로 빼낸다. 여성용 스카프를 맨 느낌과 비슷한 연출로, 완성된 플레인 노트의 매듭을 큰 날이 감싼 형태를 이루게 된다. 이 방법은 스포티한 복장에는 어울리지 않으며 비즈니스 수트와 잘 조화되어 평범한 수트를 극히 돋보이게 한다. 사용하는 넥타이는 너무 넓은 것은 피하는 것이 좋다. 중후한 분위기를 내고 싶을 때라든가 파티 등 사람이 모이는 자리에서 세미 포멀한 감각으로 즐기고 싶을 때 다소 대담하게 이 방법을 이용해도 좋다.

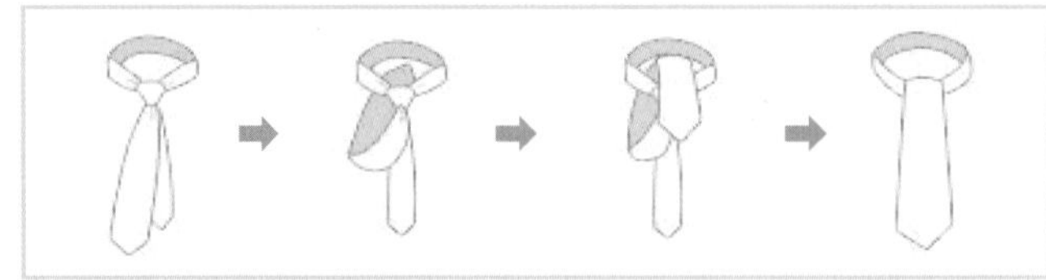

<출처 : 대한항공 「서비스 기본 과정」>

루이 까르띠에

(4) 액세서리

❶ 시계

손목시계는 1904년 루이 까르띠에에 의해 디자인된 것으로 조종사인 친구에게 시간을 쉽게 볼 수 있도록 하기 위해 만들어진 것이다.

시계는 최소한 비즈니스 슈트에 어울리는 타입과 캐주얼웨어에 어울리는 타입 두 가지를 갖춘다. 슈트를 입었을 때는 디자인이 단순하면서 투박하지 않은 금속성 재질로 된 시계를 선택한다.

② 서스펜더

- 용도 : 바지를 보기 좋게 고정하고 바지 주름 선을 돋보이게 한다.
- 특징 : 서스펜더로 입는 바지는 벨트로 입는 바지보다 허리도 1.5cm 이상 길어야 하고 길이도 조금 길어야 한다. 또한 벨트고리가 없는 서스펜더 전용 바지를 입어야 한다.
- 유의점 : 벨트와 서스펜더는 같은 용도이므로 함께 사용하지 않는다. 키가 작거나 뚱뚱한 사람은 가급적 피한다.

③ 커프링크스(cufflinks)

커프스의 유래

다른 천을 댔건 같은 천으로 만들었건, 또 젖힌 부분이 있건 없건 소맷부리나 소매커버, 장갑의 손목 등을 가리키는 말이다. 때로는 바지단이나 부츠의 단을 말할 때도 있다. 원래 북방계 의복에 기원한 것으로, 발생은 소매가 타이트하게 된 15세기에 시작된다. 그 이후로는 손목을 보호하거나 장식으로써 사용되었다. 처음에는 보온이 목적이었으므로 특히 여성복에서는 털가죽이 사용되었으나 남성복이나 상류층 복장에서는 장식으로서 더 많이 사용되었다. 17세기에는 무릎길이의 코트형(퓣)이 남자복의 기본형으로 정착되자 겉옷의 젖혀진 커프스는 장식으로서 중요한 의의를 가지게 되었고 프랑스혁명을 경계로 겉옷에서 자취를 감추고, 주로 셔츠나 블라우스 특유한 장식으로서 남게 되었다. 낮에는 금으로 된 원형이나 각진 것이 좋고 밤에는 백금제품이 좋다.

❹ 타이홀더

용도 : 옷차림이 절제 있어 보인다.

종류 : 셔츠 앞단에 타이를 고정시키기 위해 사용하는 것으로 타이 클립과 핀 타입으로 되어 있는 타이핀, 타이택(단추 구멍 고정 장치와 체인으로 연결된 것)이 있다.

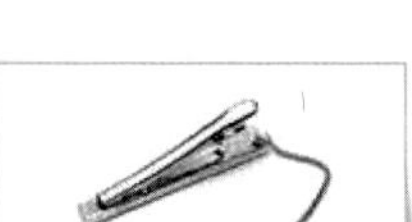

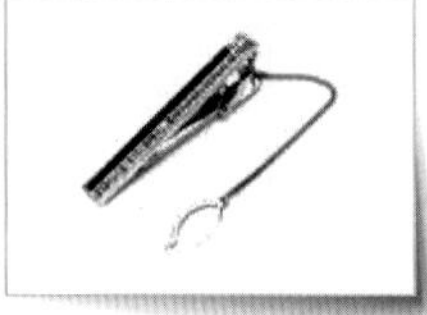

유의점

- 타이 무늬에 맞춰 타이 홀더를 착용한다.
- 타이 홀더가 넥타이보다 돋보여서는 안 되고 너무 번쩍거리거나 큰 것은 좋지 않다.
- 타이홀더(tie holder) 위치는 클립타입일 경우 위에서 2/3 지점이 적당하며, 핀 타입일 경우에는 정 가운데가 적당하다.

❺ 벨트

단순한 스타일이 좋으며 슈트보다 진한 색상을 선택한다.

신발 색과 맞추어 착용한다. 버클이 너무 화려하거나 문양이 크지 않은 것을 선택하고 전체 장신구와 조화되도록 한다.

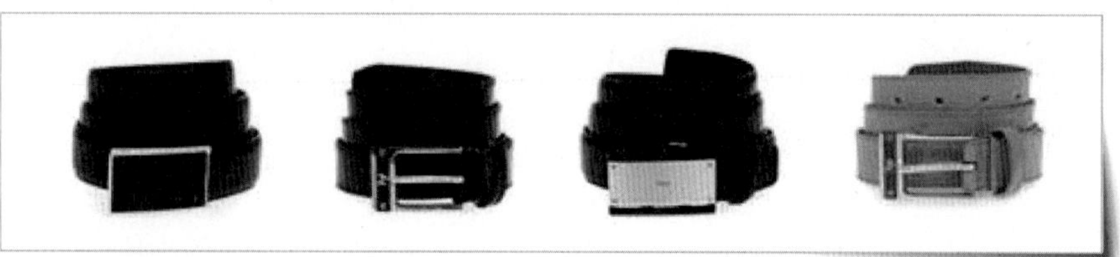

3 상황별 옷차림

(1) 출장

출발 시에는 편안한 옷차림으로 하고 여러 상황에 다양하게 맞춰 입을 옷을 준비한다.

❶ 정장 청색, 회색 계열의 싱글 슈트가 무난하다. 서로 다른 색상의 셔츠와

이와 어울리는 타이를 출장일정에 맞게 준비한다.

날씨에 따라 코트도 준비한다.

커프링크스 같은 액세서리로 포인트를 주어도 좋다.

블레이저를 준비하여 세미 정장을 입을 상황과 캐주얼웨어를 입어야 할 때 무난하게 연출할 수 있다.

❷ 캐주얼웨어 폴로셔츠와 면바지, 카디건, 날씨에 따라 스웨터를 준비하고 날씨가 추울 경우를 대비해 가볍고 얇은 옷을 여러 개 걸쳐 입을 수 있는 아이템을 준비한다.

❸ 가방 열흘 이상의 출장일 경우 트렁크와 브리프케이스 그리고 정장을 넣을 수 있는 가먼트 백(garment bag)을 준비한다.

(2) 프레젠테이션 및 회의

격식을 차려야 할 상황에서 지나치게 화려한 옷차림은 피한다. 프레젠테이션 때는 짙은 청색의 싱글 슈트에 흰색 레귤러 칼라셔츠를 입고 타이는 붉은색 타이를 연출해 강한 인상을 주어도 좋고 회의 시에는 청색과 같은 계열로 연출하여 차분한 느낌을 주어도 좋다.

(3) 파티나 사교 모임

블랙이나 다크 그레이 슈트에 드레스 셔츠와 화려한 타이(은회색 정도)로 하고 포켓치프나 타이홀더로 커프링크스 등의 액세서리로 강조한다. 이때 타이 무늬가 스트라이프일 경우 자칫 딱딱한 비즈니스 느낌을 주기 때문에 피한다.

2 여성의 용모와 복장

1 여성 용모

(1) 헤어스타일

❶ 헤어스타일의 기본

- 청결
- 자연스러운 색상
- 적절한 헤어제품의 사용 : 스타일링 제품(무스, 스프레이, 젤, 왁스), 영양 공급 제품(헤어 에센스, 팩)

❷ 스타일별 손질방법

- 단발머리
- 커트머리
- 긴 머리 : 포니테일, 고정 up 스타일(망과 리본핀을 사용)

(2) 네일 케어

❶ 손톱 끝이 너무 뾰족하지 않게 한다.
❷ 너무 많이 자르지 않는다.
❸ 보습제를 사용한다.
❹ 베이스코트와 톱코트를 사용한다.
❺ 베이스코트(영양, 강화) → 칼라 → 톱코트(손상방지)

(3) 메이크업

직장에서의 피해야 할 메이크업<인터넷 온라인 회원 1,166명 대상 설문조사>을 조사한 결과 다음과 같다.

직장에서의 이런 메이크업은 NO!

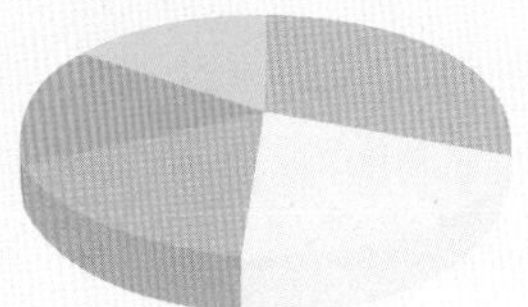

- **1위** 무대 위 메이크업처럼 짙은 메이크업(30.8%)

  가장 훌륭한 메이크업은 자신의 장점을 살려 메이크업을 하는 것이다. 눈이 장점이라면 눈을 강조하고 입술이 장점이라면 입술을 강조하여 메이크업을 하되, 눈과 입술을 모두 도드라져 보이게 메이크업을 하면 자칫 무대 메이크업과 같은 짙은 메이크업이 되기 쉽다. 눈과 입술 둘 중에 하나만 강조한 자연스러운 메이크업이 되도록 하자.

- **2위** 눈썹이 반쯤 없어도 맨얼굴만 고수(20.4%)

  아무리 생얼 미인이 대세라지만 눈썹 반만 있는 상태로 거리를 활보하는 것은 참 용감한 행위(?)이다. 그것을 예뻐할 남자들은 거의 없다. 맨얼굴이더라도 눈썹은 제대로 그리고 다니자.

- **3위** 사무실에서 수시로 메이크업 고치는 행위(16.9%)

  사무실은 일을 하기 위한 곳이지 용모를 꾸미는 장소가 아니다. 직장 내에서 성공을 하고 싶다면 이런 기본적인 에티켓부터 지켜야 한다.

- **4위** 개성시대인 만큼 어떤 경우이든 상관없다.(16.5%)

- **5위** 빨간 립스틱 반쯤 남았는데도 수정하지 않는 경우(15.4%)

  번들거리는 얼굴과 함께 입술 반쯤 지워진 립스틱은 자칫 자기관리를 제대로 하지 못한다는 인상을 주고 일도 아마 저렇게 할 것이다 라는 느낌을 갖게 한다. 자기관리가 철저한 사람은 일도 그만큼 철저하게 한다.

2 여성 복장

(1) 기본 색상

❶ 검정색 깔끔하고 심플한 느낌이며 코디가 쉽다.

❷ 회색 지적이고 세련된 느낌이며 부드러운 액세서리와 매치할 수 있다.

❸ 베이지색 자연스럽고 부드러운 느낌을 준다.

❹ 파스텔톤 분위기 전환을 위해 한두 벌 필요하다.

(2) 체형별 정장

❶ 키가 작은 스타일 장식이나 액세서리는 작은 것으로, 프린트와 무늬도 작은 색으로 단색이나 재킷이 달린 원피스를 입는다.

❷ 키가 큰 스타일 연하고 부드러운 색상으로 넓은 벨트를 착용하면 분할의 효과가 있다. 상의의 길이를 길게 입는다. 너무 작은 액세서리는 피한다.

❸ 하체가 굵은 체형 어깨패드를 이용해 상체를 강조한다. 상의를 여러 겹으로 겹쳐 입는다. 벨트는 너비가 좁은 것으로 착용한다. 개더스커트나 인어라인 스커트는 피하는 것이 좋다. 바지는 주머니가 없는 것으로 한다.

④ 상체 비만형 어깨패드는 가능한 하지 않는다. 물 흐르는 듯한 디자인 선호(가벼운 니트 등) V 네크라인/ 숄칼라 등 수직적 구성/ 상의의 지나친 장식은 피할 것. 넓은 벨트나 짧은 상의는 금물

⑤ 아랫배가 나온 체형 상의는 여유있고 풍성한 스타일의 밝은 색상. 하의는 탄력있는 소재로 가볍게 입되, 짙고 어두운 색상을 선택한다. 재킷은 엉덩이를 덮는 길이로 입는 것이 좋다.

3 액세서리

액세서리는 본체(本體)의 기능이나 효과를 증대시키거나 변화를 주는 부속품 또는 보조물의 총칭을 말한다. 여성의 경우 목걸이, 팔찌, 반지, 귀걸이, 브로치 등의 귀금속과 핸드백, 구두, 벨트, 스타킹, 스카프, 모자, 안경 등을 들 수 있다. 엣지녀란 말이 한때 유행을 했었는데 '엣지(Edge)'란 날카로움이나 뾰족함, 각이 선 모서리, (칼)날 등을 뜻한다. 광고업계나 패션업계에서는 이미 널리 쓰이고 있는 단어로, '독특하고 개성 있다'는 표현을 대신한다. 이때 개성 있음을 표현하는 것 중의 하나가 액세서리이다. 이 중 흔하게 자주 하지는 않지만 잘 사용했을 경우 멋쟁이로 포인트를 줄 수 있는 브로치와 스카프 사용법에 대해 알아보겠다. 그리고 향수 사용법도 더불어 알아보겠다.

(1) 브로치

고대 그리스나 로마 시대에는 봉제하지 않은 천이나 모피를 몸에 걸쳤으며, 이것을 고정시키기 위하여 장식을 겸할 수 있는 일종의 대형 안전핀을 사용하였는데, 이것을 피불라(fibula)라고 하였다. 그후 비잔틴 시대에 이르러 정교한 세공이나 보석으로 꾸민 화려한 브로치가 생겼는데, 이것이 오늘날 브로치의 원형이다.

의복이 현재와 같은 형태를 갖추게 된 근세 이후에는 수요가 줄어 오직 모자

장식용으로만 썼으며, 19세기에는 거의 여성 전용의 장신구로서 부활되어 오늘날에 이른다. 당초에는 귀금속이나 보석류로 만들었으나, 제1차 세계대전 후부터는 의복의 기능에 맞추어 나무열매에서 플라스틱에 이르기까지 각종 재료가 다양하게 쓰인다.

사용법

- 대체로 스포티한 옷에는 자연 재료나 목각·가죽·금속 등의 소박한 디자인의 것을, 드레시한 옷에는 보석·귀금속 등 고급 재료로 우아하고 섬세한 디자인 또는 간결한 모양의 것을 사용한다.
- 목걸이, 귀걸이와 서로 조화를 이루는 것이 좋다. 소재를 통일한다.
- 큰 브로치는 높은 위치에 달아야 안정감이 있어 보인다.
- 옷에 장식이 붙어 있거나 단추가 화려할 경우 브로치는 피한다.
- 단색의 옷에 포인트를 줄 때 사용한다. 여러 색상이 혼합된 옷은 산만해 보이기 때문에 착용하지 않는다.

(2) 스카프

어원은 프랑스어 에스카르프(escarpe)에서 발전한 에샤르프(écharpe)이고, 기원은 북방민족이 방한용으로 사용한 포제(布製)의 목도리라고 하나 연대는 정확하지가 않다. 시대와 더불어 의미의 범위도 차차 변용되었다. 서구에 보급된 것은 엘리자베스 1세 때 햇빛 방지와 장식을 위해서 술 장식이 달린 어깨걸이가 사용된 것이 처음이다. 따라서 넓은 의미로는 스톨이나 네커치프 등도 스카프에 포함시킬 수 있다. 16~17세기는 기사나 군인의 장식띠가 되었고, 19세기에는 남자용의 크라바트(cravate: 목도리 비슷한 구식 넥타이)에서 점차 넥타이로 발전하였다. 19세기 말부터 주로 여성용 액세서리로서 네크라인을 장식하고 머리를 덮기도 하였으며, 벨트 대신 허리에 사용하는 복식품으로 애용되었다. 모양은 정사각형이나 직사각형의 것이 있고, 감은 견모·화학섬유·편물 등이 쓰이나, 최근에는 조젯·시폰·레이스 등의 엷은 감도 쓰인다.

❶ 매듭법

아코디언 매듭법 : 심플한 스타일의 옷을 입었을 때 적합하다.

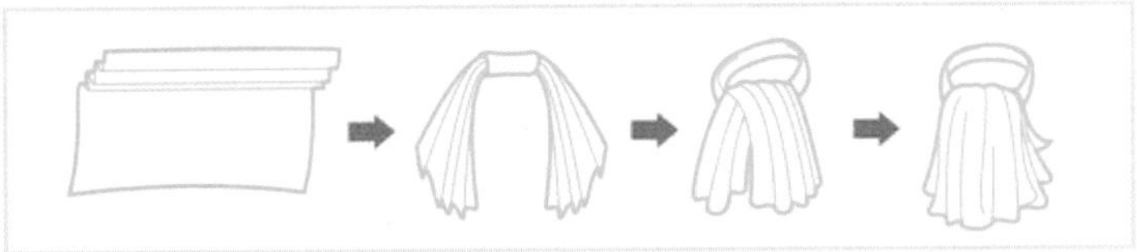

카우보이 매듭법 : 라운드 셔츠, 테일러드 칼라 등에 잘 어울린다.

넥타이 매듭법

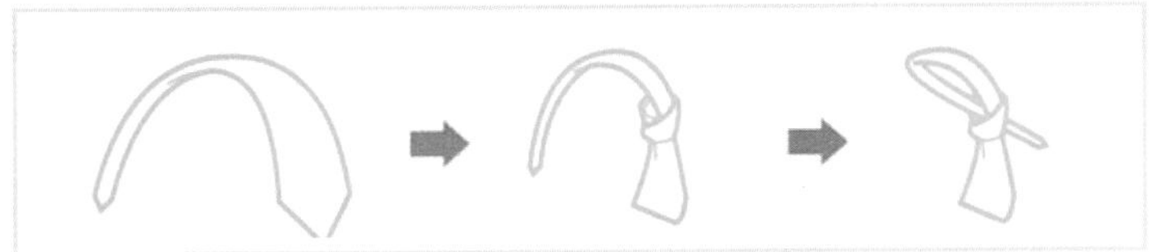

더블 노트

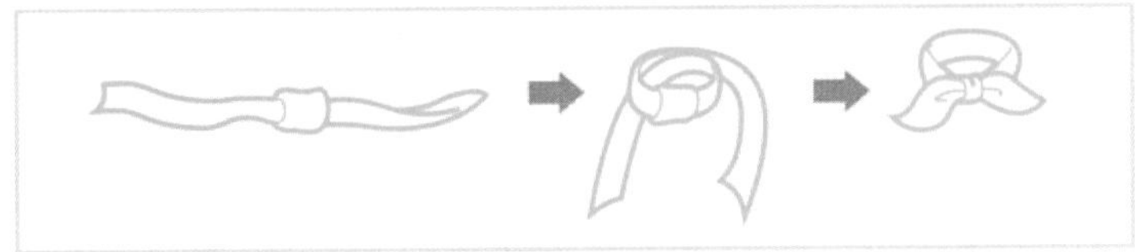

(3) 향수

어원인 라틴어 'per fumum'은 '연기를 통한다'는 의미를 담고 있다. 향수는 인류가 최초로 사용한 화장품이라고 볼 수 있는데 약 5,000년 전의 고대 사람들이 종교적 의식, 곧 신과 인간과의 교감을 위한 매개체로 사용한 데서부터 시작되었다.

❶ 향수의 종류　알코올에 향이 얼만큼 들어갔는지에 따라 다음과 같이 나눈다.

- 퍼퓸 : 20%의 원액. 농도가 가장 높다. 6~7시간 지속 /저녁 외출 시 또는 파티
- 오데 퍼퓸 : 약 10%의 원액. 5시간 지속 / 낮에 외출 시
- 오데 뚜알렛 : 약 6%의 원액. 3~4시간 지속 / 사무실
- 오데 콜로뉴 : 2%의 원액. 1~2시간 지속 /운동 직후나 목욕 후 사용

❷ 사용방법

- 흰색 옷이나 얇은 옷에 직접 뿌리면 변색이 될 수 있기 때문에 가급적 피하고 두꺼운 옷도 안감에 살짝 뿌린다.
- 맥이 뛰는 곳, 즉 귀 뒤쪽과 손목 안쪽에 뿌린다.
- 향은 아래에서 위로 올라가기 때문에 치맛단이나 바지 아래 부분에 뿌림 알레르기가 있는 사람은 화장 솜에 향수를 묻혀 안주머니 등에 넣고 다녀도 좋다.
- 지성인 사람은 체취가 강하기 때문에 깨끗하고 단순한 향을 쓰고 건성피부인 사람은 향이 빨리 발산되지 않도록 피부에 오일 종류를 바르고 향수를 사용하면 향이 오래 지속된다.

향수를 고를 때는 사람마다 몸의 체취가 다르기 때문에 직접 몸에 뿌려 자신의 체취와 어울리는 향을 고르도록 한다.

❸ 향수 종류

- 플로럴 노트(floral note) : 천연의 꽃향기나 꽃의 이미지를 표현하여 옛날부터 여성들로부터 사랑받아온 향 중의 하나이다. 하지만 남성용이라고 할지라도 모든 향수는 플로럴 향을 포함한다.

  남성용 향수에 쓰인 플로럴 노트는 식별이 가능하기는 하지만 여성보다는 은은한 편이다.
- 그린 노트(green note) : 풀이나 나무에서 느껴지는 것처럼 시원하고 상쾌한 향기이다.

  막 베어낸 풀이나 나뭇잎, 또는 나뭇가지를 연상시키는 상쾌한 향조로 이 범주에 속하는 향은 일반적으로 바이올렛 잎사귀 에센스 또는 유향수라고 불리는 피스타치아 렌티스쿠스, 갈바늄, 커다란 홍당무 뿌리 추출물

등이 포함된다.

- 알데히드 노트(aldehyde note) : 천연 또는 인공 원료로부터 얻어진 탄소, 수소, 산소, 원자 등을 포함한 유기 화합물
  알데히드는 확산 효과가 매우 뛰어나다.
  조향사 에르네스트 보는 '샤넬 넘버 5'에서 알데히드를 다량 사용하여 매우 현대적인 혼합 방식인 이른바 '알데히드 타입'의 향을 탄생시켰다. 알데히드 타입은 top note가 상당히 풍부하고 진하다.
- 시프레 노트(chypre note) : 축축한 나뭇잎이 타는 듯한 향기로 지적인 분위기와 잘 어울린다. 깊이 있는 조용한 분위기의 향이다.
  시프레라는 명칭은 지중해에 있는 사리프러스섬으로부터 실제로 느낀 향기의 인상을 따서 1917년에 발표한 코티의 '시프레'라는 향수에서 유래되었다.
- 오리엔탈 노트(oriental note) : 동양인의 신비하고 이국적인 이미지를 표현한 향수로 베이스의 은근한 동물 향조 위에 화장분 냄새를 풍기는 부드러운 바닐라향이 주조를 이루는 향수의 한 계열이다.
- 스파이시 노트(spicy note) : 시나몬, 정향나무, 너트맥, 후추향을 연상시키는 후각 효과를 가진다.
  샤넬의 '코코'에서처럼 플로럴이나 앰버 또는 우디 계열의 향에 깊이를 더해줄 때에도 전형으로 손꼽는다.
- 프루티 노트(fruity note) : 최초의 인공 과일 향조는 20세기 초에 생산된 복숭아 향이었는데, 겔랑의 '미츠코', 로샤스의 '팜므'에 사용되었다.
  오늘날에는 붉은 과일, 이국의 과일, 버찌향 등이 나는 상당수의 프루티 노트가 개발되어 있다. 이 새로운 분자의 매력적인 향은 이른바 '미식가용 향수'를 도입시킴으로써 오늘날의 향수 창조에 새로운 동기를 부여했다.
- 시트러스 노트(citrus note) : 감귤류의 향기를 특징으로 한다. 신선하고 상큼하며 가벼운 느낌이 들고 휘발성이 강하다.

오렌지, 베르가못, 레몬, 귤, 자몽 등을 원료로 한다. 누구나 무리 없이 소화할 수 있다.

- 오셔닉 노트(oceanic note) : 다시마 등의 해조류나 짠 공기 등 바다 느낌을 주는 인공향 생산물. 이 계열의 향은 탈출과 넓은 공간에 대한 열망이 횡행하던 1980년대 말에 인기를 끌었다.

  태양에 달구어진 미국 캘리포니아 해안을 떠올리게 하는 아라미스의 '뉴웨스트 포 허' 상쾌한 대서양 이미지의 '겐조 뿌르 옴므'가 대표적인 오셔닉 노트의 향수이다.

- 타바코-레더 노트(tabacco-leather note) : 자작나무 타르와 동물향에 따른 가죽 담배향으로 남성 향수에 많이 사용된다.
- 우디 노트(woody note) : 나무의 껍질, 향목 등 나무를 연상시키는 은근한 냄새가 특징이며, 자연스럽고 드라이한 수단, 백단향을 말한다.
- 부케(bouquet) : 잘 알려진 꽃들이 나타내는 향의 주제. 부케는 은밀하고 세련된 두세 가지 향의 복합을 뜻한다. 프랑스에서 이 말은 '아름답고 향기로운 꽃들의 조합'을 가리켰다.

- 직장이나 학교 등 공적인 장소에서는 그린이나 플로럴 향이 무난하다.
- 도시적 연출을 하고 싶을 때는 알데히드 타입을 사용한다.
- 따뜻한 인상을 주는 시프레 타입은 가을과 겨울에 잘 어울린다.
- 화려하고 강한 인상을 주고 싶을 때는 오리엔탈 타입을 사용한다.

영어 문장

ENGLISH SENTENCE

와우! 이 스카프는 내가 가지고 있는 옷들과 거의 다 잘 어울리겠는데요~

Wow! These are beautiful. This scarf will go well with almost everything I have.

이 슈트는 최고인데요!

The suit is second to none.

이 타이가 셔츠하고 매우 잘 어울립니다.

This tie will go with this dress shirt very nicely.

그녀는 화장을 짙게 안한 것이 더 예뻐요.

She's even prettier when she doesn't wear heavy make-up.

CHAPTER 09

한식, 일식, 중식 매너

한식·중식·일식 식사 예절과 음주 예절에 대해 알 수 있다.

에티켓 내용

- 한식 테이블 매너
- 일식 테이블 매너
- 중식 테이블 매너

각국의 주정뱅이 엄벌법!

- **아일랜드** : 취하면 아무데나 감금했다가 이튿날 1파운드를 벌금으로 징수
- **스웨덴** : 거리에서 취하면 깰 때까지 구류이고, 벌금은 10달러 이상
- **러시아** : 취한 채 걸으면 특별보호소에 끌려가고, 행패를 부리면 유치장에 집어넣어 버린다.
- **핀란드** : 음주운전으로 유죄 판결을 받은 운전 부주의자들의 전용 형무소가 있는데 하도 줄이 길어서 한 번 들어가려면 수개월을 기다려야 할 정도
- **인도** : 음주운전자로 적발이 되면 집에서 대여섯 시간 정도 걸리는 곳에 혼자 떨궈 놓는다. 집까지 걸어가는지 아닌지 경찰이 감시한단다.

이번 장에는 많은 사람들이 즐기는 일식, 중식 테이블매너와 음주예절 그리고 한식에 대해서 알아보자.

01 한식 테이블 매너

1 한식의 특징

1. 주식과 부식이 구분되어 있다.
2. 주식으로는 밥, 죽, 국수, 만두, 떡국, 수제비 등이 있다.
3. 부식으로는 육류와 어패류, 채소류, 해초류 등을 이용하여 국, 찌개, 구이, 전, 조림, 볶음, 나물, 생채, 젓갈 등의 조리법으로 만드는 반찬들이 있다.
4. 곡물 조리법이 발달하였으며 맛이 다양하고 여러 가지 향신료를 사용한다.

⑤ 모든 음식이 건강과 직결이 되어 있고 좋은 음식은 몸에 약이 된다는 근본사상이 있다.

⑥ 명절과 시식마다 만들어 먹는 음식이 다양하다.

⑦ 상차림과 예법에 있어 유교적 영향이 깊고 의례를 중요하게 생각한다.

2 식사 중 지켜야 할 기본적인 예절

(1) 식사 전

① 식사 전에는 손을 씻는다. 물수건을 이용할 경우 손만 닦고 다른 용도로 이용하지 않도록 한다. 가볍게 닦은 물수건은 잘 접어서 옆에 놓아둔다.

② 식사하기 위해 자리를 잡으면 몸치장을 단정히 하고 자세를 바르게 한다.

③ 어른을 모시고 식사할 때는 어른이 먼저 수저를 든 다음에 아랫사람이 들도록 한다. 식사를 마칠 때도 윗사람과 보조를 맞추는 것이 예의이다.

④ 숟가락과 젓가락을 한 손에 들지 않으며, 젓가락을 사용할 때는 숟가락을 상 위에 올려놓는다.

(2) 식사 중

① 젓가락은 혼합된 색을 싫어한다는 옛말이 있듯이 한꺼번에 이것 저것 반찬을 집으면 여러 가지 음식 맛이 섞여 참 맛을 모르게 되기 때문에 주의한다.

② 식사할 때 자신이 좋아하는 맛있는 반찬만 골라 먹거나, 뒤적거리며 집었다 놓았다 하는 것은 남에게 불쾌감을 줄 수 있다.

③ 한꺼번에 양 볼이 불룩하도록 많은 음식을 입에 넣지 않는다.

④ 가시나 찌꺼기는 한 곳에 가지런히 모으거나 여분의 접시를 이용하여 여러 사람이 함께 쓰는 식탁이 지저분해지지 않도록 해야 한다.

⑤ 젓가락 맞추는 소리가 나지 않도록 하며 숟가락이나 젓가락을 그릇에 걸

치거나 얹어 놓지 않는다.

⑥ 밥그릇이나 국그릇을 손으로 들고 먹고 마시지 않는다.

⑦ 국이나 물을 마실 때 소리를 내거나 뜨거운 음식을 불어 대는 것도 곤란하다. 숭늉이나 물을 마실 때는 입 속을 양치하듯이 소리를 내지 않도록 한다.

⑧ 여럿이 함께 먹는 음식은 각자 접시에 덜어 먹고 초장이나 고추장 같은 조미품도 접시에 덜어서 찍어 먹는 것이 좋다. 이때 자신이 먹던 숟가락을 이용하지 말고 여분의 숟가락을 이용한다.

⑨ 탁한 국에는 밥을 말아 먹지 않는다. 그 이유는 음식을 섞는 것이 좋지 않기 때문이다.

⑩ 예부터 음식을 먹을 때는 말을 하지 않는 것이 예의이나 요즘은 생활 풍습의 변화로 식사 중 대화를 나누게 되는데 이때 입에 음식을 넣은 채 이야기 하지 않는다. 윗사람이 무엇을 묻거나 말을 건넬 때에는 먹던 것을 삼키고 나서 수저를 놓고 말하는 것이 예의이다.

(3) 식사 후

① 다른 사람들과 보조를 맞추어 서둘러 음식을 먹거나 지나치게 늦게 먹지 않도록 한다.

② 윗사람이 아직 식사 중일 때는 먼저 먹었다고 자리에서 일어나서는 안 된다. 수저를 상 위에 내려놓지 말고 국그릇에 걸쳐 놓았다가 윗사람이 음식을 다 먹고 난 후 얌전히 수저를 내려놓는다.

③ 일행이 식사를 다 마쳤을 때는 "잘 먹었습니다."하고 인사를 하는 것이 좋다. 인사말 습관을 몸에 익히도록 한다.

3 다양한 상차림에 따른 요리 먹는 법

기본 상차림

밥은 먹는 사람의 왼쪽에, 국은 오른쪽에 둔다. 숟가락 뒤에 젓가락을 놓는다. 간장, 고추장 등 기본 조미료는 상의 중앙이나 먹는 사람에게 가깝게 놓는다. 찌개 등 국물이 있는 음식은 떠먹기 좋게 가까이에 두고, 국물이 없는 음식은 멀리 놓는다.

(1) 반상차림

밥, 국, 김치와 찬을 같이 차리는 것을 반상이라 한다. 나이가 어린 사람에게는 밥상, 어른에게는 진지상, 임금님 밥상은 수라상이라고 한다(찬품의 가짓수에 따라 3, 5, 7, 12첩 반상까지 있다. 예전에는 부친과 장성한 아들과는 겸상을 하지 않았으나, 어리고 성년이 되기 전에는 겸상을 하여 할아버지와 손자가 함께 겸상하는 예가 많아졌다).

(2) 겸상차림

과거에는 궁중뿐 아니라 민가에서도 독상이 원칙이었으나 이제는 식사예절이 사회와 더불어 변화하여 젊은 부부를 손님으로 초대해도 당연히 겸상을 차린다. 겸상이라 하더라도 반드시 위, 아래의 자리가 있고 일단 독상으로 차려 윗사람을 앉히고 밥과 국그릇, 수저 등을 맞은 편에 한 벌 더 놓는 것이 올바른 상차림의 예법이다. 반찬류 중에 더운 음식과 고기 음식은 손님 가까운 곳에 놓고 밑반찬은 어린 사람이나 주인 쪽에 놓는다.

(3) 교자상차림

교자상은 보통 크기의 반상의 큰 사가반이나 또는 대원반에 여러 사람을 함께 대접하는 음식을 말한다. 대체적으로 경사스러운 날에 4~6명을 한 상에 들도록 하여 한 사람씩 외상을 차리던 형식을 한데 모아 여러 사람 몫으로 간소화시켜 차린다. 교자상의 주식은 국수나, 만두, 떡국으로 하고 마무리는 다과를 내는데 떡이나 과자류, 생과일과 화채 따위가 후식이 된다.

교자상차림의 예절

1. 여러 사람이 한 상에 앉도록 차리는 것이므로 주빈이나 윗사람이 앉는 자리를 정해 놓아야 한다.
2. 차가운 음식은 차갑게, 뜨거운 음식은 뜨겁게 차리도록 한다.
3. 국물이 있는 김치나 화채는 큰 그릇에 담지 말고 작은 그릇에 손님 수대로 일인분씩 담는다.
4. 초장이나 초고추장을 놓을 때는 덜어 먹을 때 쓰는 작은 스푼을 준비해 둔다.
5. 처음부터 후식으로 먹을 수 있는 과일, 과자, 떡, 음료인 차나 화채는 한 상에 함께 차리지 않도록 한다.
6. 후식은 주된 음식을 다 들고 나면 상 위의 그릇들을 치우고 나서 준비된 다과를 내거나, 다른 방으로 옮겨서 대접하도록 한다.

4 음주 예절

옛말에 이런 말이 있다.
첫째, 기뻐서 마실 때는 절제가 있어야 한다.
둘째, 피로해서 마실 때는 조용하여야 한다.
셋째, 점잖은 자리에서 마실 때는 소세한 풍조가 있어야 한다.
넷째, 난잡한 자리에 마실 때에는 금약(禁約-하지 못하게 단속함)이 있어야 한다.
다섯째, 새로 만난 사람과 마실 때에는 정숙함, 진솔함이 있어야 한다.
여섯째, 마지막으로 잡객들과 마실 때에는 재빨리 꽁무니를 빼야 한다.
술마시는 사람, 자리, 분위기에 따라서 어떻게 행동해야 됨을 나타내주는 말이다.

고전에 보면 주례에 관해 언급되어 있는 것들이 많다.

「소학」에 보면 “술이 들어오면 자리에서 일어나 주기(酒器)가 놓인 곳으로 가서 절하고 술을 받아야 한다. 감히 제자리에 앉은 채로 어른에게서 술을 받을 수 없기 때문이다.”

박지원의「양반전」에는 술 마실 때 수염까지 빨지 말라 하였고 “술을 마셔 얼굴이 붉게 해서도 안 되며, 손으로 찌꺼기를 긁어먹지 말고 혀로 술 사발을 핥아서도 안 된다.”라고 언급이 되어 있다.

이렇듯 주도를 예부터 중요시 여겼는데 이러한 주도는 현대의 음주문화와 크게 다르지 않다. 한 번 살펴보자.

1. 어른이 술을 따라 주실 때에는 반드시 두 무릎을 꿇고 앉거나 오른쪽 무릎을 꿇고 왼쪽 무릎을 세운 자세에서 양손으로 술을 받아야 한다. 손의 위치는 오른손은 잔을 잡고 왼손으로 오른손 손목을 가볍게 받치면 된다.
2. 술을 받은 뒤 반드시 “감사합니다.”라는 인사를 올린 다음 어른이 술을 마시길 기다려 비로소 잔을 비워야 한다.
3. 어른을 정면으로 두고 술을 마셔서는 예가 아니기 때문에 반드시 돌아앉거나 상체와 고개를 돌려 소리가 나지 않도록 마셔야 한다.
4. 술이 아무리 독하더라도 눈살을 찌푸리고 못마땅한 기색을 해서는 안 된다.
5. 남에게 술을 굳이 권하지 말며 내가 비록 술을 못하더라도 어른이 나에게 권할 때는 잔을 받아 입술만이라도 적신다.
6. 자신이 마신 술잔을 권할 때는 냅킨이나 청결한 물을 이용해서 자신의 입술이 닿았던 부분을 깨끗하게 닦은 다음 권해야 한다.
7. 권하는 잔은 반드시 오른손으로 잡아야 한다. 왼손으로 술잔을 주는 건 술자리에서 사람을 쫓는다는 의미로서 금기시 하고 있다.
8. 건배를 할 때는 윗사람의 술잔보다 높게 하여 부딪히거나 높게 들지 않는다.
9. 남에게 술을 따를 때는 술잔에 넘치거나 모자람 없이 잔의 90% 정도 따른다.

이는 예부터 술을 따를 때 도포의 도련이 음식물에 닿지 않도록 왼손으로 옷을 쥐고 오른손으로 따른 데서 기인했다. 현대에는 소매가 넓지 않은 양복을 입지만 왼손으로 오른팔 아래 대고 술을 따르는 풍습은 그대로 남아 있다.

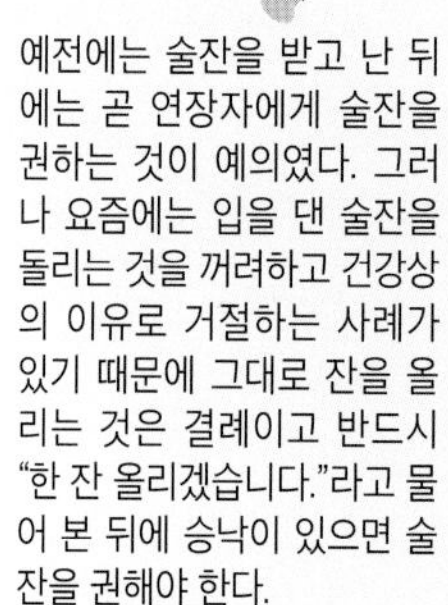

예전에는 술잔을 받고 난 뒤에는 곧 연장자에게 술잔을 권하는 것이 예의였다. 그러나 요즘에는 입을 댄 술잔을 돌리는 것을 꺼려하고 건강상의 이유로 거절하는 사례가 있기 때문에 그대로 잔을 올리는 것은 결례이고 반드시 “한 잔 올리겠습니다.”라고 물어 본 뒤에 승낙이 있으면 술잔을 권해야 한다.

⑩ 술을 따를 때는 오른손으로 병의 몸통을 쥐고 왼손 손바닥이나 검지를 오른손 손목에 가볍게 받쳐 들고 따른다. 술병이 무거우면 술병의 몸통 아래를 왼손으로 받치고 따른다.

⑪ 연소자가 예를 갖추어 술잔을 권하거나 술을 따를 때는 연장자라 하더라도 왼손바닥을 가슴에 가볍게 대고 정중하게 술잔을 받아야 한다. 술은 홀수 잔 단위로 마시는 게 관습이다. 술은 일불(一不), 삼소(三小), 오의(五宜), 칠과(七過)라 하였다. 이는 술을 마시기 시작했으면 한 잔으로 끝나는 법은 없고, 석 잔으로는 부족하며, 다섯 잔이 적당하고, 일곱 잔부터는 과음이 되니 먹지 말라는 의미이다. 상대방의 주량을 배려해 가면서 기분이 좋을 만큼만 마시고 자중하는 것이 바람직하다.

Tip

- 온돌방인 경우 : 두 무릎을 꿇거나 오른쪽 무릎을 꿇고 왼쪽 무릎을 세운 자세
- 테이블 의자인 경우 : 선 자세에서
- 주전자일 경우 : 오른손으로 주전자를 들고 왼손으로 주전자의 뚜껑을 가볍게 누른 자세로 따른다.

2 일식 테이블 매너

일본은 북동에서 남서로 길게 뻗어 있어 사방이 바다로 둘러싸여 있고 4계절도 뚜렷하여 이러한 지형·기후의 변화에 따른 재료의 종류가 많고 계절에 따라 맛이 달라지는 해산물이 풍부하다.

일본 요리는 쌀을 주식으로 하고 농산물·해산물을 부식으로 하여 형성되었는데, 맛이 담백하고 색채와 모양이 아름다우며 풍미가 뛰어나다. 그러나 이러한 면에 치우쳐서 때로는 식품의 영양적 효과를 고려하지 않는 경우도 있었는데, 2차 세계대전 이후로는 서양의 식생활의 영향을 받아 서양풍·중국풍의 요리가 등장하게 되면서 영양면도 고려하게 되었다. 또한 일상의 가정요리도 새로운 식품의 개발과 인스턴트 식품의 보급으로 다양하게 변화하였다.

1 일식의 특징

1. 일본 요리의 예절은 아름답게 먹는 것이다.
2. 일본 요리는 해산물과 제철의 맛을 살린 산나물 요리가 많다.
3. 일본 요리는 시각적인 면을 매우 중시하여 맛과 함께 모양과 색깔, 그릇과 장식에 이르기까지 전체적인 조화에 신경을 쓴다.
4. 일본 음식은 조미료를 적게 사용하여 음식이 담백한 맛을 낸다.
5. 한국의 비빔밥처럼 비벼 먹는 것이 없고 대체로 따로 따로 먹는 것이 특징이다.

2 기본 예절

1. 일본의 밥상을 젠이라고 하고 우리나라 밥상보다 작고 낮다. 그릇은 요리에 따라 다르며 젓가락만을 사용한다.
2. 일본은 손님을 우선시 한다. 따라서 손님이 먼저 식사를 시작해야 한다. 그래서 어디를 방문하게 된다면 먼저 '잘 먹겠습니다'라고 인사말을 먼저 하고 식사를 하면 된다.
3. 일본 요리는 보통 소반 위에 얹혀서 나오는데 젓가락은 자기 앞 옆으로(가로로), 음료용 컵들은 바깥 쪽에 엎어서 놓는다. 종이에 싸인 젓가락은 빼내어 젓가락 받침 위에 올려 놓는다.
4. 국물은 그릇을 직접 들고서 입에 대고 마신다. 젓가락을 그릇 속에 넣어 휘젓지 않도록 한다. 또한 건더기를 젓가락으로 꺼내지 않는다.
5. 젓가락이 지저분해지면 냅킨으로 닦는데 여기서 냅킨이라고 하는 것은 일본에서 사용하는 회지라고 하는 두꺼운 냅킨 종류이다.
6. 젓가락을 이용해 음식을 주고받지 않는다. 일본에서는 화장한 뼈를 그런 식으로 옮기기 때문에 이를 터부시한다.

⑦ 여럿이서 음식을 나누어 먹을 때 덜어먹을 수 있는 젓가락이 준비되어 있지 않을 경우 자신의 젓가락을 뒤집어 사용하기도 한다.

⑧ 밥이나 국을 받으면 밥은 왼쪽, 국은 오른쪽에 일단 놓았다가 들고 먹는데 이때 바로 받아먹지 않도록 한다. 그릇을 받을 때는 반드시 두 손을 이용한다. 식기 뚜껑은 오른손으로 열고 다 먹은 후에는 뚜껑을 다시 닫아둔다.

⑨ 그릇은 양손으로 들어 올린다. 엄지는 그릇의 테두리까지만 닿도록 한다. 그릇 안으로 손이 들어가지 않도록 한다.

⑩ 간장 종지는 간장이 떨어지지 않도록 가슴 부근까지 오게 해도 상관없다. 단, 입에 너무 가까이 하는 것을 피한다.

⑪ 밥을 먹을 때는 반찬을 밥 위에 얹어서 먹어서는 안되고, 추가를 원한다면 공기에 밥 한술 정도의 양을 남기고 청하는 것이 예의이다.

⑫ 일본에서는 음식을 남기면 맛이 없어 남긴 줄로 알고 또한 너무 빨리 먹으면 맛이 있어 그런가보다 해서 더 많이 덜어 주는 경우도 있다. 그래서 주인과 적당한 속도를 맞춰야 한다.

피해야 할 젓가락 사용법

- 젓가락을 밥에 꽂는 것
- 젓가락을 핥아서 사용하는 것
- 한 번 음식을 젓가락으로 집었다가 먹지 않고 다시 놓는 것
- 젓가락을 들고 이것 저것 망설이고 있는 것
- 앞으로 상반신을 구부려 음식을 먹는 것
- 음식을 푹 찔러서 먹는 것
- 입안에 먼저 먹었던 것이 있는데 다시 다른 것을 쑤셔 넣고 먹는 것
- 위에 있는 것을 치우고, 밑에 있는 것을 골라 먹는 것
- 그릇과 젓가락을 한 손으로 함께 드는 것
- 입 주위를 혀로 핥아 먹는 것
- 젓가락으로 이를 쑤시는 것

3 일본 요리의 종류와 먹는 법

(1) 전채요리

전채는 서양 요리의 오르되브르와 같은 것으로 한 입 정도 먹을 수 있는 적은 양의 요리인데 3품에서 5품 정도가 한 접시에 차려진다.

베어 먹은 것은 접시에 내려놓지 않고 한 입에 다 먹을 수 없는 크기라면 젓가락으로 한 입 크기로 잘라가면서 먹는다.

젓가락으로 잘려지지 않는 것은 칼집을 넣어서 내 놓는 것이 일본 요리의 원칙이다.

전채는 다른 요리들에 앞서서 먹는 것이므로 혼젠요리식으로 전부 차려 나와도 처음에 먹는 것은 이 접시의 요리이다. 전채를 다 먹고 나서 다음 요리로 진행하도록 한다.

(2) 어패요리

머리와 꼬리가 달린 생선요리는 어깨부터 먹는다.

머리는 손으로 누르고 먹으면 먹기 편한데 냅킨이 있으면 손을 더럽히지 말고 냅킨으로 머리 부분을 누른다.

생선 토막은 왼쪽부터 한 입씩 집어서 먹는다.

생선살은 흐트러지지 않도록 조심한다. 섬유 조직의 결을 따라 먹는 것이 요령이다.

- 생선을 뒤집는 것은 금한다.
- 껍질은 남겨도 된다.
- 새우는 손으로 껍질을 벗겨낸다.
- 구운 대합은 뜨거울 때 떼어낸다.

(3) 혼젠요리

무사집안의 요리로서 손님을 접대할 때 내던 요리상이다.

관혼상제 등 의식 때 대접하기 위하여 준비하는 정식 차림으로 화려하고 예술적인 요리를 중심으로 한다. 상차림은 국물(즙)과 요리(채)의 숫자에 따라 1즙2채, 1즙3채, 2즙5채, 3즙7채 등으로 구별한다.

(4) 가이세키(회석)요리

차를 마시는 도중에 공복을 채우기 위하여 먹는 간단한 식사로서 선을 하던 승려가 공복을 견디기 위하여 주머니에 돌을 넣고 선을 했다는 데서 유래하는 명칭이다. 기본적인 정식 요리라고 한다.

(5) 쇼징요리

낫토란? 콩을 띄운 발효식품으로 우리나라의 청국장 원료를 그냥 먹는 것으로 생각하면 된다. 물을 넣고 끓이면 청국장 맛과 비슷하다. 단백질이 많고 소화에 좋아 매우 필요한 음식이다.

쇼징이란 불교에서 도를 열심히 닦는다는 뜻이다. 살생유택의 계율에 따라 식물성 음식만을 먹은 것에서 유래한 음식으로 야채, 콩, 두부, 유부, 낫토 등을 말한다.

(6) 기타 요리 먹는 법

- 기본적으로 요리는 입으로 물어뜯는 법이 아니라 그릇 안에서 젓가락으로 잘라서 먹는다. 어묵처럼 자르기 힘든 것은 베어 먹을 수밖에 없는데 이때 잇자국이 남은 부분을 안쪽으로 해서 접시 위에 놓는다.
- 와사비를 간장에 녹이지 않는다. 와사비를 간장에 녹이면 와사비의 향이 날아간다. 와사비를 묻히고 간장을 찍는 방법으로 먹는 것이 옳은 방법이다.
- 생선구이에 함께 나오는 생강은 먹고 난 후 비린내를 없애기 위한 것이므로 맨 마지막에 먹는다.

4 음주 예절

❶ 술을 권하고 받을 때 한 손으로 주고받아도 된다. 특히 맥주는 한 손으로 받는 경우가 많다.

❷ 상대방 잔에 술이 조금 남았을 때 첨잔해도 된다. 한국에서는 첨잔을 금하지만 일본에서는 미덕이다. 상대방의 잔을 오래 비워두면 눈치 없는 사람으로 오해받는다.

❸ 잔을 돌리며 마시지 않는다.

❹ 어른 앞이라도 상체를 돌려 마시지 않는다.

❺ 술을 억지로 권하지 않으며 자신의 술잔을 손으로 가려 덮거나 술잔을 비우지 않고 그대로 두고 있을 때는 더 이상 마실 수 없다는 의미로 해석한다.

❻ 남녀가 함께 술을 마실 때 여자가 남자의 잔에 술을 따르는 것을 당연하게 생각하며 오히려 술을 따르지 않으면 센스가 없다고 생각한다.

❼ 일본 술(정종)을 마실 때는 상대방이 술잔을 건네며 권할 경우가 있는데, 이때 빨리 취할 수 있으므로 천천히 마시는 것이 좋다.

❽ 다른 사람이 약속이 있다고 할 때 무리하게 2차, 3차를 권하지 않는다.

03 중식 테이블 매너

중국에서는 2000년 전에 요리에 대한 전문서적이 출판되었고 6세기 경「식경」이라는 책이 지금도 남아 있다. 황제나 권력을 가진 사람들은 돈, 권력을 이용한 불노불사의 산채, 강장, 강정의 식물을 구했고 그렇지 못한 서민들은 그들의 수준에 맞는 식사를 연구하면서 오늘날의 세계적인 요리를 만들게 된 것이다.

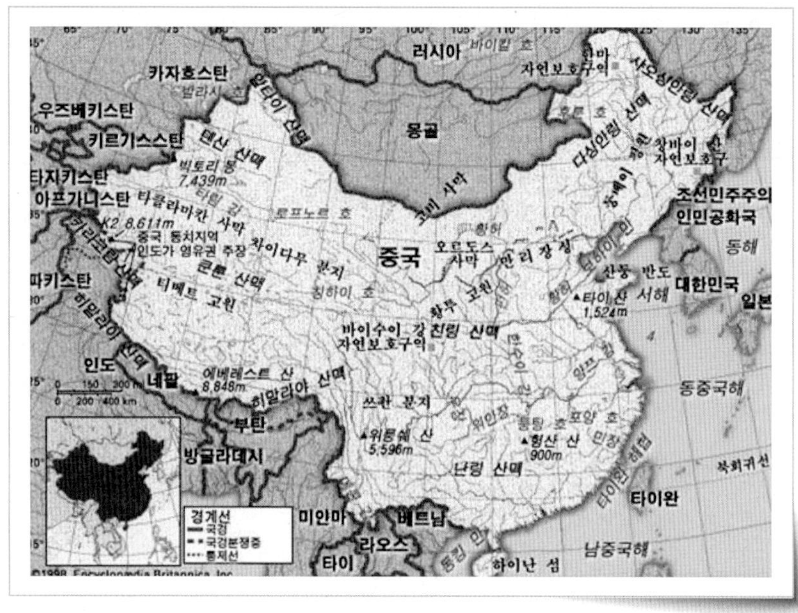

① 중식의 특징

중국 음식 문화에는 엄격하고 부드러운 예절이 있다. 형식을 차리기보다는 즐겁게 이야기하며 먹는 것이 특징이고. 색과 향신료를 많이 사용함으로써 중국 요리의 독특한 맛을 내고 있다.

또한 중국 음식은 수천년의 역사를 자랑한다. 지역이 넓어서 각 지역마다 재료와 기후, 풍토가 달라 지방마다의 독특한 식문화가 발달하였다.

② 기본 예절

① 중국 음식의 경우 일식과 마찬가지로 젓가락을 사용한다.

② 중국 음식의 식탁은 회전식이 기본형이며 메뉴는 8인에서 10인이 가장 적당하게 먹을 수 있게 되어 있다.

3 회전식탁은 시계방향으로 돌려 자신이 원하는 음식을 덜어 내는 것이 정석이다.

4 중국 음식에서는 음식의 품수를 4종 단위로 내놓기 때문에 중국 음식을 주문할 경우 사람 수 만큼의 요리에 수프를 첨가하는 것이 기본이다.

5 식탁에서는 친절과 우의의 표시로 음식을 손수 덜어준다.

6 음식을 그릇에 담을 때는 서브용 스푼, 포크를 사용하도록 한다. 개인용 젓가락으로 음식을 담는 것은 큰 실례가 된다. 스푼과 포크를 손가락 사이에 끼워서 음식을 담으면 된다.

7 자기 앞에 놓인 음식을 다 먹고 식탁 한 복판에 있는 큰 접시의 음식을 더 먹기위해선 옆 사람의 앞에 놓인 작은 접시에 먼저 그 음식을 덜어 준 뒤에 자기 접시에 가져 오는 것이 예의이다(옆 사람 접시에 먹던 음식이 그대로 있을 경우에는 형식적으로 조금 먼저 덜어준다).

8 중국 요리를 먹을 때 사용하는 기구는 젓가락과 숟가락, 꼭 필요한 경우가 아니면 포크나 나이프를 따로 사용하지 않는다. 스테이크를 먹을 때도 젓가락으로 조금씩 잘라 먹도록 한다.

9 메인 요리를 먹은 다음 후식을 먹기 전, 숟가락을 물에 한 번 헹구어낸다. 국물 있는 후식일 경우 메인 요리의 찌꺼기가 숟가락에 남아 있을 수 있기 때문에 따로 준비해둔 물에 숟가락을 휘저어 한 번만 헹구어내면 된다.

3 지역별 음식의 특징

(1) 북경요리(北京)

북경요리는 중국 북부지방의 요리로, 한랭한 기후 탓에 높은 칼로리가 요구되어 강한 불로 짧은 시간에 만들어내는 튀김요리와 볶음요리가 특징이다. 재료도 생선보다 육류가 많으며, 화북평야의 광대한 농경지에서 밀을 비롯한 농작물이 풍부하게 생산되어 면, 만두, 병 등의 종류가 많다. 대표적인 요리로는 북경오리, 양, 통구이, 물만두, 자장면 등이 있다.

(2) 사천요리(四川)

사천요리는 양자강 상류의 산악지대와 사천을 중심으로 한 운남 귀주지방의 요리를 말한다. 바다가 먼 분지여서 추위와 더위의 차가 심해, 악천후를 이겨내기 위해 향신료를 이용한 요리가 발달했으며, 마늘, 파, 고추 등을 넣어 만드는 매운 요리가 많다. 신맛과 매운맛, 톡 쏘는 자극적인 맛과 향기가 요리의 기본

을 이룬다. 신라탕, 새우 누룽지 튀김, 마파두부, 새우칠리소스 등이 유명하다.

(3) 광동요리(廣東)

광주(廣州)를 중심으로 한 남부지방의 요리를 말한다. 중국 남부 연안의 풍부한 식품 재료 덕분에 어패류를 이용한 요리가 많고 아열대성 야채를 사용해 맛이 신선하고 담백하여 중국 요리 중 최고라고 평가받고 있다. 광동식 탕수육, 상어 지느러미 찜, 볶음밥 등이 유명하다.

(4) 상해요리(上海)

중국의 중부지방을 대표하는 요리로, 풍부한 해산물과 미곡 덕분에 예로부터 식문화가 발달하였다. 특히 그 중에서 상해는 바다가 접해 있어 새우와 게를 이용한 요리가 많다. 상해 게요리는 세계적으로 명성이 높으며, 오향우육(五香牛肉), 홍소육(紅燒肉) 등이 유명한 상해요리는 간장과 설탕물을 많이 사용하는 것이 특징이다.

4 음주 예절

중국 술은 제조방법 및 원료에 따라 종류가 상당히 다양하다. 중국에는 마오타이나 우량이에 등 세계적으로 유명한 술들이 많고 역사 깊은 도시에 가면 거의 틀림없이 그 지방 고유의 술이 있다. 아마도 중국 역사만큼이나 긴 것이 중국 술의 역사일 것이다.

중국 술은 일반적으로 술 도수가 높은 백주와 비교적 낮은(15 ~ 20도) 황주로 대별되는데 순도가 높아 술을 마셔도 숙취에 시달리지는 않는다. 일반적으로 한국 사람들이 좋아하는 술은 죽엽청주와 마오타이주이다. 중국인이 가장 선호하는 술은 역시 맥주로 음식점에서 맥주로 반주하는 사람들을 흔히 볼 수 있는데, 중국에서는 맥주 1병 값이 광천수보다 싸다. 가장 유명한 맥주로는 칭다오(青島)로, 이는 청도의 물맛이 좋기 때문이다. 또한 포도주와 뱀이나 도롱뇽 혹은 약재를 담근 약술도 흔히 볼 수 있으며, 남쪽지방에서는 황주(黃酒)를 많이 마신다.

중국술은 제조방법 및 원료에 따라 종류가 다양하다. 술은 종류에 따라 황주(黃酒), 백주(白酒), 포도주와 과실주로 나누어진다.

1. 중국에서는 만'滿'을 좋아하여 잔이 다 비기 전에 계속 첨잔을 한다. 잔에 술을 가득 따르는 것은 상대방에 대한 애정과 존중을 뜻하기도 한다.
2. 잔을 돌리는 습관도 없다. 대신 식탁 위의 회전판을 이용, 술잔을 자기 앞으로 갖고와 잔에다 가득 채운 뒤 다시 술잔을 원래 주인자리로 되돌려 놓는다.
3. 중국인이 깐! 깐!(乾)을 외치며 술을 권해올 때는 한 번에 다 들이키는 건배의 의미로 중간에 내려놓으면 실례가 되며, 술이 약한 사람의 경우 음주 전 양해를 구해놓는 것이 좋다.
4. 상대방이 '칭(請)'이라고 말하면서 술을 권하는데 거절하면 서로 친해지기 싫다는 의미가 될 수도 있다. 따라서 술을 못 마시더라도 입술을 약간 적시는 정도의 성의는 보이는 게 좋다.
5. 취하지 않도록 자신의 음주량을 체크하며 마신다. 중국인은 술에 취해 실수하는 것을 몹시 싫어한다. 그래서 중국에서는 술에 취해 비틀거리는 사람을 구경하기 힘들다. 중국의 술 중에는 50도 이상의 술이 많으므로 한국의 소주 마시듯이 마시면 술이 취하기 쉽다. 술고래라는 뜻으로 하이량(海量 : 좋은 의미의 술고래)과 지우꾸이(酒鬼 : 나쁜 의미의 술고래)가 있다. 술의 도수가 높고 외부에서 식사할 때 거의 예외 없이 술을 마시는 그들의 습관에도 불구하고 만취한 사람은 쉽게 보기 힘들며 대체로 식사 때 큰소리로 떠드는 정도에서 그친다.
6. 거절할 때는 오른손으로 잔을 가린다.
7. 건배할 때는 상대와 눈을 맞춰야 한다. 상대방과 눈을 마주치지 않고 마시면 대작하기 싫다는 의미가 된다.

Tip

세계 각국의 건배용어

미국,영국,호주	치어스(cheers)
중국	칸페이(乾杯)
일본	간빠이
독일	프로스트(prost)
브라질	사우데(saude)
캐나다	토스트(toast)
프랑스	아 보트르 상태 (A votre Sante)
핀란드	키피스(Kippis)
이탈리아	친, 친(Cin Cin)
스페인	살루드(Salud)
태국	챠 유(Cha yoo)

한중일 젓가락

❶ 한국(쇠 젓가락) : 한국 젓가락은 굵기나 형태가 중국과 일본의 중간적 특징을 가지고 있다. 그러나 가장 중요한 것은 쇠를 사용한다는 것인데, 역사적으로 금속을 다루는 문화가 발전하면서 자연스럽게 쇠를 수저에 이용하는 방법이 보편화 되었다. 일본, 중국의 젓가락과 비교하여 굵기도 가늘고 손가락으로 잡는 데 미끄럽고 조절하기가 까다롭지만 한국인은 능숙하게 다룬다

❷ 중국(긴 빨간색 젓가락) : 중국은 전형적인 식탁문화로서 음식 보존을 위한 튀김문화가 자연스럽게 자리 잡게 되었고, 여기서 긴 형태의 젓가락 사용이 보편화 되고 특히 식탁 가운데에 위치한 음식을 덜고 집기 위한 형태로 긴 젓가락이 필요했다. 재질은 주로 대나무 등 나무를 사용하고, 지역적인 특성상 플라스틱 젓가락, 포크 등 다양하게 사용 한다. 잡는 부위가 뭉툭하며 잡는 방법에 대한 일정한 규칙이 없는 것이 특징인데, 젓가락 집는 자세도 튀김 등 크기가 큰 음식이 주를 이루어 섬세하고 정확한 동작을 요구하기 보다는 편하게 잡는 기능이 중시 된다.

❸ 일본(나무 젓가락) : 섬나라인 일본은 생선 등 음식의 특성상 짧은 형태의 젓가락이 발달하게 되었고, 밥그릇을 입으로 가져가 젓가락으로 밥을 먹으면서 굳이 긴 젓가락이 필요하지 않게 되었다. 이러한 음식문화는 중국 등과 함께 숟가락 사용이 불필요하게 되었고, 오직 젓가락만 사용하는 음식문화가 정착하게 되었다. 역시 중국과 마찬가지로 여러 가지 재질의 나무를 사용하여 만든다.

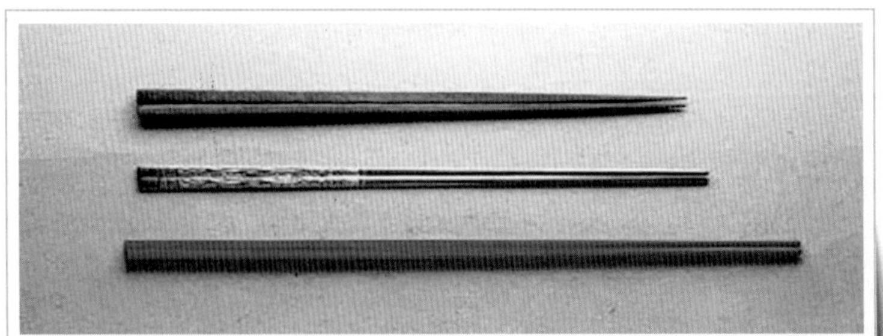

영어 문장

ENGLISH SENTENCE

(젓가락 사용이 익숙치 않은 서양인에게)
대부분의 아시아 사람들은 먹을 때 젓가락을 사용한다.

People in most asian countries use chopsticks when eating.

이 중국 요리에 대해 설명해 주시겠어요?

Would you explain about this chinese dish?

근처에 한식당이 있나요?

Is there a Korean restaurant nearby?

유명한 일식집이 어디에 있는지 아세요?

Do you know where a famous Japanese restaurant is?

CHAPTER 10

양식과 와인 매너

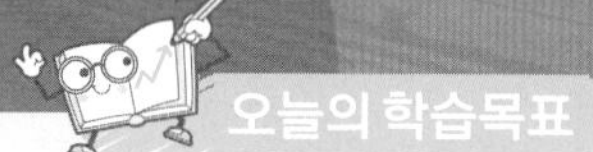

오늘의 학습목표

- 서양식 기본 예절을 알 수 있다.
- 코스별 시식방법을 알 수 있다.
- 식사에 따른 술의 종류에 대해 알 수 있다.

에티켓 내용

- 레스토랑 이용 에티켓
- 기물 사용 에티켓
- 코스별 식사 에티켓
- 식사에 따른 식전주, 식중주, 식후주 취음 에티켓

해외여행이 많은 요즘 어딜가나 한국인을 볼 수가 있는데 외국 식당에서 이런 행동은 이제 피해야 하지 않을까?

1. 식사 후에 밥 먹고 나오면서 이쑤시고 트림하는 모습
   "끄윽… 잘 먹었다…."
2. 열심히 냅킨으로 얼굴의 땀을 닦고 안경을 벗어 닦는 모습
3. 음식 늦게 나온다고 채근하는 모습
   "스테이크 시켰더니 주방장 소 잡으러 갔어? 왜 아직 안나오는거야…!!"
4. 나이프, 포크 들고 마구 삿대질하며 얘기하는 모습
5. 식탁에서 여자들 화장고치는 모습
6. 웨이터를 하인 부리듯이 거만한 모습을 보이는 손님
7. 음식 섭취 시 짭짭 소리를 크게 내며 먹는 손님

이번 장에는 서양식에 대한 이해와 식사에 따른 술의 종류 특히, 와인을 중심으로 알아보자.

01 서양식 테이블 매너

1 서양식의 특징

한상 차림으로 나오는 한식과는 달리 코스에 따라 순서대로 음식이 준비된다. 코스는 5~9코스 이상 등으로 다양하다.

2 기본 예절

(1) 예약은 기본이다.

1 식당을 가기 전 전화로 미리 예약을 해 두는 것이 좋다. 원하는 자리를 선택할 수 있고 기다리는 불편함도 없앨 수 있기 때문이다.

2 예약 시 이름과 일시, 참석자 수를 알려준다.

3 원하는 자리를 요청한다(창가, 조용한 자리, 개별 룸 등).

4 조리시간이 오래 걸리는 로스트 비프등의 요리는 사전 조리 주문하는 것이 좋다.

5 중요한 자리라면 자리 배치, 와인 선정, 요금, 결재 방법을 미리 의논한다. 생일과 같은 특별한 날을 기념하기 위한 자리라면 별도의 서비스를 받을 수 있는지 사전에 의논한다.

6 예약시간을 지킬 수 없다면 미리 연락을 취한다. 20분 정도 지나면 취소해 버리는 경우가 많다.

(2) 옷차림은 가급적 정장을 해야 한다.

1 만찬의 복장이 정해져 있는 것은 아니다. 그러나 함께 식사하는 사람과 즐기기 위한 것이므로 다른 사람에게 불쾌감을 주지 않는 의상을 선택한다. 되도록이면 정장을 기본으로 하자.

2 서양에서는 6시 이후의 식사는 만찬이라는 개념으로 남성인 경우 넥타이가 없을 시 출입이 불가능하다. 미처 준비하지 못했을 시에는 식당에서 준비해 놓는 경우도 있다. 그리고 화려한 꽃무늬, 짧은 여성의 스커트 등은 피하는 것이 좋다. 이유는 시각적인 부분이 식욕을 자극하는 역할을 하고 있기 때문에 의상은 중요한 부분이다.

3 후각적인 부분을 생각한다면 식욕을 감퇴시키는 짙은 향수와 화장품 사용도 지양한다.

레스토랑을 방문하게 될 때 코트, 가방, 모자 등 준비해 가는 물품들이 많다. 이것을 모두 들고 식당 내부로 들어가는 것이 아니라 보관소에 맡기고 들어가야 한다. 이곳을 cloak room이라고 한다. 일반적인 소품들은 이곳에 맡기되 여성의 핸드백은 반드시 소지하여 식당으로 들어간다. 핸드백이 없는 여성은 옷을 입지 않은 것과 같다는 말이 있다. 남성이 정장을 입었을 때 손수건을 준비하지 않은 것과 똑같다. 반드시 휴대하며 의자에 앉을 때는 의자와 등 사이에 놓는다. 부피가 조금 큰 핸드백인 경우는 의자 아래에 내려놓아도 상관없다. 그 외의 신문, 부채 등은 무릎 위에 올려놓으면 된다.

(3) 안내를 받는다.

❶ 레스토랑 입구에 도착하면 예약자 사항을 확인한 후 안내를 받는다.

❷ 클록룸(cloak room)이 있다면 코트나 모자 등을 맡긴다.

❸ 여성과 동반하였다면 여성이 코트 벗는 것을 도와주고 웨이터 안내 시 여성이 먼저 들어가도록 한다.

(4) 자리에 앉는다.

❶ 정식 만찬에서의 자리 배정은 매우 까다롭다.

❷ 일단 안내자가 준비해 준 자리가 최고의 자리이다. 그래서 그 자리에는 최고 연장자, 혹은 주인공이 앉게 된다.

❸ 남녀는 번갈아 가며 앉는다. 그리고 가장 중요한 여성 손님은 호스트의 오른편에 앉는다. 그 다음 순위의 여성은 호스트의 왼편에 앉는다. 그리고 그날 가장 중요한 남성 손님은 호스티스의 오른편에 앉는다. 이와 같은 방법으로 순서대로 앉게 되며 서열이 낮을수록 호스트와 호스티스로부터 먼 좌석을 배치받게 된다.

④ 기본 좌석 배치(서양식)

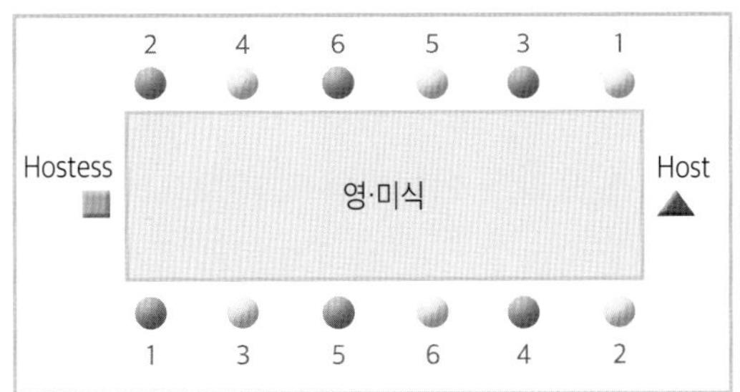

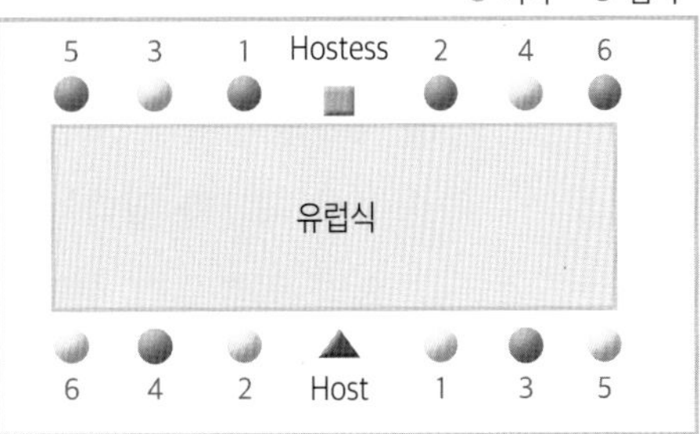

(5) 냅킨 사용법

① 냅킨의 주 목적은 옷에 음식물이 묻는 것을 방지하기 위함이다.

② 냅킨을 펴는 시점은 자리에 앉자마자 펴는 것이 아니라 손님이나 일행이 모두 착석한 후에 무릎 위에 두 손으로 살짝 펴서 놓는다. 냅킨은 두 겹으로 접힌 상태에서 접힌 쪽이 자기 앞으로 오도록 한다.

③ 그리고 냅킨 사용 시 목에 두르거나 셔츠 단추, 조끼에 끼워서 사용하지 않는다. 이와 같은 행동은 배, 비행기, 열차 안에서만 한다.

④ 사용은 입 주위를 살짝 닦거나 핑거볼을 사용 후 물기를 닦을 때만 사용한다. 그러므로 안경을 닦는다든지, 땀을 닦는 행동, 립스틱을 지우는 행동은 올바르지 못하다.

⑤ 식사 도중 자리를 잠시 비울 때는 식탁 위에 반쯤 걸치거나 의자 위에 대충 올려놓는다. 식사를 마쳤을 경우만 식탁 위에 대충 접어 올려놓으면 된다.

(6) 메뉴 살펴보기

식당에 앉으면 제일 먼저 보는 것이 메뉴이다.

① 미리 정한 메뉴가 있을지라도 식당의 자랑이며 정성스럽게 준비한 요리에 대한 내용을 훑어 봐주는 것이 식당에 대한 매너이다.

② 초대를 받아서 레스토랑을 갔을 때는 음식의 가격을 고려하여 주문한다. 가장 비싼 것과 가장 싼 것은 피해서 주문한다. 비싼 것은 부담을 주게 되

고 너무 싼 것은 호의를 헛되게 할 수도 있기 때문에 중간 가격대인 요리를 선택한다.

③ 메뉴의 종류를 보면 크게 세 가지로 구분이 된다. 먼저 따블 도트라 하는 정식 메뉴가 있다. 이것은 코스 요리로 아페리티프, 전채요리, 수프, 생선요리, 육류요리, 샐러드, 디저트, 커피 순으로 짜여져 있다. 5가지 코스, 7가지 코스 등 다양하다. 그리고 그 일부만 선택하는 알라 까르트가 있다. 정식 메뉴에는 수프, 생선요리, 커피 정도로만 구성이 된다. 마지막으로 특별요리인 스페셜 메뉴가 있다. '오늘의 추천요리' 같은 것이다.

(7) 기타 예절

① 일반 행동

- 웨이터를 부를 때는 손가락을 튕기는 일이 없도록 한다. 부르고 싶을 때는 손가락을 살짝 세워 보이면 된다.
- 나이프나 포크가 떨어져도 직접 줍지 말고 웨이터를 부르기만 한다. 그리고 유능한 웨이터는 손을 들기도 전에 이미 준비해 놓을 수도 있다.
- 대화 도중 웨이터의 서빙이 있을 때 대화를 일단 중지하는 것이 예의이고 웨이터에게 질문을 할 때에는 서빙이 끝난 후에 한다.
- 식탁에 앉아 턱을 괴거나 나이프와 포크를 들고 흔들며 얘기하지 않는다. 위험이 따를 수 있고 품위를 떨어뜨리는 대표적인 행동이다.
- 입에 음식이 있을 때 음료를 마시지 않는다.
- 식탁에서 머리를 만지지 않는다.
- 정장 재킷은 상사나 주빈이 벗기 전에는 벗지 않는다.

② 기물 사용법

- 포크와 나이프 : 포크는 왼손으로 잡고 나이프는 오른손으로 잡되, 인지가 나이프의 손잡이를 벗어나지 않도록 인지의 위치에 유의한다. 포크와 나이프는 바깥쪽부터 순서대로 사용하며 포크와 나이프를 동시에 사용하여

고기를 자를 때는 끝이 서로 직각이 되게 하며 팔목 부분만 움직여 자른다. 나이프는 어떤 경우라도 음식을 먹는 데 사용해서는 안 된다.

요리를 다 먹은 후 나이프는 바깥쪽, 포크는 안쪽으로 나란히 4시 방향으로 비스듬히 둔다. 이때 나이프의 날은 안쪽(자신)으로 향하게 하고, 포크는 등을 밑으로 한다. 식사 중 또는 대화 시에는 포크와 나이프를 팔자 모양으로 놓는데 포크는 7시 방향, 나이프는 4시 방향에 놓는다.

핑거볼 : 과일, 굴, 가재 요리 등 손으로 먹는 음식이 나올 경우 함께 준비되어지는 것으로 식기에 레몬 등을 띄워 나온다. 한 손씩 손가락 끝만 씻고 냅킨으로 가볍게 닦아낸다.

스푼 : 수프 스푼은 펜을 쥐는 것처럼 손잡이 중간보다 약간 위를 잡는다. 한 입에 다 넣지 말고 입술 끝에 올려놓고 기울여 흘려 넣는 것이 올바른 예절이다. 그리고 티스푼은 설탕이나 크림이 묻었다고 입으로 가져가서는 안 된다.

와인잔과 물잔 : 와인잔을 잡을 때는 잔의 몸통을 잡는 것이 아니라 가지(stem) 부분을 잡는다. 잔들도 사용 시에는 바깥부터 차례대로 사용한다. 물잔이 가장 큰 잔이며 다음은 레드와인 잔, 화이트 와인 잔으로 크기가 작아진다.

1. 요리접시, 2. 냅킨, 3. 수프 스푼, 4. 전채요리용 나이프, 5. 생선용 나이프, 6. 고기용 나이프, 7. 고기용 포크, 8. 생선용 포크, 9. 전채요리용 포크, 10. 빵 접시, 11. 커피 스푼, 12. 프루트 포크, 13. 푸르트 나이프, 14. 아이스크림 나이프, 15. 버터 나이프, 16. 버터 홀더, 17. 냉수용 글라스, 18. 샴페인 글라스, 19. 적포도주 글라스, 20. 백포도주 글라스

3 코스별 시식방법

프랑스식 정찬

에피타이저 - 수프 - 생선요리 - (셔벗) - 메인요리 - 샐러드 - 디저트 - 음료(커피 또는 차)

미국식 정찬

에피타이저 - 수프- 샐러드 - 생선요리 - (셔벗) - 메인요리 - 디저트 - 음료(커피 또는 차)

(1) 에피타이저(전채요리)/ Hors d'oeuvre(오르되브르)

❶ 전채요리는 러시아에서 연회 전 기다리는 손님을 위해 술과 자쿠키스라는 간단한 요리를 내놓는데서 유래됐다는 설과 14세기 초 마르코폴로가 중국 원나라에서 배워온 면류, 냉채요리가 이탈리아에서 프랑스로 건너가 오르되브르가 되었다는 설이 있다. 오르되브르라는 뜻은 '작품 외'라는 뜻

을 갖고 있다. 이것은 식욕을 돋우기 위해 식사 전에 먹는 음식이다. 소화를 위해 단맛보다는 짠맛, 신맛을 곁들이며 반드시 먹어야 하는 것은 아니다. 정찬메뉴에서만 먹는다.

② 종류

먹는 방법

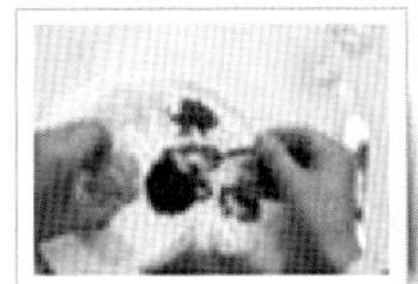

캐비어(Caviar) : 흔히 말하는 철갑상어알이다. 대표적인 철갑 상어는 벨루가, 세브르가, 오세트라가 있다. 품질 좋은 캐비어는 알이 잘고 빛깔이 투명한 것이다. 먹는 방법은 캐비어와 양파 다진 것, 계란 흰자 노른자를 분리하여 다진 것, 사우어 크림, 레몬즙 등을 준비하여 적당히 잘 섞은 뒤 이것을 멜바토스, 혹은 블리니(blinis)라는 밀전병 위에 얹어 한입에 먹는 것이다. 이것은 손으로 먹는 핑거 푸드이다. 이와 함께 마시는 술로서 보드카가 있는데 그 맛을 더해준다고 한다. 세계 3대 진미 중 하나이다.

푸아그라(Foie gras) : 거위의 간으로 우유, 혹은 와인과 함께 절여 만든 것을 말한다. 역시 세계 3대 진미 중 하나이다.

송로버섯(truffle) : 프랑스와 이태리에서 나는 둥글고 자극성의 맛을 내는 검은 버섯

(2) 수프(soup)

① 수프의 맛을 보고 그 식당의 요리사의 솜씨를 저울질한다는 말이 있다. 그만큼 수프는 요리사의 숨은 솜씨가 들어 있는 음식이다.

② 수프의 종류로는 콩소메와 포타주가 있다. 콩소메는 맑은 스프를 말하며, 포타주는 크림 스프이다.

③ 수프는 마시는 것이 아니라 먹는 것이므로 소리에 유의해야 한다. 소리를 내는 것은 맞은 편 상대가 싫다는 표시이므로 조심한다.

④ 스푼을 이용해 수프를 떠 먹을 때 방향은 한 방향으로 한다. 몸 쪽에서 밖으로 향하도록 하여 먹는다. 거의 다 먹을 때 즈음 남은 수프는 접시를 몸 바깥쪽으로 기울여 스푼을 이용해 떠서 먹는 것이 좋은 매너이다.

⑤ 수프 그릇에 손잡이가 있는 경우는 들고 먹어도 된다. 한쪽만 손잡이가 있는 컵 형태는 들고 마셔도 상관없다. 수프를 들고 마시는 것은 주방장에 대한 최대의 찬사다.

⑥ 다 먹은 후 스푼은 받침대 위나 수프 그릇 안에 놓아도 상관없다.

(3) 빵과 버터

① 서양사회에서 빵은 생명의 기초양식이다.

② 빵은 보통 처음부터 식탁 위에 나와 있는 경우도 있지만 보통 수프가 끝나면 곧바로 나온다. 수프를 다 먹은 후 요리와 함께 빵을 먹는다. 빵은 혀에 남아 있는 요리 맛을 없애주고 미각에 신선한 맛을 주기 때문에 다음 요리를 더욱 즐길 수 있다.

③ 토스트나 크로와상, 브리오슈 등은 아침식사용이므로 정찬 시에는 주문하지 않는다.

④ 테이블 세팅 시 왼편의 빵이 나의 것이므로 유의한다.

⑤ 빵은 먹을 만큼 손으로 잘라 먹는다. 버터 나이프를 이용하여 버터를 덜어 자신의 빵접시에 먹을 만큼의 버터를 옮겨 놓고 이용한다.

⑥ 빵은 우유나 커피, 수프 등에 적셔 먹지 않는다. 이것을 댄킹이라고 하는데 정찬에서는 반드시 금해야 하는 행동 중의 하나이다.

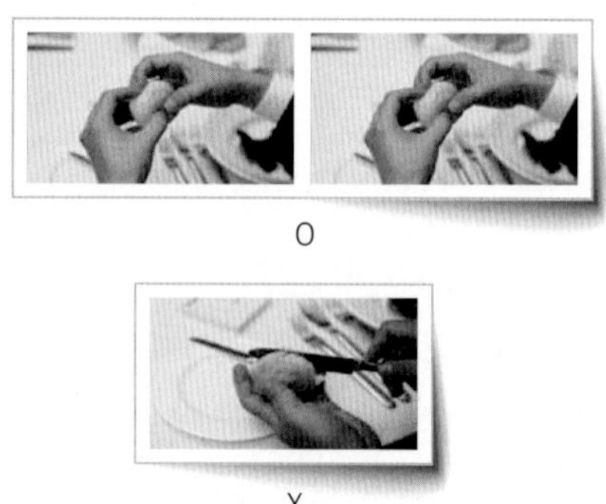

(4) 생선요리(fish)

❶ 통 한 마리 생선일 경우 머리가 왼쪽, 꼬리가 오른쪽으로 가도록 한다.

❷ 포크로 머리를 누르고 머리와 몸을 따로 분리한다. 위아래의 지느러미를 잘라내어 한편에 모아둔다. 그 다음 뼈를 따라 왼쪽으로부터 오른쪽으로 나이프를 평평하게 옮겨가며 살과 뼈를 분리한다. 떼어낸 살을 앞쪽으로 옮겨 머리부터 꼬리 방향으로 적당한 크기로 잘라가며 먹는다.

❸ 겉 몸을 다 먹은 후에는 뒤집지 않고 중간 뼈를 들어내준다.

❹ 역시 머리부터 꼬리 방향으로 먹는다.

❺ 생선버터구이에는 레몬이 함께 준비된다. 생선의 담백한 맛에 산미가 어울리기 때문이다. 레몬을 생선 위에 올려놓고 나이프로 눌러가며 레몬즙을 짠다. 너무 세게 누르지는 않는다.

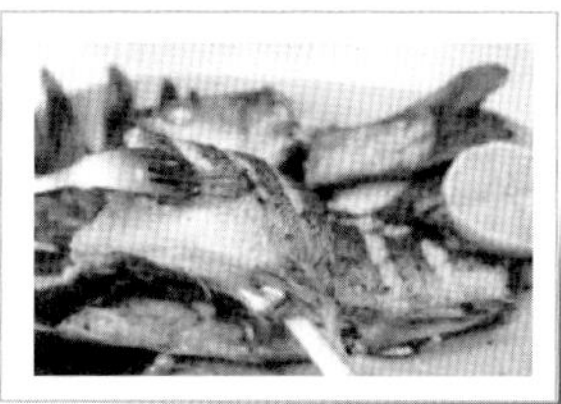

(5) 서벗

풀코스의 생선요리와 육류요리 사이에 제공되는 것으로 단맛이 적고 알코올 성분이 있는 소량의 빙수와 같은 것이다. 이것은 긴 글라스에 나오는데 다리부분을 왼손으로 잡고 디저트용 스푼으로 떠서 먹으면 된다.

(6) 메인요리(육류 : meat)

❶ 다양한 고기 종류가 있으나 메인코스의 기본은 쇠고기이다. 비즈니스 시 가장 많이 추천되는 음식이다.

❷ 스테이크의 종류를 보면

안심스테이크(Tenderloin steak) : 샤토 브리앙·비프스테이크 중 최고로 손꼽힌다. 필렛, 투르네도, 필렛미뇽은 안심 중 샤또 브리앙을 제외한 다른 부위들의 명칭이다.

기타 부분 : 리브스테이크, 서로인, 쇼트로인, 티본(뼈를 사이에 두고 양쪽의 고기의 맛이 다르다. 한족은 안심, 한쪽은 등심으로 되어 있다) 등이 있다.

③ 스테이크는 잘라놓고 먹는 것이 아니라 자르면서 먹는다. 왼손의 포크로 집어서 먹지만 미국에서는 자른 후 오른 손으로 스테이크를 집기도 한다. 그러나 기본은 왼손으로 포크, 오른손으로 나이프를 이용한다는 것은 잊지 말자.

④ 스테이크의 경우 굽는 정도에 따라 맛이 달라진다. 그러므로 스테이크를 주문할 때는 취향대로 부탁을 한다. 스테이크의 참맛은 붉은 육즙에 있으므로 대개 적게 구울수록 고기의 참맛을 즐길 수 있다.

- 레어(Rare) : 약간 구운 것. 표면만 구워 중간은 붉은 날고기 상태 그대로이다.
- 미디엄 레어(Medium Rare) : 좀 더 구운 것. 중심부가 핑크인 부분과 붉은 부분이 섞여 있는 상태
- 미디엄(Medium) : 중간 정도 구운 것. 중심부가 모두 핑크 빛을 띠는 정도
- 웰던(Welldone) : 완전히 구운 것. 표면이 완전히 구워지고 중심부도 충분히 구워져 갈색을 띤 상태

⑤ 스테이크와 함께 소스가 나온다. 소스도 흰색 음식에는 흰 소스, 갈색음식에는 갈색 소스를 얹는다.이때 묽은 소스는 고기에 직접 뿌려 놓지만 걸쭉한 경우는 한 쪽에 덜어서 사용한다. 뜨거운 소스는 고기의 오른쪽부터 조심해서 뿌리고 찬 소스는 접시 한쪽에 덜어둔다.

(7) 로스트(roast)

① 즉 앙트레 다음에 나오는 것이 로스트인데 지금은 특별한 경우가 아니면 제외된다.

② 재료는 주로 가금류이며 대표적인 것이 거위이다.

③ 먹는 방법은 보통 종아리뼈와 허벅지를 잇는 관절을 나이프로 자른다. 경우에 따라 다리부분에 은박지로 싸여 나와 들고 먹어도 된다. 그렇다고 우리들이 흔히 먹는 입으로 물어뜯는 방법이 아닌 포크와 나이프를 사용하

여 스테이크를 먹는 방법과 같이 한다.

(8) 샐러드(salad)

① 샐러드는 테이블에 세팅될 때 빵과 마찬가지로 왼쪽에 세팅된다.

② 샐러드는 먹기 힘든 것을 제외하고는 대부분 포크로만 먹는다. 자를 때도 포크를 옆으로 세워 자르는 방법을 쓴다. 잘 잘라지지 않을 경우만 나이프를 이용한다.

③ 드레싱이란 '옷을 입힌다'라는 뜻으로 샐러드에 입혀지는 소스라고 보면 된다. 드레싱을 특별히 좋아하지 않는다면 주문 시 미리 요청한다.

④ 종류

- 프렌치드레싱 : 산뜻한 기름과 식초를 이용한 소스
- 사우전드아일랜드 드레싱 : 진한 맛을 낼 때 사용, 가장 일반화되어 있는 소스
- 이탈리언드레싱 : 샐러드기름과 식초, 이탈리아 사람들이 피자에까지 넣는 멸치(엔초비)를 가미한 소스

(9) 후식(dessert)

① 디저트로는 과자나 케이크, 과일 등이 나온다. 서양 요리에서는 설탕을 거의 사용하지 않으며, 전분도 적게 사용하므로 식후의 디저트는 달콤하고 부드러운 것이 일반적이다. 디너의 따뜻한 디저트로는 푸딩, 크림으로 만든 과자나 과일을 이용한 과자, 파이 등이 있고, 차가운 디저트로는 아이스크림과 셔벗이 있다.

② 후식용 과자는 마른 과자를 사용하지 않는다.

유럽식 포도 먹는 법
유럽에서는 포도를 통째로 먹는다. 우리나라 사람들이 껍질을 벗겨내고 씨를 뱉는 것을 이해를 못한다. 이유를 묻는다면 농약 때문?이라고 답을 해야 하나…

③ 수분이 많은 멜론은 왼손으로 껍질을 잡고 오른손의 스푼으로 떠 먹는다. 먹기 좋게 칼질하여 나온 것은 포크를 이용한다. 수박이나 파파야 등도 이와 같은 방식으로 먹는데 씨는 입 속에서 발라내어 스푼을 이용 접시에 놓는 것이 예의이다. 포도는 손으로 먹어도 상관없으나, 딸기는 꼭지가 붙어 있으면 손이나 포크를 이용하여 먹고 꼭지가 없으면 한 알씩 스푼으로 먹도록 한다.

④ 사과/배 먼저 칼로 4등분하고 포크로 과육을 누른 후 씨부분을 먼저 잘라내고 껍질을 벗겨내며 먹는다.

02 식사에 따른 술의 종류

1 식전주(Aperitifs) : '열어놓다'의 뜻이다

① 식사 전 분위기를 익히거나 식욕을 돋우기 위하여 마시는 술이다. 타액과 위액을 분비시켜 식욕을 돋우게 되므로 식사를 맛있게 할 수 있다.

② 종류 셰리(sherry 스페인산 백포도주), 버머스(Vermouth 여러 가지 향료를 넣은 술), 칵테일(맨하탄, 마티니, 스크류드라이버), 샴페인, 맥주 등이 있다.

③ 식전주는 보통 한두 잔 정도가 적당하다.

④ 한 잔 더 청할 때는 처음과 동일한 것으로 정한다.

⑤ 식전의 위스키는 물이나 소다수를 섞어 약하게 마신다.

⑥ 술을 못하는 사람은 일반 소다수를 마셔도 된다.

2 식중주(wine)

와인은 신이 인간에게 준 최고의 선물이라고 플라톤이 말했다.

❶ 와인 구별법

구분	좋은 와인	좋지 않은 와인
색 (Appearance)	• 백포도주 : 침전물이 없고 엷은 초록빛이거나 담황색 • 적포도주 : 색이 투명하고 선홍에 가까울수록 오래 숙성된 고급 와인	색이 탁하거나 갈색(갈색은 산화된 것)
방향 (Aroma, Bouquet)	• 와인의 향은 원료인 포도주에서 나는 과일향과(aroma)와 숙성 중에 자연스럽게 생성되는 부케(bouquet)로 구성 • 품질이 좋고 오랜기간 숙성한 와인일수록 부케가 강함.	곰팡이 냄새, 심한 코르크 냄새 등 불쾌한 냄새
맛 (Taste)	• 와인 고유의 맛(톡 쏘는 맛, 부드러운 맛, 순한 맛)	신맛(와인이 산화되어 변질된 것)

❷ 와인 Tasting

- 웨이터가 잔에 와인을 조금 따른 후 Host는 와인잔의 줄기 부분(STEM)을 잡는다. 남성이 Tasting을 하며 여성에게 Tasting을 권하면 결례이다.
- 색 : 와인잔을 앞뒤로 기울여 와인의 색깔을 본다.
- 향 : 잔을 3~4회 돌린 후 소용돌이칠 때 코를 잔 가까이 대고 향을 확인한다.
- 맛 : 와인을 한 모금 입에 넣어 입 안에서 굴리듯이 돌려가며 맛을 본다.
- 와인 시음은 와인의 변질 여부 확인을 위한 것으로 기호에 맞지 않는다고 주문한 와인을 거절할 수는 없다.

❸ 와인 취음 시 유의점

- 함께 자리한 사람들의 기호를 고려해서 Red, White Wine 또는 샴페인으로 결정한다.

- 여러 병의 와인을 마시게 될 경우에는
  - 흰 포도주는 붉은 포도주에 앞서 마신다(이때 흰 포도주는 도수가 낮은 것으로 한다. 두 번째 마시는 붉은 포도주는 앞서 마신 것보다 양질의 것으로 한다).
  - 같은 종류의 포도주를 마실 때는 숙성기간이 짧은 햇 포도주를 마신 후 숙성기간이 긴 양질의 포도주를 선택한다.
- 와인의 종류가 바뀌거나 추가로 새 술을 마시게 될 때에는 반드시 새 잔으로 마신다.
- 한 번에 많이 들이키지 말고 조금씩 음미하면서 마신다.
- 와인을 받을 때는 잔을 들어 올리지 않고, 사양을 할 때는 와인잔 위에 가볍게 손을 얹어 사양의 표시를 한다.
- 와인을 마시기 전에는 반드시 냅킨으로 입 주위를 닦아낸다.
- 조금씩 여러 번에 걸쳐 맛을 음미하면서 마시며 식사 중에 마시면 좋다.

④ 음식에 맞는 와인의 선택

- 코스별 와인 선택
  - 식전주 : 셰리, 버머스(가볍게 음식의 촉진을 위해 쓴맛, 신맛이 있는 와인으로 소량 마신다)
  - 식중주 : 흔히 말하는 테이블 와인, 식탁용 포도주(Vin De Table)
    a. 생선류(Seafood) : White Wine
    b. 붉은색 고기(Beef, Lamb) : Red Wine
    c. 가금류(Poultry) : 밝은색 계통 소스는 White Wine, 붉은색 계통 소스는 Red Wine
    d. 치즈(Cheese) : Red Wine, White Wine
    e. 후식(Dessert) : 샴페인, White Wine
  - 식후주 : 포르티파이드 와인인 브랜디, 아르마냑, 코냑

> 우리가 알고 있는 샴페인은 탄산가스를 다량 함유한 발포성 와인(화이트, 레드, 핑크 와인은 비발포성 와인임)이며 프랑스 샹파뉴 지방에서 만든 것에만 붙여지는 이름이다. 하지만 일반적으로 발포성 와인을 지칭할 때 샴페인이라고 부른다.
>
> 독일에서는 젝트(sket), 이탈리아에서는 스푸만테(spumante)라고 한다.

와인 선택 시 유의점

- 초청자는 피초청자의 의견을 존중, 상대가 와인에 대한 깊은 이해와 지식을 겸하였을 경우 조언을 구하거나 또는 소믈리에에게 상담을 구하는 것도 좋다.
- 초청자가 와인의 선택을 요청해오는 경우 자기가 원하는 포도주의 종류와 생산지를 간단히 밝히고 초청자나 소믈리에의 선택에 맡기도록 한다. 이때 가격이 지나치게 비싸지 않은 것으로 라는 단서를 달아 주문한다.

  예 부르고뉴의 붉은 와인
- 식사의 시간대나 음식의 종류를 고려하여 선택한다.
- 현지의 로컬 와인을 선택하는 것이 좋으며(하우스 와인도 무난하다) 다른 나라 와인을 선택하는 것은 결례이다.

5 와인 LABEL의 이해

(SAMPLE) 보르도 와인 LABEL

ⓐ 이 포도주가 샤또에서 병입되었다는 것을 의미
ⓑ 샤또나 포도원, 브랜드명을 상징하는 그림이나 로고
ⓒ 와인명 & 생산자명
ⓓ 와인등급 : 1855년 제정된 보르도 메독 지역의 등급표시 Premier Grand Cru는 1등급을 표시한다.
ⓔ 생산지역명
ⓕ 빈티지(생산 연도) : 100% 명시된 해에 수확된 포도로 포도주를 생산해야 한다.
ⓖ 알코올 도수
ⓗ 포도주 용량
ⓘ 원산지 통제 명칭 : 포도가 재배된 지역명, 하지만 지리적 위치, 포도 품종과 블랜딩, 알코올 도수, 생산 재배 기능과 관련한 엄격한 규정을 따랐을 경우에만 표시 가능하다.

⑥ 와인 보관법

레드 와인은 상온(18~22도), 화이트 와인은 차게(8~12도), 샴페인은 가장 차게(4~8도정도) 마신다. 보관은 눕혀서 한다. 이미 개봉한 와인은 일주일 안에 먹도록 하며 레드 와인은 실온에, 화이트와인은 냉장고에 보관한다.

3 식후주(digestif)

❶ 식후주는 소화 촉진주이다. 식후 커피나 홍차를 마신 후 마신다.
❷ 보통 식사한 자리에서 다른 곳으로 이동하여 식후주를 주로 마신다.
❸ 양식 후 식후주는 크게 브랜디와 리큐르로 나뉜다.

(1) 브랜디

❶ 브랜디란 원래 과실주를 증류한 술의 총칭으로 코냑은 프랑스 코냑지방에서 생산되는 브랜디이다.

② 코냑 마시는 방법은 코냑 잔을 먼저 살짝 알코올램프에 데우거나 따뜻한 물로 데워준다. 그럴 경우 향을 충분히 즐길 수 있다.

③ 코냑을 부으면 향이 퍼져 나오는데 잔을 한 손으로 감싼 뒤 가볍게 흔들어 주면서 음미하며 마신다.

④ 손바닥 온기로 잔을 데우면서 색, 향, 맛을 눈과 코, 혀로 음미한다.

(2) 리큐르(liqueur)

리큐르는 원래 '녹는다 또는 액체가 되다'는 뜻이다. 소화촉진의 약효를 지니게 제조되었다. 처음 의료지식이 풍부한 유럽 중세 수도승들이 최근 목피의 다양한 원액을 추출해서 만들었는데 이후 비록 의료기술이 발달되었어도 상류층 여성들을 중심으로 사랑받으면서 대중화 되었다.

베네딕틴(benedictine D.O.M), 샤르트뢰즈(chartreuse), 쿠앵트로(cointreau), 드람부이(drambuie), 크렘드망트(creme de menthe) 등이 있다.

(3) 위스키

위스키의 유래

위스키란 명칭은 게일어인 우스크바하에서 유래된 것으로 '생명의 물'이란 뜻이다. 영국의 헨리2세가 아일랜드를 정복했을 당시 아일랜드 주민이 증류수를 마시는 것을 보고 영국으로 가져왔다는 일화가 있다.

마시는 방법

위스키는 스트레이트로 마시는 것이 일반적이나, 얼음을 띄워 온더락(on the rocks)으로 마시기도 한다.

희석하여 마실 때는 잔을 미리 차갑게 하고 안주를 먹지 않는다면 향을 제대로 느낄 수 있다.

프랑스의 식문화

프랑스의 식문화는 유네스코 세계 문화유산에 등재된 만큼 독특하고 대표적인 문화이다. 프랑스요리는 17세기 루이 14세 통치하의 절대군주제와 중앙집권제라는 정치적인 테두리 안에서 큰 발전을 하게 된다. 17세기는 에티켓과 잘 먹는 것의 중요성이 강조되던 시기였고 궁중 귀부인들과 기사들의 살롱문화가 발달되면서 가식적인 예의범절로 넘쳐났던 시대에 미식가였던 루이 14세와 15세의 시대를 거치며 프랑스 요리는 완성기에 도달한다. 그 시기에 궁중요리는 귀족들만이 누리던 특혜였고, 일반서민들은 빵과 감자로 배를 채우던 시기였다. 그러나 프랑스대혁명으로 귀족사회가 붕괴되고 귀족들이 외국으로 망명하면서 이들의 개인소유였던 요리사들은 거리로 나와 먹고 살기 위하여 레스토랑을 차리기 시작하였다. 혁명은 그동안 귀족의 전유물이었던 위대한 요리를 길거리로 내려오게 하였으며, 서민들 가까이로 다가가게 해 주었다. 1765년 파리 최초의 레스토랑인 '부이용'(Bouillon)을 오픈한 요리사 보빌리에(Beauvilliers)는 그 선구자로 테이블보가 덥힌 작은 테이블에 손님을 앉히고 자신이 만든 요리를 내놓아 커다란 성공을 거두었다. 이후 많은 미식가들과 요리사들이 나타나 프랑스요리사에 기여하였던 19세기를 지나 20세기가 되면서 현대 프랑스요리의 창시자인 오귀스트 에스코피에(Auguist Escoffier)가 등장하면서 그 때까지의 프랑스요리를 체계적으로 정리하고 현재 우리가 레스토랑에서 쓰고 있는 주방 시스템을 창시하고, 부분화되어 있던 레스토랑의 운영을 통합, 조정하여 지금에 이르게 되었다.

영어 문장

ENGLISH SENTENCE

오늘 저녁 6시 30분에 예약을 하고 싶은데요? 가능할까요?

I'd like to reserve a table for two this evening at 6:30 pm.
Are there any tables available?

창가쪽 자리로 주세요. 흡연석인가요?

I prefer a table by the window please.
Is smoking allowed there?

메뉴 좀 볼 수 있을까요?

I'd like to see the menu, please.

물(콜라, 커피 등등)

Excuse me, could I have some water (coke, coffee…)?

스테이크는 어떻게 해드릴까요?/잘 (중간, 약간) 익혀서 주세요.

Waiter How would you like your steak done?
Customer Well-done (Medium, Rare), please.

CHAPTER 11

파티 및 스포츠 매너

오늘의 학습목표

- 파티의 종류에 대해 알 수 있다.
- 파티의 준비부터 마무리까지 실전에 대해 알 수 있다.
- 스포츠 에티켓에 대해 알 수 있다.

에티켓 내용

- 파티 에티켓
- 스포츠 에티켓

미국에서는 독거미에 물려 죽을 확률보다 파티에서 튀어 오르는 샴페인 마개에 맞아 죽을 확률이 더 높다는 우스갯소리가 있을 정도로 파티가 흔하다. 이러한 파티는 우리에게도 이제 익숙해져 주변에서 파티를 위한 모임을 쉽게 볼 수 있다. 이번 장에서는 비즈니스에서도 빠질 수 없는 파티에 대해 알아보겠다.

01 파티 매너

파티가 크건 작건 누구를 초대해서 대접한다는 것은 분명 신경쓰이는 일이다. 작은 생일파티 준비도 누구를 초대하고 어떤 음식을 준비하고 이벤트는 어떤 걸 준비를 할지에 대해 고민을 하는데 하물며 비즈니스상의 파티는 더욱 많은 준비기간과 꼼꼼함을 필요로 한다.

1 파티 종류

(1) 조찬

❶ 조찬시간은 독일은 7시 이전, 영국은 8시경, 미국은 7시 30분경, 프랑스는 8시 전후로 나라마다 다르다.

❷ 음식

- 프랑스식 : 빵과 카페오레, 과일 그리고 바게트가 가볍게 나온다.
- 미국식 : 오렌지주스, 오트밀, 콘플레이크, 햄, 베이컨, 토스트, 커피와 계란이 나온다.
- 영국식 : 미국식에 생선이 추가되고 홍차도 나온다.
- 독일식 : 젬멜이라는 미국식 하드롤과 다양한 소시지 및 계란, 과일 그리고 차까지 나온다.

(2) 오찬(Luncheon)

❶ 대부분 여자끼리 갖는 사모임

주말이나 특별한 일이 있을 때는 남녀가 함께 오찬 모임을 갖기도 한다.

❷ 시간 보통 낮 12~2시 사이로 정한다. 적은 인원일 경우 전화로 초청한다.

❸ 정식오찬에는 늦게 오는 사람이 있더라도 기다리지 않고 바로 식사한다. 따라서 정해진 시간보다 일찍 도착하도록 한다.

❹ 음식 메뉴의 특징은 보통 수프를 내지 않고 생선, 육류, 과일의 세 가지 정도로 간소화한다. 식중주로 와인을 한다.

(3) 애프터눈 파티(일명 Tea Party)

티파티는 일반적으로 가장 친숙하고 준비가 간편한 파티이다. 보통 회의 시, 좌담회, 발표회 등에서 많이 하는 파티이다.

최초의 티파티는 1662년 영국 찰즈 왕자에게 시집 온 포르투갈의 캐서린 공주가 당시 영국에 없었던 차나 설탕을 이용해 귀족들의 사교를 위한 모임을 갖는 데서 시작하였다. 17세기에는 귀족들을 위한 문화였던 홍차가 19세기에는 서민들에게도 알려졌고 모임 자리에서 술을 마시지 않고 차를 마시게 되면서 티파티가 일반적인 영국 가정에도 뿌리를 내리게 되었다.

❶ 시간은 대개 오후이며 식사시간을 피한다. 서양은 4~7시, 한국은 2~4시 전후이다.

❷ 음식 입식 형식으로 커피나 홍차를 겸한 음료와 과일, 샌드위치, 쿠키 등을 곁들여낸다.

❸ 규모가 클 경우 참석 인원이 많기 때문에 폭이 좁고 긴 뷔페 테이블을 선택한다. 음악연주가 있으므로 거실 조명등을 체크한다. 연주 후 연주자들을 배려한다.

❹ 복장 공식적(formal)일 경우 – 애프터 눈 드레스 또는 한 벌의 수트
비공식적(informal)인 경우 – 평상복도 무난

❺ 종류 - 하이티(high tea) 저녁 7시까지 진행되는 정식 파티로 복장을 갖추어야 하고 차와 빵, 고기가 포함된다.
로우티(low tea) : 일찍 끝나고 정식 복장이 아니어도 괜찮다. 빵과 차만 나온다.

(4) 이브닝 파티

정식 이브닝(리셉션) 파티

많은 사람들을 초대하여 즐기는 야간의 대형파티 시간은 대개 9~12시 사이이다.

음식은 뷔페로 준비하고 장소와 인원에 따라 standing인지 sitting인지를 결정한다.

(5) 하우스 파티

우리나라에서 흔히 말하는 '집들이'다.

주말에 집이나 클럽으로 손님을 초대해서 하룻밤이나 며칠밤을 묵으면서 하는 파티를 말한다.

❶ 준비 손님선정과 손님들이 묵을 방을 정리하되, 결코 부부침실은 내주지 않는다. 주최측은 손님과 무엇을 하며 지낼지 계획을 세운다.

❷ 손님은 선물을 준비하고 오래 묵을 경우 손님이더라도 식사를 한 번쯤은 대접한다.

(6) 샤워 파티(shower party)

선물을 소낙비처럼 쏟아 붓는다고 해서 붙여진 이름이다.

① 종류

- 예비신부 축하 파티(bridal shower) : 결혼식을 앞둔 신부에게 신부의 친구들이 선물을 준비하고 축하해주는 파티
- 아기출산 파티(baby shower) : 아기의 출산을 축하하기 위해 선물을 마련해 주는 파티

② 음식은 특별히 정해진 것은 없고 손님의 기호와 파티를 여는 시간에 맞추어 준비하면 된다.

③ 선물은 가급적 주빈에게 손수 건네주고 택배나 우편으로 부치지 않도록 한다.

④ 선물을 받은 주빈은 받은 자리에서 선물을 하나씩 열어보고 감사의 인사를 한다.

(7) 뷔페

① 종류

- Sitting buffet : 테이블에 앉아서 식사함
- Standing buffet : 서서 식사를 함
- Cocktail buffet : 식사보다는 음료와 안주 위주의 간단한 뷔페

② 음식준비

- 인원수에 따라 혼잡하지 않도록 테이블의 방향을 세팅한다.
- 요리는 너무 많지 않게 자신있는 것으로 주요리가 서너 가지 되도록 준비
- 되도록 나이프를 쓰지 않고 포크만으로 먹을 수 있는 음식을 준비한다.

③ 뷔페 에티켓

- 줄을 서서 차례대로 음식을 접시에 조금씩 담는다.
- 빵은 다른 접시에 따로 담으며 찬 음식과 뜨거운 음식도 구분하여 담는다.

- 남성은 옆자리 여성을 위하여 빵을 넉넉히 담아 권하는 것이 예의이다.
- 음식을 남기지 않도록 해야 한다.

(8) 가든 파티

가장 쾌적하고 좋은 날씨를 택하여 정원이나 경치 좋은 야외에서 하는 파티를 말한다. 19세기 후반 영국에서 비롯되었으며 '가든 파티'라는 말은 1869년에 처음으로 생긴 말이다.

1. 시간 늦봄과 초여름께 오후 3~7시경까지 여는 것이 통례
2. 가든 파티는 다른 형식의 옥외 파티와는 달리 평상복이 아니라 정장차림으로 참석해야 할 모임이다.

3. 가든 파티는 보통 오후에 열리므로 관습적으로는 차(Tea)와 함께 싱싱한 레몬이나 오렌지 스쿼시를 음료로 준비한다.
4. 음식은 한 입 크기로 준비하고 맛좋은 품목으로 훌륭한 접시 위에 예쁘게 담아내도록 한다.
5. 식탁이나 의자를 준비하지 않으므로, 파티는 스탠딩 뷔페에 해당되고 식단은 '뷔페'에 준하여 낸다.

매년 5월 24일 버킹엄 궁전에서 열리는 영국 국왕의 생일 파티가 가든 파티 형식이며, 본래는 빅토리아 여왕의 생일에 연 것을, 후에 국왕의 생일에 관계없이 열었다. 한국에서도 정부 주최로 국가적인 경축행사가 있을 때 국내외 귀빈을 초대하여 경복궁 같은 곳에서 연회를 베풀어왔다.

(9) 칵테일 파티

보통 저녁식사 전에 두 시간 정도 개최한다. 들어오고 나가는 것이 자유롭다.

칵테일로 간단히 손님을 접대하는 경우가 있고 만찬회나 무도회에 앞서 열기도 한다.

한 입 크기로 먹을 수 있는 음식을 준비한다. 칵테일 파티이기 때문에 이곳에서 저녁을 해결하겠다는 생각으로 음식을 많이 먹어선 안 된다.

남성들은 정장에 넥타이를 하고 여성들은 칵테일 드레스를 입는다. 칵테일 드레스란 야회복보다는 단순하고 짧은 것이 보통이다.

(10) 바비큐 파티(Barbecue Party)

'바비큐'란 낱말은 옥외용 숯불구이 석쇠를 뜻하지만, '옥외 파티(an outdoor party)'란 의미로 사용될 때는 조리방법에 있어서 꼭 석쇠구이(Grilling)로 한정시킬 필요는 없다. 바비큐는 집안 뜰에 설치해 놓은 영구석쇠들일 수도 있고, 자동적으로 쇠꼬치가 돌아가도록 아주 정교하게 만들어진 휴대형 그릴일 수도 있으며, 캠프파이어(Camp fire) 위에 올려 놓고 구워낼 수도 있는 것이다.

(11) 피크닉 파티

피크닉 파티는 말 그 자체대로 야유회에 가서 하는 파티로 가족 단위, 회사동료, 동기동창 모임 등 다양하게 이루어지고 있다.

통나무에 걸터 앉거나, 땅바닥에 밝은 체크무늬 담요를 깔고 앉은 손님들에게 바구니에 담아온 음식들을 서브한다. 얇게 썰어야 될 조류나 육류의 로스트 여러 덩이와 파이류, 무스류, 젤리와 그리고 과일류가 찬 음식으로서 서브하기에 적당하나, 더운 날씨에 부득이 피크닉을 행할 때는 음식을 좀 신선하게 해서 서브하여야 한다.

아이스박스에 음식을 몇 시간 정도는 차게 유지할 수 있어야 한다.

one-year-old cake?

결혼1주년 기념파티 때 미국인들은 1년 전에 만든 케이크를 먹는다? 실제로 많은 사람들은 이렇게 한다. 결혼식 당일의 케이크 중 일단을 냉동실에 보관하여 1년 후 결혼기념일에 그것을 꺼내 결혼 1주년을 자축한다. 1년 전 케이크라 과연 먹을 수 있을까 싶지만 그 케이크를 먹고 탈이 났다는 이야기는 들어보지를 못했다. 결혼 후 만만치 않은 결혼생활에서 1년 전의 결혼식을 떠올리며 케이크를 먹는다는 것은 서로의 사랑을 확인한다는 의미에서 괜찮은 전통인 것 같다.

(12) 기타 다양한 종류의 파티

❶ Holloween Party

할로윈(10월 31일) 영혼들이 세상에 내려온다는 날로, 아이들은 귀신이나 마녀 복장을 하고 이집 저집에 사탕을 얻으러 다닌다. 저녁에는 가까운 사람들끼리 모여 호박의 속을 파고 안에 불을 넣어서 만든 잭오랜턴(jack-o'-lantern)을 켜고 파티를 한다.

❷ Potluck Party

참석자 각자가 음식을 분담해 와 나누어 먹는 파티로 특정 개인에게 장소 제공 이외의 큰 부담을 주지 않는다는 점에서 미국 대학생들이나 유학생들 사이에서 많이 행해진다. 과거에는 음식은 귀하고 돈은 부족한 경제적 사정 때문에 한 집에서 많은 사람의 음식을 준비하는 것이 부담스러워 이러한 파티가 시작이 되었지만 요즘은 경제적 이유보다는 편의를 위해 음식을 각자 준비해오고 게다가 맛있는 음식을 풍성하게 먹을 수 있어 주최측이나 손님이나 서로에게 만족스러운 파티가 된다.

❸ Home-coming Party

멀리 떠나 있던 사람이 고향, 집 또는 모교를 방문했을 때 여는 파티

❹ Pajama Party

어린이나 십대 청소년, 특히 여학생들이 주로 여는 파티로, 한 친구 집에 모여 잠옷 바람으로 밤새 수다 떨며 놀기도 하고 잠을 자기도 한다고 해서 붙여진 이름이다.

2 파티 실전

(1) 파티 준비

❶ 파티의 종류 결정 우선 파티를 주최하는 목적에 따라 결정할 수 있다. 그리고 참석자의 지위 및 기호 그리고 손님의 범위, 예산, 장소, 시간 등을 고려하여 적절한 파티의 종류를 결정한다.

❷ 시간과 장소 선정 파티 성격에 맞게 시간을 선정하되, 공휴일과 일요일 등은 가급적 피하고 장소는 많은 사람들이 접근하기 쉽고 찾기 쉬운 곳으로 선정을 한다.

❸ 참가자의 결정 주빈(guest of honor)을 중심으로 파티의 취지에 맞는 초청대상과 인원수를 결정한다. 외국인이 많을 경우 언어소통의 문제도 고려한다.

❹ 메뉴의 결정 메뉴 선택은 중요한 문제이기 때문에 미리 시식을 해서 확정을 한다. 특히, 외국인이 참석을 한다면 특정 종교를 믿는 사람들이 있는지를 파악한다.

- 회교 : 돼지고기 또는 돼지고기로 만든 가공식품인 햄, 소시지, 베이컨 같은 음식은 피한다. 그리고 술도 메뉴에 포함시키지 않는다.
- 힌두교 : 쇠고기, 돼지고기 등을 피하며 이들은 양고기를 선호하고 일반적으로 채식주의자들이 많다.
- 불교 : 고기보다는 생선이나 채소를 준비한다.
- 유대교 : 정통 유대인들은 채식주의자들이 많다.

❺ 초대장과 회신

- 발신인은 반드시 손으로 적는다.
  R.S.V.P은 Répondez s'il vous plaît의 약자로 'Please Reply', '회답을 바랍니다'의 뜻으로 반드시 참석 여부를 알려달라는 의미이다.
- Regret only는 불참일 경우만 알려달라는 뜻이며, 회신을 하지 않을 경우

> **Tip**
> - Dark suit : 짙은 정장
> - White tie : 연미복 차림
> - Evening dress : 정장형의 긴 드레스
> - Traditional costume : 전통 복장(한복)

참가하는 것으로 간주한다.

- 정찬의 초대장일 경우 복장에 대해 표기해 놓는 것이 일반적이다.

초대장 발송 : 보통 2~4주 전에 발송한다.

다음은 이러한 초대장에 있을 수 있는 몇 가지 파티 용어이다.

- B.Y.O.B 이는 Bring Your Own booze(또는 bottle)의 약자로 자기가 마실 음료를 가져오라는 말이다. 각자 맥주나 와인 등을 자기가 마실 양보다 조금 많이 가져가고 안주류는 주최측에서 마련하는 것이 일반적이다.
- Cash Bar 보통 음식점에서 열리는 파티의 경우 주최측에서 음식을 내는 경우가 많지만 술의 경우 단가가 높고 개개인에 따라서 기호가 매우 다르기 때문에 보통은 본인이 직접 지불하는 형식이 많이 있다. Open bar, 즉 자유롭게 제공되는 술을 마시고 주최측에서 이를 지불하는 것과는 다르게 cash bar의 경우 본인이 마시는 술은 본인이 직접 지불하라는 뜻이다.
- Pitch-in party 혹시나 파티에 초대를 받았는데 초대장에 Pitch in party라는 문구가 있다면 이는 비용을 참여하는 사람들이 같이 내게 될 것이라는 뜻이다.

(2) 파티 진행

① 손님의 도착 및 맞이

- 지정된 시간보다 너무 일찍 들어가는 것도 실례이다. 되도록 정시에 도착한다. 늦게 오더라도 30분을 넘기지 않도록 한다.
- 만찬이나 대규모 파티일 경우 대부분의 손님이 올 때까지 홀 밖의 리셉션 장소에서 간단한 칵테일을 즐기며 마신다.
- 영접선(receiving line)이 있을 때
  - 대규모 파티에서는 주최측이 손님을 맞이하기 위해 문 입구의 오른쪽에 서 있는데 이것을 영접선이라고 한다.
  - 파티장에 도착한 손님은 영접선 앞쪽에 있는 안내자에게 자신의 공식

관직명 또는 소속과 지위를 말한다(규모가 클 경우에는 주최자가 손님을 모두 알 수 없기 때문에 안내인이 손님이 오면 묻고 이를 주최자에게 알려준다).

- 영접선에서는 간단한 인사만 나누고 친한 사이라도 긴 대화는 피한다.
- 부부가 함께 참석했을 경우 공식적이라면 남자가 여자보다 앞서 들어간다. 단, 여자로 인해 초청이 이루어졌다면 당연히 여자가 먼저 들어간다.

영접선이 없을 때

초대 손님이 60명 미만일 때 영접선은 필요 없다. 안내인이 손님이 오면 이름을 묻고 만찬회장으로 안내하고 이때 안내인은 주최자에게 낮은 목소리로 손님의 이름을 알려준다.

주최자의 부인은 영접이 끝난 후 서로 모르는 손님을 소개한다. 파티의 진행을 살피며 돕는다.

② 파티에서의 대화

- 아는 사람이 없더라도 사교적으로 되도록 많은 사람에게 자기소개를 하고 어울리는 것이 좋다.
- 대화 시 적절한 화제를 찾아 논쟁의 여지를 없애고 부드럽게 대화를 이끌어 나간다.
- 말하기와 듣기의 비중을 적절히 하고 상대방이 지루해 한다고 느낄 때는 화제를 바꾼다.

(3) 파티 마무리

① 주최자에게 감사의 뜻을 전하고, 주최자는 참여해준 데에 대해 감사의 뜻을 전한다.

② 파티에 다녀온 후에는 48시간 이내에 주최측에 감사의 편지를 쓰고 홈 파티일 경우 참가자의 부인이 주최자의 부인에게 전화로 감사의 뜻을 전한다. 파티 종류에 따라 주최측이 참석자들에게 참여해준 데 대한 감사의 뜻을 전할 수도 있다.

02 스포츠 매너

1 골프

비즈니스맨들에게 가장 사랑받는 스포츠 중의 하나가 골프이다. 골프는 특히 운동 이외의 사교를 목적으로 비즈니스를 하는 사람들이 배워야 할 필수 덕목으로까지 여겨지고 있다. 이러한 이유 때문인지 종종 '골프 접대, 로비'라는 부적절한 용어로 언론에 비춰지곤 하지만 분명 골프는 귀족스포츠에서 대중적인 스포츠로 변화하였고 그만큼 골프를 즐기는 사람들의 증가로 많이 실용화되기도 하였다.

골프의 유래

골프는 다른 스포츠와 달리 그 기원에 대해 명확하지 않다. 미국골프협회(United States Golf Association, USGA)는 로마시대 시저 황제(BC100~44) 때 로마인들이 파가니카라는 경기를 했다는 기록이 바로 골프의 기원이라고 주장하고 있고 또 다른 사람들은 프랑스의 죄 드 마이(jeu de mail)나 네덜란드의 콜벤(kolven)이라는 경기가 골프로 발전됐다고 주장하기도 한다. 파가니카는 경기 규칙이 알려져 있지 않지만 병사들이 야영지에서 휴식 시간에 한 쪽 끝이 구부러진 스틱과 새털로 속을 채운 공을 치며 즐기는 경기였다. 로마인은 기원전 1세기 무렵에 전 유럽을 정복하고 영국 해협을 건너가 잉글랜드와 스코틀랜드를 점령한 후 4세기까지 머물러 있었다. 이때 원주민에게 이 경기가 전파됐다고 한다. 이것이 골프의 전신이었다고 여겨진다. 이와 유사한 경기가 네덜란드, 벨기에, 프랑스 등지에도 있었다.

이러한 주장의 사실 여부와 무관하게 한 가지 분명한 것은 골프를 탄생시킨 개척자는 바로 스코틀랜드 사람들이다. 1457년 스코틀랜드의 왕 제임스 2세는 '골프가 너무 유행하여, 영국과의 전쟁에서 국가방위에 필요한 궁술연습에 심각한 방해가 되므로 12세 이상 50세까지의 국민들에게 골프를 금지한다'는 금지령에 대한 기록은 골프가 상당히 오래전부터 대중들로부터 사랑받아온 스포츠임을 알게 해준다.

그 사람에 대해 진실로 알기 위해서는 화투와 골프를 해보라 라는 얘기가 있다. 골프가 제대로 안 되면 얼굴이 붉으락푸르락 해지는 사람들, 골프 공이 엉뚱한 데로 튀고 잘 안풀리면 심지어는 골프채를 집어 던지는 사람도 있는데 골프가 대중화된 만큼 골프 매너도 알아야 한다.

(1) 경기에 초청하기

① 한국식으로 골프에 초청한다고 했을 때 많은 외국인들은 누가 비용을 지불할 것인지에 대해 궁금해 한다. 초청 시 상대방의 골프비용과 부수비용 모두를 지불한다는 뜻을 확실하게 전해야 한다.

② 예약과 예약 재확인은 필수이다. 특히 경기가 있는 날짜와 티타임(Tee Time), 골프장을 재확인한다. 예약만 하고 재확인도, 취소도 하지 않는 골퍼들이 있어 미리 신용카드의 번호를 접수하여 취소료를 징수하기도 한다.

③ 주말 골프 예약을 하고 예약 당일 나타나지 않은 사람(No-show)을 영어로 스윈들러(swindler)라고 한다. 이보다는 낫지만 당일 한 시간 전에 취소하는 얌체골퍼들을 a shameless golfer라고 하고 또한 수시로 예약 변경하는 사람을 칠면조(turkey)라고 한다. 칠면조는 하루에도 목 색깔이 7번이나 바뀌기 때문이다. 예약을 할 때는 신중히 하고 부득이한 사정으로 취소 시에는 미리 취소한다는 뜻을 알려야 한다.

(2) 경기 중 에티켓

① 티잉 그라운드(Teeing ground) 처음 플레이를 하는 출발 지점

- 다른 사람이 시작할 때는 조용히 지켜본다.
- 티잉 그라운드에서는 플레이어들이 계속 치기 때문에 시끄러울 수 있겠지만 어드레스(adress)에 들어가면 자신이 속해 있는 그룹뿐만 아니라 다른 그룹의 사람이 칠 때도 조용히 해야 한다.

Tip
캐디가 치라고 할 때 공을 친다. 앞의 그룹에 대해 세심한 배려가 필요하다.

- 위험하고 치는 사람에게도 방해가 되므로 칠 사람 이외에는 티잉 그라운드에 들어가질 않는다.
- 칠 사람 이외의 사람이 스윙하지 않도록 한다.
- 앞 그룹 쪽으로 공을 치지 않도록 주의한다.
- 자신의 볼에 표시를 해두어 확인할 수 있도록 한다.

❷ 스루 더 그린(trough the green) 현재 플레이를 하고 있는 티잉 그라운드와 그린, 코스 내 모든 해저드를 제외한 구역을 말한다.

- 친 공이 예상치 않은 방향으로 날아가 다른 그룹이 있을 만한 곳에 떨어질 것 같으면 'Fore(앞)'라고 외치고 반대로 플레이 도중 이런 소리를 들으면 플레이를 중단하고 기다린다.
- 디봇(Divot-아이언으로 공을 쳤을 때 잔디가 손상될 수 있는 자국을 말함)은 친 사람이 원래 상태로 해 놓는 것이 에티켓이다.

❸ 해저드 벙커(움푹 들어가 모래가 있는 곳)와 워터 해저드, 래터럴 워터 해저드가 있다. 볼의 일부가 해저드와 접촉되어 있다면 해저드에 있는 상태이다. 그러나 그래스 벙커(모래 대신 긴 풀로 덮인 움푹 파인 곳)는 스루 더 그린이 된다.

- 벙커에는 공에서 가까운 곳부터 들어가서 치고, 치고 난 후에는 친 자국이나 발자국을 벙커 고무래로 정리하고 나와야 한다.

❹ 퍼팅 그린(putting green) 현재 플레이하고 있는 그린

- 강한 샷으로 공이 그린 위에 떨어지면 처음에는 떨어진 자리가 상당히 망가질 우려가 있으므로 그때까지는 가지고 간 그린 포크로 복구해 놓는다.
- 원구선타의 원칙을 지킨다.

  자신이 공을 치거나 치기 위해 준비를 하고 있을 때 다른 사람의 라인* 을 밟아서는 안 된다.

  * 컵을 향해 공을 쳤을 때 공이 지나가리라고 예측되는 궤도

- 치는 사람에게 방해되지 않도록 주의한다. 퍼팅은 특히 집중력이 요구되는 샷이므로 소음 및 행동과 기다리는 위치에 주의한다.

Tip

관전매너 : 골프에서는 관람객을 갤러리라고 부른다. 골프는 특히 예민한 운동이므로 선수의 신경을 건드리지 않도록 한다.

(3) 경기 외 에티켓

1. 프랑스에서는 라이선스가 있어야 골프장 입장이 가능할 정도로 골프 규칙과 에티켓에 대해 알고 임해야 한다.
2. 골프장의 정보를 사전 입수하여 골프장 출입 시 복장 등에 실수하지 않도록 한다.
3. 스코어보드 등에 기재되어 있는 골프장 규칙과 로컬룰을 따른다.
4. 홀 아웃(Hall out) 후 옷과 신발을 갈아 신는다.
5. 샤워할 수 없을 경우 얼굴과 손을 깨끗이 닦고 식사하는 것이 원칙이다.

- 핸디(Handi) '핸디캡(Handicap)'을 간단하게 '핸디'라고 표현하는 경우가 있는데 이는 잘못 쓰여지는 것이며 반드시 '핸디캡'이라고 해야 한다.
- 양파 '양파'라는 용어는 규정타인 파의 두 배의 타수를 기록했을 때 쓰는 말로 이 경우에는 '더블파(double par)'라고 해야 올바른 표현이다. 하지만 필드에서 더블파를 할 경우에 기분은 정말 생양파를 먹는 기분이 들 것이다.
- 오너(owner) 전 홀에 제일 잘 친 사람 또는 처음 티샷을 친 사람을 임자나 주인으로 의역한 나머지 종종 '오너'라는 표현을 쓰는 경우가 있는데 이는 잘못된 표현이며 '아너(honor)'라는 표현을 사용해야 올바르다.
- 몰간 첫 홀에서의 첫 티샷을 실수를 했을 때 '한번 더' 기회를 제공하는 것인데 이는 몰간이 아닌 '멀리건(Mulligan)'이 맞는 표현이다.
- 숏홀, 미들홀, 롱홀 '숏홀', '미들홀', '롱홀'은 '파3홀', '파4홀', '파5홀'을 의미한다. 언뜻 보아선 별 무리 없는 표현같지만 사실 이런 말들은 미국이나 영국에서는 쓰여지지 않는 표현이다. '파3홀', '파4홀', '파5홀'이라고 하는 것이 옳은 표현이다.
- 덴뿌라 높이 뜬 볼을 '덴뿌라'라고 표현하는 경우가 있는데 '스카잉'이 맞는 말이다.
- 라운딩(Rounding) '라운딩(rounding)하다'는 한국사람들의 전형적인 콩글리시이다. '라운드(round)하다'라고 해야 옳은 표현이다.
- 티오프(tee off) '티업(tee up)'이란 말은 티에 볼을 올리는 동작을 뜻하는 것이고, '티오프(tee off)'는 티샷을 치고 출발하는 행위를 말하는 것이다.
- 티그린(tee green) 각 홀의 첫 번째 샷을 하는 장소로 '티잉 그라운드(Teeing ground)'가 옳은 표현이다.

- 쪼루　티샷 시 볼의 윗 부분을 때려 볼이 뜨지 않고 땅을 굴러가는 것을 의미하는 말로 '토핑(topping)'이 옳은 표현이다.
- 언더리　골프장의 수리 지역임을 나타내는 하얀 표지판을 일컬을 때 줄여서 언더리라고 하지만, 정확한 표현은 '언더 리페어(Under Repair)'이다.
- 빠따　퍼터(putter)를 일컫는 말이지만, 많은 국내 골퍼들이 이렇게 부른다.
- 빵카　퍼터와 마찬가지로 벙커(Bunker)를 지칭하는 말이다.
- 볼　앞 조 또는 전방에 있는 사람들을 향해 자기가 친 공이 날아갈 때 주의를 주기 위해 급박하게 외치는 말. 하지만 볼(Ball)이 아니고 포어(Fore!)가 맞다. 이는 만국 공통의 위험을 알리는 신호이므로 사고를 방지할 수 있다.
- 홀컵(Hole Cup)　은연중에 많이 사용하는 말인데 홀과 컵 둘 다 구멍을 지칭한다. 홀이면 홀, 컵이면 컵이라 해야 옳다.

2 테니스

(1) 테니스 유래

테니스는 15~16세기경 프랑스의 궁정과 상류사회의 귀족들에게 유행했던 '라뽐므(LăPaum)'라는 게임에서 유래했다. '뽐므'는 불어로 천이나 가죽을 뭉쳐 만든 공 모양의 기구를 맨손으로 치는 놀이였다. 그후 20세기에 와서 현재와 같은 라켓을 사용하면서 명칭도 테니스로 바뀌게 되었다.

(2) 테니스 에티켓

1. 테니스복과 슈즈 등 단정한 복장을 갖춘다.
2. 윗사람과 시합할 때는 반드시 먼저 나간다.
3. 시합이나 연습 전후에는 항상 인사로써 예의를 갖춘다.
4. 심판의 판정에 화를 내거나 항의하지 않는다.
5. 심판의 콜이 없는 한 게임을 계속한다. 심판의 콜이 나오기 전에 '아웃' 또

는 '폴트(fault)'라고 생각되어도 공을 잡지 않는다.

⑥ 자기 감정을 노골적으로 표현하지 않는다.

⑦ 시합의 승패에 관해 자신이 책임진다.

(3) 관전매너

① 시합 중 선수에게 소리를 내어 방해를 해서는 안 된다.

② 시합 중 공이 움직일 때는 관중은 절대 움직일 수 없으며, 엔드체인지를 할 때 빨리 이동한다.

3 스포츠센터에서의 에티켓 - 이런 행동은 하지 맙시다

(1) 헬스클럽

① 운동화를 신지 않고 운동하는 것

② 실외운동화를 신고 바닥을 더럽히는 것

③ 운동기구 사용 후 땀을 닦지 않아 다음 이용자에게 불쾌감을 주는 것

④ 타월을 여러 장 사용하는 것

⑤ 자기만을 생각하고 장시간 러닝머신을 사용하는 것

⑥ 기구 앞에서 시끄럽게 떠들고 장난치는 것

⑦ 운동 시 땀을 닦지 않거나 상의를 이용해서 땀을 닦는 것

(2) 볼링장

① 투구 후 어프로치에서 내려오지 않고 여러 사람이 함께 올라가는 것

② 옆 라인 사람이 먼저 투구할 준비를 하고 있는데 투구하는 것

③ 주변사람을 의식하지 않고 소리 질러 응원하는 것

(3) 수영장

❶ 메이크업을 지우지 않고 풀에 들어오는 것

❷ 의료용 밴드를 붙이고 수영하는 것

❸ 액세서리를 착용하고 수영하는 것

❹ 지나치게 노출이 심한 수영복을 입는 것

ENGLISH SENTENCE

파티 초대 시

A 고마워. 오늘 밤 축하파티가 있는데 와 줄 거야?

B 정말 가고 싶은데 안 될 것 같아. 미안해

A We're going to celebrate tonight. Would you be my guest?
B I'd love to go, but I can't make it. Sorry.

파티에 불참했을 때

A 늦었지만 생일 축하해. 파티에 못 가서 미안해.

B 괜찮아.

A Happy belated birthday! Sorry I missed your party.
B No problem.

파티 참여 후 선물을 건넬 때

A 너에게 줄 게 있어. 그냥 약소한 건데 다들 조금씩 모아서 산거야.

B 다들 정말 고마워.

A Here's something for you. It's just a small thing. We all chipped in.
B My thanks to all of you.

테니스 관람 시

A 난 열혈 테니스팬이야.

B 경기가 막상막하네.

A I'm a huge fan of tennis.
B The game is neck and neck.

CHAPTER 12

각 나라 에티켓-1

오늘의 학습목표

- 영국의 문화와 에티켓에 대해 알 수 있다.
- 독일의 문화와 에티켓에 대해 알 수 있다.
- 일본의 문화와 에티켓에 대해 알 수 있다.

에티켓 내용

- 국가별 비즈니스 관행에 따른 에티켓

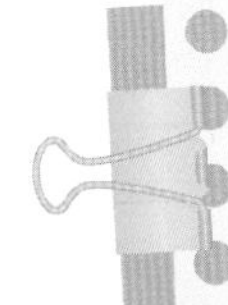

나는 당신의 충실한 종입니다?? = 옷을 벗는다?? = servus??

영국 신사들은 반가운 사람을 만나면 악수를 나누기도 하지만 모자를 착용했을 때는 모자챙에 손을 대면서 인사를 대신합니다. 좀 더 정중하게는 모자를 벗기도 합니다. 이러한 전통은 중세시대 이전부터 내려온 인사법인데요. 중세시대 이전에는 하인은 주인에 대한 복종과 존경의 의미로 겉옷을 벗었습니다. 옷을 벗는다는 것은 곧 '나는 당신의 충실한 종입니다'라는 뜻이기 때문입니다. 인사할 때 모자에 손을 갖다 대는 것도 '옷을 벗는다'는 현대적 의미로 받아들여지고 있고 지금의 인사법이 되었습니다. 또한 독일 바이에른 지방이나 오스트리아에서는 만나고 헤어질 때 'servus(제어부스)'라고 인사를 하는데요. 이 뜻 또한 '나는 당신의 충실한 종입니다'라는 뜻의 라틴어입니다. 라틴어원은 '바로 service'입니다. 따라서 서비스란 단순하고 형식적인 봉사가 아니라 하인이 주인을 모시듯 충성스러운 마음이 기본이 되는 것이죠.

이번 장에는 여러 나라 에티켓 중 영국, 독일, 일본의 에티켓에 대해 살펴보자.

01 영국

1 비즈니스 관행

(1) 상담

❶ 기업 내에서의 직함은

- the managing director(CEO, 최고책임자에 해당)

- the deputy(부사장에 해당)
- the divisional officers(부장)
- the deputy directors(부장대리)
- the managers(과장)

② 첫 대면 때는 비서의 소개를 받지만, 그렇지 못할 경우에는 방문자가 자기 소개를 한다.

③ 영국인과 일을 할 때는 제3자의 중개를 받는 것이 가장 빠르다.

④ 회의가 끝나면 상대방에게 상세한 자료를 넘겨줘야 한다.

⑤ 원활하게 연락이 되지 않을 때는 개인, 부서보다는 회사 앞으로 우편을 발송하는 것이 훨씬 일의 진행이 순조롭게 된다.

⑥ 일반적으로 영국인은 장기적인 결과보다는 단기적 결과에 관심이 있다.

⑦ 변화를 반드시 좋은 것이라고 생각하지 않는다.

⑧ 영국인은 과장된 표현을 하지 않고 쉽게 흥분하는 등의 자신의 감정을 잘 노출시키지 않기 때문에 차분한 태도로 상담에 임한다.

⑨ 무리한 세일즈는 하지 않는 것이 나으며, 상품이나 계획에 대해서도 무리한 요구를 하지는 않는다.

⑩ 가식 없이 단도직입적으로 말을 하기 때문에 기분 상할 필요는 없다.

⑪ 영국은 연장자를 존중하기 때문에 나이가 많은 사람이 상담에 참여하면 좋다.

⑫ 명함 교환이 반드시 필요하지는 않지만 이름이 특이한 경우는 건네는 것이 낫다.

⑬ 영국인은 스스로 '유럽인'의 일원이라고 생각하지 않기 때문에 유럽연합에 대해 말할 때는 주의한다. 대체로 동물에 관한 이야기를 좋아하고 개인적인 질문은 삼간다.

⑭ 영국인은 사소한 실수에도 즉각 사과한다.

(2) 접대

❶ 상대방과 친해진 다음에 접대를 한다.
❷ 자신의 경력과 비슷한 사람을 포함시켜 초대하는 것이 바람직하다.
❸ 식사 후의 사교모임에서는 영국인이 먼저 꺼내지 않는 한 업무에 관한 이야기는 하지 않는다.
❹ 자신이 초대를 받았을 경우는 호스트가 먼저 일어나라는 소리를 할 수 없기 때문에 자신이 먼저 일어나겠다는 말을 한다.
❺ 식탁에서 음식을 돌릴 때는 왼편부터 돌린다.
❻ 밖에서 식사를 할 때 옆 테이블의 음식이 무엇이냐고 묻는 것은 실례이다.
❼ 식사 중에는 깎듯이 매너를 지킨다.
❽ 여성의 경우 채식주의자가 많다. 여성과 식사 시 유의한다.

(3) 인사와 호칭

❶ 인사는 악수로 한다. 하지만 사교적인 자리에서 반드시 악수를 해야 하는 것은 아니다. 상황을 보고 한다.
❷ 상대방의 경칭을 확인한다. 상대의 직함이 있다면 sir보다는 직함을 부른다. “yes, sir”가 아니라 “yes, minister”

(4) 제스처

❶ 주머니에 손을 넣은 채 이야기하지 않는다.
❷ 상대의 눈을 보지 않고 이야기를 나누는 영국인도 많은 편이다.
❸ 남 앞에서 다른 사람의 등을 두드린다거나 어깨에 팔을 두르는 것만으로도 불쾌해 할 수 있으므로 몸을 건드리지 않는 것이 좋다.
❹ 대화 시 거리를 상당히 멀리 둔다.
❺ 말을 할 때 과장된 몸짓은 자제한다.
❻ 대중교통 이용 시 남성이 여성에게 자리양보를 한다.

(5) 선물

1. 비즈니스 시 선물 교환은 하지 않는다.
2. 선물보다는 식사나 연극 등에 초대를 하는 것이 바람직하다.
3. 가정에 초대받았을 때는 샴페인이나 초콜릿 등을 가지고 가는 것이 좋다.

2 한국과의 비교

(1) 시간관념

철저하다. 5…4…3…2…1…0…1…2…3…4…5 느긋하다.

영국(3), 한국(1)

시간은 항상 정확히 지킬 것. 적어도 방문하기 2~3일 전에 연락을 취하도록 하며 영국에 도착한 뒤에는 곧 약속확인을 할 것

근무시간은 월~금요일 오전 9시~오후 5시이다.

(2) 친밀감의 표현

친밀하지 않다. 5…4…3…2…1…0…1…2…3…4…5 친밀하다.

영국(1), 한국(1)

영국인은 심할 정도로 개인주의적이고 자기 본위이다. 타인에게 피해를 주지 않고 피해받지도 않으려 한다.

(3) 비관적·낙관적 사고

비관적이다. 5…4…3…2…1…0…1…2…3…4…5 낙관적이다.

한국(1), 영국(1)

(4) 협력/독자성

협력적이다. 5…4…3…2…1…0…1…2…3…4…5 독자적이다.

한국(3), 영국(3)

(5) 업무성향

질을 중시한다. 5···4···3···2···1···0···1···2···3···4···5 업적을 중시한다.

영국 한국

(6) 감정표현

표현을 한다. 5···4···3···2···1···0···1···2···3···4···5 표현하지 않는다.

영국 한국

(7) 업무태도

진지하다. 5···4···3···2···1···0···1···2···3···4···5 즐긴다.

영국 한국

(8) 자제력

자제력이 있다. 5···4···3···2···1···0···1···2···3···4···5 충동적이다.

영국 한국

자제력을 잃고 감정표출하는 것을 신사답지 못하다고 생각하고 그러한 사람은 심지어 따돌림을 받는다. 문제가 생겨도 차분하게 응대해야 한다.

2 독일

일반적으로 영국인과 비슷하게 정보에 폐쇄적이며 부서 간 정보가 전해지지 않는 경우도 있다. 옳고 그름의 판단에서 직감보다는 객관적 사실에 근거한다. 일단 결정된 일은 번복하지 않고 개인의 프라이버시를 중요시한다.

1 비즈니스 관행

(1) 약속

① 영어는 널리 쓰이지만 사람에 따라 상담을 독일어로 하고 싶어하는 사람이 있을 수 있기 때문에 미리 통역을 준비한다.

② 약속은 2~3일 전에 하면 늦다. 2주 전에 미리하고 우편은 적어도 한달 전에 발송해야한다. 비즈니스 레터는 영문으로 작성한다.

③ 오후 5시 이후의 약속은 잡지 않는다. 7, 8, 12월은 장기휴가를 가는 사람이 많기 때문에 약속을 잡을 때 주의한다.

④ 근무시간은 월~금 오전 8시(또는 9시)~오후 4시(또는 5시)

⑤ 상점의 영업시간도 비슷하며, 토요일은 오후 2시까지이다.

⑥ 친밀한 관계를 맺는 데 오랜 시간이 걸리며, 일단 마음이 통하면 깊은 관계를 맺을 수 있다.

(2) 상담

① 독일의 의사결정은 미국보다 늦다. 독일인은 시간을 들이면 들일수록 더 좋은 성과를 낼 수 있다는 신념이 있어서 모든 단계의 계획부터 꼼꼼하게 체크한다.

② 명함을 교환하려는 사람이 많기 때문에 넉넉히 준비한다.

③ 독일에서는 학력이 존중되기 때문에 학사 이상은 명함에 적어놓도록 한다.

④ 독일인에게 웃는 얼굴은 사적인 애정표현이 될 수 있다. 따라서 업무 중에는 거의 웃는 얼굴을 보이지 않아야 한다.

⑤ 비즈니스 시 농담은 삼가고 진지한 태도로 임한다.

⑥ 상대를 칭찬하는 것에 익숙치 않기 때문에 칭찬을 받았을 경우 당황한다. 아무말 없으면 다 잘되어가고 있는 것으로 생각하면 된다.

⑦ 문제가 생겼을 경우 구두보다 서면으로 작성해서 설명한다.

⑧ 대화 시 거리는 멀다고 의자를 당겨 앞으로 다가가지 않는다.
⑨ 사무실이든 집이든 노크를 꼭 하며 들어오라는 대답이 있을 때까지 기다린다.
⑩ 매우 솔직하기 때문에 내가 속한 나라의 정치에 대해 부정적으로 이야기하는 경우도 있다.
⑪ 스포츠나 맥주를 화제로 삼는다.

(3) 접대

① 조찬모임은 일반적이지 않고 점심모임은 흔하다.
② 점심모임 시 업무에 관한 이야기는 식사 전후에 하고 식사 중에는 가급적 하지 않도록 한다.
③ 독일인은 집으로 업무 관계된 사람을 초대하는 경우가 드물다. 초대를 받았다면 명예로운 일이다.
④ 담배를 피울 때는 상대에게 먼저 권한다.

(4) 인사와 호칭

① 첫만남 시 악수는 짧고 힘 있게 한다.
② 격식을 차린 자리에서 나이든 남성이 드물게 여성의 손에 키스하는 경우가 있다. 외국인은 따라하지 말 것
③ 대부분의 지방에서는 여성이 방에 들어올 경우 남성은 일어서서 맞이한다. 여성은 일어나지 않아도 된다.
④ 독일인과 아무리 친하더라도 퍼스트네임으로 부르지 않도록 한다.

(5) 제스처

① 다른 사람 앞에서는 예의바르고 조심스럽게 행동하는 경우가 많다. 길에서 큰소리로 웃거나 서로 포옹하거나 하는 사람은 많지 않다.

② 남의 눈에 띄고 싶어하지 않는 성향 때문에 멀리서 보더라도 큰소리로 부르거나 손을 흔들지는 않는다.
③ 누군가의 주의를 끌고 싶을 때는 손을 들어올리고 엄지손가락을 하나 세운다.
④ 실내에 들어갈 때는 연장자나 지위가 높은 사람이 먼저 들어가고 나이나 지위가 동일한 남녀인 경우는 남성이 앞에 선다.
⑤ 남녀가 길을 걸을 때 남성이 차도 쪽으로 걷는다.
⑥ 이야기할 때 주머니에 손을 넣거나 껌을 씹지 않는다.
⑦ 오페라 등을 감상할 때 의자를 고쳐 앉는 것도 부담스러울 정도로 조용히 감상한다.

예의바르고 규칙을 잘 지키긴 하지만 운전할 때는 난폭해진다. 길을 걷거나 횡단보도 통행 시 주의한다.

(6) 선물

① 비즈니스로 값비싼 선물은 자제한다.
② 고급펜, 전자계산기, 주류 등
③ 가정에 초대받았을 경우에는 꽃을 가지고 가고 포장을 너무 화려하게 하지 않도록 한다.

2 한국과의 비교

(1) 시간관념

철저하다. ⑤…④…③…②…①…⓪…①…②…③…④…⑤ 느긋하다.
독일(5) 한국(1)

독일인은 공사를 막론하고 어떤 자리에서든 시간을 정확히 지킨다. 약속에 2분만 늦어도 큰 실례이다. 최소한 3주 전에 약속을 정하고 심지어는 3달 전에 약속을 하는 경우도 있다. 그만큼 계획성이 있다는 것을 의미한다. 반면 한국은 약속을 통보하는 시간이 짧은 편이며 심지어 몇 개월 뒤의 약속은 약속으로 여기지도 않는 경우가 있다.

(2) 친밀감의 표현

친밀하지 않다. ⑤···④···③···②···①···⓪···①···②···③···④···⑤ 친밀하다.

독일 한국

(3) 비관적·낙관적 사고

비관적이다. ⑤···④···③···②···①···⓪···①···②···③···④···⑤ 낙관적이다.

독일 한국

독일 사람은 상황에 대해 중립적이다. 상황에 대해 특별히 낙관적이지도 비관적이지도 않다.

Tip

시간개념은 정확하지만 배달은 아무 해명 없이 지연되는 경우가 많다.

(4) 협력/독자성

협력적이다. ⑤···④···③···②···①···⓪···①···②···③···④···⑤ 독자적이다.

한국 독일

팀워크보다는 개인적으로 일을 한 후 비교하고 토론하는 식으로 진행한다. 모든 개인이 독립적으로 일을 하며 직속상관에게만 충성한다.

(5) 업무성향

질을 중시한다. ⑤···④···③···②···①···⓪···①···②···③···④···⑤ 업적을 중시한다.

독일 한국

독일인은 질 중심으로 업무처리를 한다. 업적도 중요하지만 과정도 중요시하며 특히 업무를 통한 프로세스 개선을 위해 노력한다.

(6) 감정표현

표현을 한다. ⑤···④···③···②···①···⓪···①···②···③···④···⑤ 표현하지 않는다.

한국 독일

유럽민족 중 가장 합리적이면서 차가운 이성판단을 하는 것으로 유명하다.

(7) 업무태도

진지하다. ⑤···④···③···②···①···⓪···①···②···③···④···⑤ 즐긴다.

독일 한국

독일인은 전투적으로 일을 한다. 근무 중 담배를 피러 가거나 잡담을 하는 우리 근무환경하고는 완전 다르다. 이렇게 잡담과 농담을 하다가 빈번하게 상사에게 적발되면 해고의 사유가 될 수도 있다.

(8) 자제력

자제력이 있다. ⑤···④···③···②···①···⓪···①···②···③···④···⑤ 충동적이다.

독일 한국

자제력은 최고다. 특히 위급한 상황에서도 이것저것 따져가면서 결정할 정도이다.

일본

1 비즈니스 관행

(1) 약속

1. 우리나라와 비슷. 근무시간은 오전 9시에서 오후 5시 또는 5시 반. 하지만 저녁 후 야근을 하는 일이 많다.
2. 일요일과 공휴일은 회사와 공공기관은 쉬지만, 일반상점은 열려 있는 곳이 많다.
3. 신정연휴(12월 28일~1월 3일), 골든위크(4월 29일~5월 5일), 오봉(8월 중순) 때는 신사참배나 여행, 묘소참배 등에 나서는 사람이 많으므로 비즈니스 관련 약속은 피한다.

(2) 상담

❶ '생각해 보겠습니다'는 실제로 'no'에 해당
❷ '연고'가 굉장히 중요하다. 중간 소개자에 대한 의리를 중요하게 여기기 때문에 신중하게 고른다.
❸ 교섭이 잘 안 될 때는 중간 소개자를 이용하여 협상을 하는 것이 좋다.
❹ 일본에서는 업무성과가 집단으로 평가되기 때문에 특정 개인을 칭찬하는 것은 바람직하지 않다.
❺ 일본인은 교섭상대자에게 무엇을 원하는지를 명확하게 설명해주지 않는 경우가 있다.
❻ 기업 내 업무파악을 위하여 일하던 부서를 바꾸고 있다.
❼ 거절을 하거나 비난을 할 때는 직접적인 표현보다는 우회적인 방법으로 완곡하게 표현한다.
❽ 영어를 하는 일본인과 이야기하거나 통역을 이용할 때는 인내심을 갖고 천천히 간격을 두고 이야기한다.

(3) 접대

❶ 접대는 비즈니스가 시작되자마자 바로 받기도 한다. 스모관전이나 가라오케를 접대받는 쪽에서 제안하면 좋아할 수도 있다.
❷ 주문은 상대에게 맡긴다.
❸ 사교적인 자리에 조금 늦게 가는 것도 무방하다.
❹ 접대에 대한 답례를 할 경우 일본인들이 자신들이 지불하겠다고 제의하더라도 이를 진짜로 받아들이지 말 것. 계산은 이쪽에서 하겠다고 명확하게 이야기를 한다.

(4) 인사

❶ 상대가 허리를 숙이는 정도를 잘 보았다가 그만큼 허리를 숙여 인사한다.

허리를 굽히는 정도가 상하관계를 나타내기도 한다.

② 허리를 숙여 인사할 때는 양손을 허벅지에 두기도 한다.

③ 인사 후 명함을 교환한다.

(5) 제스처

① 코를 푸는 것은 자제하고, 손수건에 코푸는 것은 불결하다 생각한다.

② 사람이 많은 곳을 빠져 나갈 때 한 손을 들어올리면서 고개를 숙이면 '잠깐 실례합니다'의 의미한다.

③ 미소는 즐거움의 표현이지만 당혹감이나 불쾌함을 감출 때 사용하기도 한다.

2 한국과의 비교

(1) 시간관념

철저하다. ⑤…④…③…②…①…⓪…①…②…③…④…⑤ 느긋하다.

일본 (5) 한국 (1)

시간과 관계된 개념에서 선약이 중요하다. 보통 일주일 전쯤 선약을 하고 약속장소에 5~10분 정도 먼저 가야 할 필요가 있다. 약속에 변경이 있을 경우에도 시간을 고려하여 바뀐 사항을 알려준다.

(2) 친밀감의 표현

친밀하지 않다. ⑤…④…③…②…①…⓪…①…②…③…④…⑤ 친밀하다.

일본 (1) 한국 (1)

(3) 비관적·낙관적 사고

비관적이다. ⑤···④···③···②···①···⓪···①···②···③···④···⑤ 낙관적이다.
일본 한국

일본은 조직을 우선시하는 사회이기 때문에 업무에 있어서 비관적, 낙관적으로 표현하기가 애매하지만 대부분의 경우 개인적인 문제가 발생할 소지가 있는 부분에 대해서는 책임소재를 불분명하게 해서 비관론자로 비쳐지고 자신의 일이라고 명확하게 정해지면 일을 완벽하게 처리하고자 하는 모습 때문에 낙관론자로 여겨지기도 한다.

(4) 협력/독자성

협력적이다. ⑤···④···③···②···①···⓪···①···②···③···④···⑤ 독자적이다.
일본 한국

업무에 관한 한 개인보다는 조직이 우선시된다. 물론 업무 외적으로는 선진국의 공통특성인 개인주의 성향이 강하다. 업무를 같이 진행함에 있어 일의 영역을 정확히 구분하고 자신이 해야 되는 일을 책임감 있게 처리한다. 하지만 조직내에서 소위 튀는 것을 허용하지 않아 개인이 갖고 있는 개성이나 다양성은 조직의 목표와 방향에 묻히기도 한다.

(5) 업무성향

질을 중시한다. ⑤···④···③···②···①···⓪···①···②···③···④···⑤ 업적을 중시한다.
일본 한국

업무를 진행할 때 자기 일에 대해 철저하기 때문에 업무의 질은 단연 높다.

(6) 감정표현(emotional)

표현을 한다. ⑤···④···③···②···①···⓪···①···②···③···④···⑤ 표현하지 않는다.
일본 한국

체면을 중요하게 생각하고 이것을 지키는 일을 중요하게 생각한다. 또한 규칙 등에 순응하도록 압력을 받으며 어릴 때부터 감정을 자제하는 법을 배우지만 실은 감성이 상당히 풍부한 민족이다. 서로에게 좋은 게 좋다는 생각을 하며 자신의 행동이 타인에게 어떻게 비쳐질까를 고려하여 업무상의 극단적 대립은 발생하지 않는다.

(7) 업무태도

진지하다. ⑤…④…③…②…①…⓪…①…②…③…④…⑤ 즐긴다.

일본 한국

어릴 때부터 조직의 일을 우선시하며 자라온 탓에 조직업무를 수행함에 있어 한국인보다는 진지한 편이다. 외출시간 등이 종종 자유로워 보이긴 하지만 이는 조직과 개인이 서로 신뢰하고 개인은 공과 사를 명확히 구분하여 시간을 활용하기 때문이다.

(8) 자제력

자제력이 있다. ⑤…④…③…②…①…⓪…①…②…③…④…⑤ 충동적이다.

일본 한국

조직을 위해서라면 개인을 희생할 수 있는 자제력을 갖고 있다. 정확한 목표가 있다면 그것을 이루기 위해 모든 것을 자제한다. 하지만 뚜렷한 목표가 없을 때 자제력을 갖기란 쉽지 않다.

ENGLISH SENTENCE

❙영어 문장❙

상담 전

A 이번 프로젝트는 우리에게 아주 좋은 기회에요.

B 같은 생각이에요.

A This project is an excellent opportunity for us.

B I agree.

상담 전

A 5분 후에 회의가 있어요. 준비 됐나요?

B 죄송하지만, 회의시간이 변경됐어요.

A We have a meeting in five minutes. Are you ready?

B Sorry, but there's been a change in the meeting schedule.

상담 시 : 가볍게 날씨 이야기로 시작한다.

A 보스톤과 비교해 볼 때 이곳의 날씨가 어떻게 다르죠?

B 한국보다 보스톤이 더 쾌적하다고 느낍니다.

A How different is the climate here compared with Boston?

B I feel much more comfortable in Boston than in Korea.

상담 시

A 이 서류 좀 봐주시겠어요?

B 이미 봤어요.

A Would you take a look at this paper?

B I've already seen this.

MEMO

CHAPTER 13

각 나라 에티켓-2

오늘의 학습목표

- 인도네시아의 문화와 에티켓에 대해 알 수 있다.
- 멕시코의 문화와 에티켓에 대해 알 수 있다.
- 미국의 문화와 에티켓에 대해 알 수 있다.

에티켓 내용

- 국가별 비즈니스 관행에 따른 에티켓

이번 장에는 인도네시아, 멕시코, 미국의 문화와 에티켓에 대해 살펴보자.

01 인도네시아

1 비즈니스 관행

(1) 약속

❶ 일반적으로 지위가 높을수록 시간관념이 철저하고 노동자 계급은 2~3시간 늦더라도 신경을 쓰지 않는다.

❷ 월요일과 목요일까지 4일은 종일, 금요일과 토요일은 반일 근무를 한다. 종종 금요일도 종일 근무를 하기도 한다. 비즈니스 아워는 오전 8시에서 오후 4시. 이슬람교도인 종업원은 적어도 1시간의 기도시간을 갖는다.

❸ 라마단(단식월)에 이슬람교도는 단식을 한다. 따라서 이 시기에는 작업효율이 떨어진다.

(2) 상담

❶ 인내심이 필요할 정도로 느리기 때문에 여러 번의 출장은 각오하고 첫 회의 때는 얼굴을 익히는 정도에 만족한다.

❷ 인도네시아인은 자신보다 계급이 높은 사람에게 상당한 경의를 표한다. 상급자가 늦게 나타났을 때 불쾌함을 표현해서는 안 되며, 반대의견을 많은 사람들 앞에서 스스럼없이 제기하면 예의에 어긋난다. 따라서 나중에 개인적으로 자신의 의견을 전달하는 방식을 취한다.

❸ 인도네시아인이 영어로 말하더라도 “yes, but”이라고 표현하면 ‘no’의 의미이다.

치아 사이로 숨 들어마시는 소리가 나면 'no'의 표현. 이 소리는 문제가 있을 때 나오는 소리이다.

4 서류에 사인을 할 때까지 거래가 성립되었다고 볼 수 없다. 인도네시아인 중 특히 중국계는 사인하는 길일을 점성술사에게 물어봐서 하는 경우도 있다.

5 남 앞에서 체면이 깎이는 일을 말루(malu)라고 하는데 말루를 피하기 위해 인도네시아인은 잘못을 정정하지 않고 지나쳐 버리는 경우가 있다. 따라서 이 점도 명심해야 한다.

6 인니인들은 사교적 만남에서 침묵을 보이는데 이것은 부정의 뜻도 긍정의 뜻도 아닌 생각하기 위한 시간이 필요해서다. 하지만 서구인들은 이를 부정적으로 받아들인다.

7 개인은 항상 그룹으로 간주되기 때문에 칭찬이나 질타를 할 때도 개인을 대상으로 하지 말 것. 주의가 필요하다면 개인을 따로 불러 해야 한다.

8 종교나 인권문제, 정치상황 등에 대한 언급은 가급적 피하며, 관광이나 여행, 자사의 업적 등에 대해 이야기한다.

Tip
인니인은 상사가 좋아할 내용을 보고하는 습관이 있다. 아살 바팍 세낭(asal bapak senagn:아버지를 기쁘게 한다는 의미)이라고 하여 어릴 적부터 몸에 습관화된다. 정확한 보고를 받기 위해서는 다른 네트워크를 이용한다거나 외국에서 유학을 한 사람들의 도움을 얻으면 정확한 정보를 얻을 수 있다. 개인적으로 정확한 정보를 얻도록 노력해야 한다.

(3) 접대

오랫동안의 식민지 생활로 외국인에 대해 그다지 호의적이지 않기 때문에 사교의 장에서 현지인들과 가까워지기 위해 노력을 해야 한다. 비즈니스의 성패는 현지인들과 얼만큼 우호관계를 맺고 있느냐에 달려 있다.

(4) 인사

1 악수를 할 때는 오랜만에 만난 경우에 한정하며 힘은 약하지만 오랫동안 손을 잡고 있는다. 특히 마음을 담아서 할 때는 한 손을 가슴에 얹는다.

2 대부분의 국민은 이슬람교도이고, 힌두교도 많지만 양쪽 모두 전통적으로 신체적 접촉을 허용하지 않는다.

3 인니인의 명함을 보면 귀족칭호를 비롯한 많은 직함과 자격이 나열되어

Tip
우리나라처럼 '식사하셨습니까?'가 인사말의 하나이다. 먹지 않았더라도 'yes'로 답한다.

있다. 가능한 한 명함에 많은 정보를 입력한다.

④ 이름이 발음하기 어렵거나 이상하게 들리더라도 웃지 말 것. 이름을 신성하게 여긴다.

(5) 제스처

① 회의가 진지하게 진행이 되는 동안에도 웃는 경우가 있다. 불안감을 감추기 위한 것으로 이들은 웃음이 겸연쩍거나 당혹스러워서, 반대의사를 감추기 위해서 웃는 경우도 있기 때문에 웃음의 의미를 잘 파악해야 한다.

② 왼손뿐만 아니라 발도 부정한 것으로 여기기 때문에 발로 물건을 건드리는 등의 불손한 행동은 하지 않는다.

③ 사람을 부를 때는 손을 뻗어 손바닥이 위로 향하게 하고 손가락 전체를 이용하여 부른다.

④ 양손을 허리에 얹는 것은 도전이나 분노를 뜻한다.

(6) 선물

① 받은 자리에서 풀지 않는다.

② 일반적으로 음식물이 선물로 좋다. 이슬람교도에게 돼지고기, 술은 삼가고, 힌두교인에게는 소고기, 소가죽제품을 선물하지 않는다.

③ 여성에게 하는 개인적인 선물은 구애로 받아들일 수 있기 때문에 주의한다.

2 한국과의 비교

Tip

잼 카렛(jam karet:고무의 시간)이라는 말이 있는데 이는 우리나라 코리안타임과 비슷한 말로 시간에 대한 루스한 태도를 나타낸다.

(1) 시간관념

철저하다. ⑤…④…③…②…①…⓪…①…②…③…④…⑤ 느긋하다.

한국(①, 철저하다 쪽)　인니(③, 느긋하다 쪽)

비즈니스맨들은 주로 중국인들로 이들은 일 중심의 사고방식과 시간도 엄격하게 지킨다. 하지만 말레이계 사람들은 비교적 시간에 느슨한 편이다. 따라서 약속기한에 대한 납기의식이 부족하여 손실이 발생할 수도 있다.

사교적 모임에서는 30분 정도 늦게 가는 것이 통례이다.

(2) 친밀감의 표현

친밀하지 않다. ⑤…④…③…②…①…⓪…①…②…③…④…⑤ 친밀하다.

한국 (④), 인니 (⓪)

외국인을 존중하나 실제로는 깊은 마음을 주지 않고 경계한다. 또한 상호 간에 믿음이 약하면 일체감 조성에 다소 한계가 생길 수 있다.

(3) 비관적·낙관적 사고

비관적이다. ⑤…④…③…②…①…⓪…①…②…③…④…⑤ 낙관적이다.

한국 (⓪), 인니 (③)

문화적인 특성보다 개인의 성향과 종교적인 영향이 크다. 남방 민족의 특성상 급한 것이 없고 조직보다는 개인적인 성향이 강하다. 따라서 상대적으로 한국인보다는 낙관적이며 낙천적으로 보인다.

(4) 협력/독자성

협력적이다. ⑤…④…③…②…①…⓪…①…②…③…④…⑤ 독자적이다.

한국 (⓪), 인니 (③)

독자적이라기보다 개인적인 성향이 강하다. 아울러 상당부분 책임감이 결여되어 있다. 눈치를 보는 경향이 있으며 자기 입장에 대한 사안에 대해서는 매우 예민하게 반응하는 다분히 이기적인 성향을 보인다.

(5) 업무성향

질을 중시한다.	5 ··· 4 ··· 3 ··· 2 ··· 1 ··· 0 ··· 1 ··· 2 ··· 3 ··· 4 ··· 5	업적을 중시한다.
	인니(1) 한국(4)	

한국 사람들이 자신이 한 일에 대해 내세우기를 좋아하는 것에 반해, 인도네시아인들은 그렇게 내세우지는 않는다. 그렇다고 질을 중요시한다고도 볼 수 없는 중간 정도에 위치한다.

(6) 감정표현

표현을 한다.	5 ··· 4 ··· 3 ··· 2 ··· 1 ··· 0 ··· 1 ··· 2 ··· 3 ··· 4 ··· 5	표현하지 않는다.
	한국(3) 인니(3)	

인도네시아인들은 이슬람교의 영향탓인지 자기 감정을 잘 드러내지 않는다. 그렇다고 모르고 있는 것은 아니며 알면서도 삭히고 있는 편이다. 현지인과 일을 진행할 때는 감정을 자극하지 않으면서 융통성 있게 일을 진행해야 한다.

(7) 업무태도

진지하다.	5 ··· 4 ··· 3 ··· 2 ··· 1 ··· 0 ··· 1 ··· 2 ··· 3 ··· 4 ··· 5	즐긴다.
	인니(1) 한국(2)	

사무실이나 현장에서나 생산성이 많이 떨어진다. 숫자 계산에 약하다. 그리고 전화상으로 업무를 전달하는 의사소통이 어려운 편이다. 업무수행에 있어 조직적인 마인드가 결여된 편이라 공·사가 혼선되는 경우가 종종 있다.

(8) 자제력

자제력이 있다.	5 ··· 4 ··· 3 ··· 2 ··· 1 ··· 0 ··· 1 ··· 2 ··· 3 ··· 4 ··· 5	충동적이다.
	인니(2) 한국(1)	

자신의 감정을 억제하는 힘은 우리보다 인도네시아인이 더 강한 편이지만

자제심은 있으나 자극을 받으면 극단적으로 행동한다. 종족별로 자바족은 온순한 편이지만 수마트라, 마두라 등 일부 민족은 성격이 강하다. 현지인을 포용력 있게 대하는 것이 중요하다.

02 멕시코

1 비즈니스 관행

(1) 약속

❶ 시간엄수는 중요하지만 일상생활에서는 그다지 지켜지지 않고 심지어 비즈니스 회의에도 늦는 경우가 많다. 파티나 사교적인 자리에서는 30분 정도 늦는 것이 적당하다.

❷ 회의는 조식, 중식, 석식 모두 가능하므로 상대방이 원하는 대로 따른다.

❸ 비즈니스 아워는 월~금요일 오전 8시에서 오후 6시까지, 점심시간은 1시~3시까지이다.

(2) 상담

❶ 상대에게는 친밀하고 따뜻하게 대하며 위엄과 예의를 잃지 말고 적당히 밀고 당길 필요가 있다. 멕시코인은 처음에는 요령이 없고 우유부단하고 솔직함도 없는 것처럼 비칠지 모르지만 그들에게 정성을 다하면 그들도 진실되게 대한다.

❷ 멕시코인은 사회적 지위나 빈부를 불문하고 개인의 존엄과 명예를 매우 중히 여긴다. 남 앞에서 상대를 욕하거나 비난해서 체면을 깎을 수 있는 일에는 특히 신중을 기한다.

③ 상대가 'yes'라고 대답하더라도 의례적으로 말할 수 있으므로 합의사항은 모두 문서로 처리해 두어야 한다.

④ 최초의 금액을 제시했을 때는 예상되는 할인액을 포함하여 제시하기 때문에 이를 염두에 두어야 한다.

⑤ 멕시코인은 지위에 민감하기 때문에 상담 시 최소 경영간부를 포함시켜야 한다.

(3) 접대

그룹으로 식사를 한 경우 누군가 한 사람이 계산을 한다. 상황에 맞게 자신이 지불해야 할 상황이면 이를 분명히 언급을 한다.

남성을 접대해야 하는 경우 반드시 상대방을 혼자가 아닌 복수로 하거나 부부 동반으로 한다. 점심은 숙박하고 있는 호텔에서 하는 편이 좋고, 계산은 미리 조치를 취한다.

(4) 인사

① 남성은 일반적으로 악수를 하나 여성은 상대의 오른쪽 팔이나 어깨에 손을 대는 경우가 많다. 친한 여성끼리는 서로 포옹하거나 상대의 빰에 키스를 한다.

② 두세 번 만났을 때부터 서로 껴안을 마음의 준비를 해야 한다.

③ 파티에서는 입장 시 전원에게 가볍게 목례를 하고 들어간다. 보통은 호스트가 한 사람씩 소개를 하고 악수를 나눈다. 귀가 시에도 악수를 나눈다.

(5) 제스처

① 대화 시 상당히 접근해서 이야기를 한다. 뒤로 물러나면 다가오며 이야기를 하기 때문에 자기를 멀리한다는 느낌이 들지 않도록 한다.

② 멕시코인은 마음씨가 따뜻하고 친절하며 상대의 몸을 터치할 때도 있고 어깨를 치거나 팔을 잡을 때도 있다. 이때 몸을 빼거나 불쾌해하지 않도록 한다.

③ 높이를 나타낼 때는 집게 손가락을 사용한다. 손바다 전체를 사용하는 것은 동물의 키를 나타낼 때뿐이다.

(6) 선물

① 비즈니스 상대인 간부나 임원에게는 원칙적으로 선물이 불필요하다. 따라서 회사로고가 찍힌 물품이나 와인, 위스키를 선물한다.
저녁에 초대받는 경우 선물이 필요하지 않으며, 감사의 말을 전하고 답례 초대를 한다. 물론 선물을 기쁘게 받기는 한다.

② 꽃을 선물할 경우 예부터 황색꽃은 죽음, 붉은 꽃은 마법을 걸고, 흰꽃은 마법을 푸는 의미가 있다고 여긴다.

③ 라틴 아메리카에서는 나이프는 우정을 끊는다는 의미가 있으므로 선물로는 부적절하다.

2 한국과의 비교

(1) 시간관념

철저하다. ⑤…④…③…②…①…⓪…①…②…③…④…⑤ 느긋하다.

한국 (②) 멕시코 (③)

멕시코인들이 시간개념이 명확치 않은 것은 널리 알려져 있다. 심지어는 결혼식도 시간에 맞춰가면 사람들이 와 있지 않은 경우가 허다하다. 공식적인 모임에서는 시간을 지킨다.

(2) 친밀감의 표현

친밀하지 않다. ⑤…④…③…②…①…⓪…①…②…③…④…⑤ 친밀하다.

한국 (③) 멕시코 (②)

멕시코 사람들은 이방인과도 스스럼없이 친해진다. 서반아어에는 존칭이 있지만 멕시코인들은 존칭을 사용하지 않는 것이 서로의 거리를 없애고 친밀감 있게 지낼 수 있다고 생각한다. 항상 친절이 배어 있으며 용무를 마친 후에는 상대방에게 고맙다는 인사를 잊지 않는다.

(3) 비관적·낙관적 사고

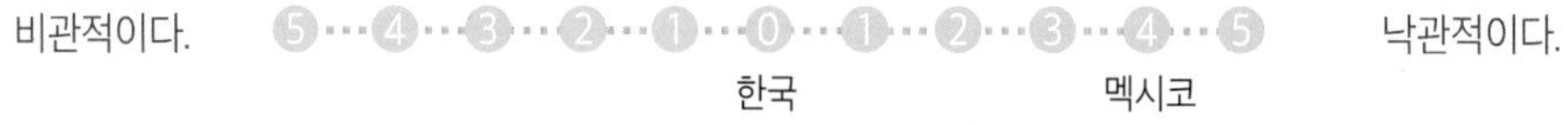

비관적이다. ⑤…④…③…②…①…⓪…①…②…③…④…⑤ 낙관적이다.

한국(0) 멕시코(4)

멕시코에는 피에스타(fiesta:축제의 원어)라는 모임이 많다. 각종 기념일이 아니더라도 비교적 자주 모임을 갖는다. 별 음식을 차려놓지 않고도 새벽까지 춤추며 노는 걸 즐기고 월급을 한 번의 파티에 소비해도 아깝다고 생각하지 않을 정도로 낙관적이다.

(4) 협력/독자성

협력적이다. ⑤…④…③…②…①…⓪…①…②…③…④…⑤ 독자적이다.

한국(협력 1) 멕시코(독자 4)

업무수행에 있어 멕시코인은 개인주의 성향이 강한 반면, 협조할 때는 약한 모습을 보인다. 따라서 각 개인별로 업무 분장을 하고 업무 목표를 확실히 정해준다.

하나를 알려주면 둘을 처리하는 것이 아니라 지시한 하나도 제대로 진행이 안 되는 경우도 있다.

(5) 업무성향

질을 중시한다. ⑤…④…③…②…①…⓪…①…②…③…④…⑤ 업적을 중시한다.

한국(업적 1) 멕시코(업적 4)

일단 부여받은 일은 어떤 상황에서든 해내려 하고 상급자의 지시에 절대 복종한다. 하지만 처리된 일은 만족할 수준이 못된다.

(6) 감정표현

표현을 한다. ⑤···④···③···②···①···⓪···①···②···③···④···⑤ 표현하지 않는다.
멕시코 한국

멕시코인들은 미래보다 현재의 삶에 더 큰 비중을 둔다. 자신과 가족의 건강과 행복을 중요하게 생각하고 이에 대한 이해관계가 있을 때는 절대 양보하지 않는다. 대수롭지 않은 상황에도 자신의 감정을 쉽게 드러내고 어떤 식으로든 자기 표현하기를 즐기고 나서기를 좋아한다.

(7) 업무태도

진지하다. ⑤···④···③···②···①···⓪···①···②···③···④···⑤ 즐긴다.
멕시코 한국

업무에 임하는 태도는 전반적으로 진지하다. 야근을 하거나 휴일날 출근하여 일을 하는 경우도 있다. 하지만 많은 사람들이 음악을 들으며 일을 한다. 자연 집중력을 떨어질 것이다.

(8) 자제력

자제력이 있다. ⑤···④···③···②···①···⓪···①···②···③···④···⑤ 충동적이다.
멕시코 한국

멕시코에서 운전을 하다보면 신호를 무시하고 거칠게 운전하는 사람들 때문에 당황하게 된다. 하지만 우리와 다르게 운전자들끼리 삿대질하며 싸우지는 않는다. 거칠긴 하지만 자제력은 있는 것같다(아니면 익숙해서일까?).

03 미국

1 비즈니스 관행

(1) 상담

1. 교섭 진행방식은 다른 나라에 비해 빠른 편이다. 첫만남에서 교섭을 마무리하는 경우도 있다.
2. 인맥도 중요하지만 영업자에게 더욱 중요한 것은 과거의 업적, 평가나 보수의 결정은 장래성이 아닌 실적에 의해 결정된다.
3. 교섭 시 수익, 신기술, 단기이익 등이 중심 화제가 된다.
4. 상담장소를 불문하고 가볍게 잡담을 나눈 뒤 상담에 들어간다.
5. 미국인은 서로를 칭찬하는 습관이 있는데 이를 대화의 실마리로 활용한다. 상대의 액세서리나 복장 등을 칭찬하거나 일이나 스포츠 등의 업적을 칭찬한다.
6. 명함은 갖고 있으나 교환은 앞으로 거래를 계속하고 싶은 경우에만 이루어진다. 명함 교환 후 명함을 지갑 속에 넣거나 바지 뒷주머니에 바로 넣기도 하는데 이에 크게 신경쓰지 않도록 한다.

(2) 접대

1. 상담은 점심식사를 겸해서 이루어지는 경우가 많다.
2. 조식 모임도 흔하다.
3. 친구 사이에선 식사비를 함께 부담한다.
4. 비즈니스 시엔 접대하는 쪽에서 계산을 하는 것이 통례이다.

(3) 인사

❶ 미소가 최고의 인사이고, 보통 악수를 한다.

❷ 친한 친구나 가족 간에는 서로 껴안고 상대의 등을 한두 차례 토닥인다. 멀리서 아는 사람을 만났을 때도 손을 흔든다.

(4) 제스처

❶ 대화 시 50~60cm 정도의 거리를 유지. 그 이상 다가가면 불쾌함을 준다.

❷ 남자끼리 손을 잡으면 동성애자로 여긴다.

❸ 손으로 사람을 부를 때는 손바닥을 위로 향하고 검지손가락을 앞으로 당기듯한다(우리나라에서 강아지 부를 때 하는 것처럼).

❹ 동의를 표시하는 동작은 엄지와 검지로 동그라미를 만드는 O.K사인과 주먹을 쥐고 엄지손가락을 세우는 thumbs up 사인이 있다.

❺ 등을 살짝 치는 것은 우정의 표시

❻ 검지손가락 위에 가운뎃 손가락을 겹치는 동작은 '행운을 빈다, 나는 거짓말을 하고 있다'의 두 가지 의미가 있다.

❼ 웨이터를 부를 때는 눈을 맞추고 눈썹을 올리거나 가볍게 손을 흔들어 신호를 보내거나 coffee라고 입모양으로 만드는 방법이 있다.

❽ 사람에게 물건을 전달할 때 상대에게 가볍게 던지거나 한 손으로 건네는 것도 무방하다.

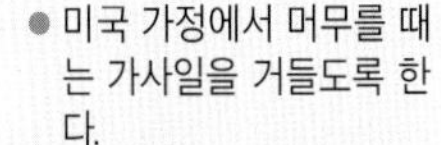

Tip

- 미국 가정에서 머무를 때는 가사일을 거들도록 한다.
- 선물을 주는 타이밍은 도착했을 때, 또는 돌아올 때가 좋다.
- 선물은 포장해서 주는 것이 좋다.

(5) 선물

개인가정을 방문할 때 반드시 선물을 가지고 갈 필요는 없지만 꽃이나 화분, 와인 등 작은 선물 정도는 좋다.

2 한국과의 비교

(1) 시간관념

철저하다. ⑤…④…③…②…①…⓪…①…②…③…④…⑤ 느긋하다.
미국 한국

매사가 시간표에 짜여진 대로 움직인다. 약속문화가 극히 자연스러우며 정해진 시간 내에 자신이 원하는 모든 정보를 교환하려 한다.

(2) 친밀감의 표현

친밀하지 않다. ⑤…④…③…②…①…⓪…①…②…③…④…⑤ 친밀하다.
미국 한국

개인적인 교제에 있어서는 지나칠 정도로 감정적이고 직설적이다. 우리의 감정이 서서히 시간을 갖고 친밀감이 형성되고 천천히 냉각되는 것처럼 이들의 표현방법은 순식간에 이루어진다. 비즈니스에 있어서도 마찬가지이다.

(3) 비관적·낙관적 사고

비관적이다. ⑤…④…③…②…①…⓪…①…②…③…④…⑤ 낙관적이다.
한국 미국

비즈니스에서는 긍정적인 측면이 강하다. 실패에 대한 책임과 결과는 개인에게 귀속되기 때문에 이를 자신의 명예와 관련된 것으로 간주하는 경우가 많다. 업무환경의 변화라든지 업무질서의 변화에 대해서도 이것이 사전에 합의된 사항이라면 기꺼이 받아들이는 편이고 이에 대한 예상결과도 매우 긍정적으로 생각한다.

(4) 협력/독자성

협력적이다. ⑤…④…③…②…①…⓪…①…②…③…④…⑤ 독자적이다.

한국 (1) 미국 (4)

큰 줄기는 매우 협력이 잘된다. 하지만 개별 업무의 진행방식으로 이전되면 매우 독립적인 성향을 보인다. 자신에게 맡겨진 업무를 성실히 수행하며 만약 상대방으로부터 만족할 만한 결과가 나오지 않아 생산성이 떨어지면 책임을 담당자에게 돌린다.

(5) 업무성향

질을 중시한다. ⑤…④…③…②…①…⓪…①…②…③…④…⑤ 업적을 중시한다.

미국 (1) 한국 (2)

(6) 감정표현(emotional)

표현을 한다. ⑤…④…③…②…①…⓪…①…②…③…④…⑤ 표현하지 않는다.

미국 (3) 한국 (4)

감정표현이 직설적이라 감정 대립까지 되는 경우가 있다. 개인적 부정적 감정이 업무까지 진행되는 경우는 드물지만 업무까지 이어질 경우 상급자가 개입하여 조정을 하거나 해고까지 시킨다.

(7) 업무태도

진지하다. ⑤…④…③…②…①…⓪…①…②…③…④…⑤ 즐긴다.

미국 (4) 한국 (2)

공·사의 구분이 확실하며 일을 할 때 농담도 하지만 일단 일이 진행되면 진지해진다. 업무시간 중 개인용무를 위해 개인에게 주어진 휴가나 휴식시간을 이용한다.

(8) 자제력

자제력이 있다. 5 ··· 4 ··· 3 ··· 2 ··· 1 ··· 0 ··· 1 ··· 2 ··· 3 ··· 4 ··· 5 충동적이다.

미국 (4) 한국 (2)

업무를 위해 개인적인 욕구를 희생해야 하는 경우에는 자제력을 발휘한다.

영어 문장

ENGLISH SENTENCE

상담 시

A 사장님 승인이 필요할까요?

B 아주 맘에 들어 하고 계세요.

A Do we need the boss's stamp of approval on this paper?

B He loves the whole idea.

상담 시

A 마감일은 언제죠?

B 다음 주까지는 끝내야 해요.

A What's the due date?

B We have to get it down by next week.

상담 마무리

A 귀사의 평소 깊은 관심과 협조에 감사드리며, 번영과 건승을 기원합니다.

A We thank you for your cooperation and kind attention on our company and we hope you to make a prosperous business.

상담 후 보고 시

A 보고서 끝냈나요? 아주 급한데.

B 제가 지금 하고 있어요. 금요일까지는 마칠 수 있을 것 같아요.

A Have you finished the report? It's pretty urgent.

B I'm working on it. I think I can get it done by Friday.

부록

종교

종교에 따라 다양한 생활속 문화가 형성된다. 대표적 종교를 알아보면 다음과 같다.

이슬람교

610년에 아라비아의 예언자 마호메트가 창시한 세계 3대 종교의 하나로 정교일치(政敎一致)의 일신교이며 유일신 알라가 마호메트를 통하여 계시한 코란을 경전으로 한다. 교주권은 마호메트가 죽은 뒤 후계자인 칼리프가 계승하였으나 후계자를 둘러싼 대립이 생겨 수니파와 시아파, 그 외의 여러 파로 분열되었다. 성지 메카를 중심으로 아시아, 아프리카, 유럽 등지에 널리 퍼져 신도의 수는 4억 이상이다.

1. 코란은 알라의 계시를 모은 것으로 이것은 무함마드가 말한 내용으로서, 그가 죽은 뒤 신도들이 수집·정리한 것이다.
2. 이슬람 신앙의 요소 : ① '지(知)'인데, 알라의 계시를 잘 이해하는 것을 말한다. ②는 '언(言)', 마음으로 알고 또한 믿는 바를 말로 표현하는 일이다. ③ '행(行)', 이슬람교도로서의 의무(즉 5주 등)를 열심히 실행하는 일이다.
3. 오주(五柱) : 무슬림에게는 실행해야 할 중요한 의무 다섯 가지가 있다. 이것을 오주(아르칸 알이슬람:Pillars of Islam)라 하며, 이들 의무를 다함으로써 알라에게 봉사하는 일을 '이바다트(奉化 또는 勤行)'라고 한다. 코란에서는 희사와 단식(斷食)을 중요한 봉사로 들고 있으나, 후세에 이르러 다음의 다섯 가지를 가리키는 것이 상례로 되었다.
   ① 증언 또는 고백(사하다) : "나는 알라 이외에 신이 없음을 증언합니다. 또 나는 무함마드가 알라의 사자임을 증명합니다"를 입으로 왼다. 신도는 어릴 때부터 늙어 죽을 때까지 하루에도 몇 번씩 이 증언을 고백하게 되어 있다.
   ② 예배(살라트) : 일정한 시각에 규정된 형식에 따라 행하는 예배를 말하며, 개인적으로 수시로 행하는 기도는 '두아'라고 부른다. 예배는 하루에 다섯 번을 일출·정오·하오·일몰·심야에 하며, 특히 금요일 정오에는 모스크에서 집단예배를 행한다. 예배를 드릴 때는 반드시 메카가 있는 쪽을 향하고 행한다.
   ③ 희사(자카트) 또는 천과(天課) : 국가재정의 근간을 이루며, 비이슬람 국가에서는 선교기반이 이루어지는 데 필요불가결한 무슬림의 의무중의 하나이다.

④ 단식(사움) : 성년인 무슬림은 매년 라마단 월간(月間 : 제9월) 주간(晝間)에 음식·흡연·향료·성교를 금하고, 과격한 말을 삼가며 가능한 한 코란을 독송한다. 단 음식은 흰실과 검은 실의 구별이 안 될 만큼 어두워진 야간에는 허용된다. 라마단 월이 끝난 다음 새 달이 하늘에 떠오르면 단식완료의 축제가 시작되는데, 화려한 의상을 입은 군중들이 거리로 쏟아져나와 서로 축하하는 풍습이 있다.

⑤ 순례(하주) : 모든 무슬림은 매년 하주의 달(이슬람력 제12월)에 카바 신전 부근 또는 메카 북동쪽 교외에서 열리는 대제(大祭)에 적어도 일생에 한 번은 참가할 의무가 있다. 능력이 없는 자는 하주를 못해도 죄가 되지 않는다. 해에 따라 일정하지는 않으나 현재도 매년 약 20만 명에 달하는 신도가 하주에 참가하고 있다. 메카 다음가는 성지는 메디나에 있는 무함마드 묘를 중심으로 하는 지역, 예루살렘의 여러 성적(聖蹟) 등이 있으며, 또 시아파(派)의 무슬림은 알리의 묘(墓)가 있는 나자프, 알리의 아들 후세인의 묘가 있는 카르발라, 이란 동부의 마슈하드 등을 순례하는 사람이 많다.

4. 교도의 일상생활 : 이슬람 세계는 많은 이민족을 포함하고 있어 그들은 각각 오랜 전통을 지니고 있으므로 그 사회의 요소는 지극히 복잡하고 다양하다. 그럼에도 불구하고 광대한 지역에 분포하는 많은 무슬림은 하나의 형으로 통일되어 공통의 생활방식을 취하고 있다. 그것은 샤리아(이슬람법)로써 통제되어 있기 때문이며, 샤리아는 코란과 하디스(Hadith-무함마드와 그의 추종자들의 전설에 관한 서적에 사용되는 명칭)에 입각하여 제정된 이슬람법이다. 무슬림된 자는 출생에서 사망까지 이 샤리아에 따라 생활하도록 요구된다.

5. 인간의 행위는 5가지로 크게 나누어지는데, ① 반드시 행해야 하며 이것을 하면 보상을 받고 하지 않으면 벌을 받는 것, ② 가상(可賞)할 행위로, 이것을 행하면 보상받으나 행하지 않아도 벌을 받지 않는 것, ③ 허용된 행위로, 이것은 행하여도 보상도 없고 벌도 받지 않는 것, ④ 바람직하지 못한 것으로, 이것은 행하여도 벌을 받지 않지만 그래도 행하지 않는 편이 좋은 것, ⑤ 금지된 것으로 이것을 행하면 알라의 벌을 받는 것이다(하람, Haram:이슬람법 용어). 예를 들어 돼지고기를 먹거나 음주하거나 하는 일은 하람 ⑤에 해당한다. 그러나 하람에 대하여는 시대와 지방에 따라 의견의 차이가 있어 약간은 허용되는 경우도 있다.

※ 종교적인 이유로 돼지고기를 먹지 않는 이유는?

종교적인 이유로 인해 이슬람교와 유대인들이 돼지고기를 기피하는 것은 잘 알려져 있다. 엄격한 유대교도나 이슬람교도는 돼지고기가 조리 과정에서 그릇이나 냄비, 식칼과 도마 등의 조리 기구에 닿을 수 있다는 가능성 때문에 일반 식당에 가지 않고 전용 식당에 간다. 구약성서에서는 먹을 수 있는 짐승의 조건을 나열하면서도 예외적으로 먹어서는 안 될 짐승들을 여럿 나열하고 있다. 돼지도 그 가운데 하나이다.

땅에 사는 모든 짐승들 가운데 너희가 먹을 수 있는 것들은 이렇다. 곧 발굽이 완전히 갈라져 그 틈이 벌어져 있고 되새김질을 하는 것은 모두 먹을 수 있다. 그러나 되새김질을 하거나 발굽이 갈라졌더라도 이런 것은 먹어서는 안 된다. 낙타는 되새김질을 하지만 발굽이 갈라져 있지 않으니 너희에게 부정하다. 오소리는 되새김질을 하지만 발굽이 갈라져 있지 않으니 너희에게 부정하다. 토끼는 되새김질을 하지만 발굽이 갈라져 있지 않으니 너희에게 부정하다. 돼지는 발굽이 갈라져 있지만 되새김질을 하지 않으니 너희에게 부정하다.(레위기 11:2~8)

구약성서에서와 마찬가지로 코란에서도 돼지고기는 금기 식품이다.

죽은 고기와 피와 돼지고기를 먹지 말라. 또한 하나님의 이름으로 도살되지 아니한 고기도 먹지 말라. 그러나 고의가 아니고 어쩔 수 없이 먹을 경우는 죄악이 아니라 했거늘 하나님은 진실로 관용과 자비로 충만하심이라.(2:173)

구약성서와 코란에서 돼지고기를 먹지 못하게 한 이유에는 몇 가지 설이 제시되고 있다.

첫 번째는 돼지의 더러운 습성과 불결한 식습관 때문에 돼지고기 먹는 것을 금했다는 것이다. 이 가설은 고대 이후로 내내 있어 왔다. 중세의 랍비이자 의학자인 모제스 마이모니데스(Moses Maimonides, 1135~1204)는 "돼지고기를 율법으로 금하는 주요한 이유는 돼지의 습성과 먹이가 매우 더럽고 혐오스럽다는 데에 있다."라고 주장했다. 돼지를 쓰레기 더미를 뒤지는 것을 좋아하고, 죽은 곤충, 썩은 시체, 배설물, 쓰레기를 먹어 치우는 불결한 동물로 보고 있다. 이러한 위생학적 설명이 가장 설득력이 있다.

두 번째는 선모충에 감염될 위험 때문에 돼지고기를 금했다고 한다. 특히 19세기 중반에는 돼지고기에 선모충이 있음이 처음으로 밝혀지면서 선모충에 감염될 위험 때문에 유대교와 이슬람교에서 돼지고기를 식용을 금했다는 믿음이 널리 퍼져 있다.

유대교와 기독교

유대교는 모세의 율법을 기초로 기원전 4세기경부터 발달한 유대인의 민족 종교. 유일신 여호와를 신봉하고 메시아의 도래와 지상 천국의 건설을 믿으며, 선민의식을 강하게 갖고 있다

기독교는 예수 그리스도의 인격과 교훈을 중심으로 하는 종교로 천지 만물을 창조한 유일신을 섬기고, 그 독생자 예수 그리스도를 구세주로 믿는다. 팔레스타인에서 일어나 로마 제국의 국교가 되었고, 다시 페르시아·인도·중국 등지에 전해졌는데, 11세기에 그리스 정교회가 갈려 나간 후, 로마 가톨릭교회는 다시 16세기 종교 개혁에 의하여 구교, 곧 가톨릭교와 신교로 분리되어 현재 세 교회로 나뉘어 있다. 우리나라에서는 특히 신교를 기독교라고도 한다

기독교는 일신교인 유대교를 모체로 하여 만들어진 종교지만 기본적인 자세에서부터 차이가 있다. 두 종교의 차이를 정리하면 다음과 같다.

우선, 유대교가 문자 그대로 불가분의 유일신을 신앙의 대상으로 삼는 반면, 기독교의 경우는 삼위일체라는 사상을 기본으로 한다. 나아가 유대교에서는 신을 무형이며 볼 수 없는 존재로 여기는 데 반해, 기독교에서는 인간의 육체를 빌린 신으로서 예수를 인정하기 때문에 그리스도 형상에 예배할 수가 있다.

원죄에 대한 사고방식도 두 종교의 차이를 명확히 드러낸다. 유대교의 경우는 각 개인의 노력에 의해 구제받는 일이 가능하다고 믿는다. 그러나 기독교에서는 원죄를 인간 존재의 본질에 관련된 것으로서 중요시하고 메시아(구세주)의 희생 없이는 구제가 불가능하다고 여긴다. 즉, 예수 그리스도가 메시아로서 출현했다고 믿는 기독교에 반해, 유대교가 주장하는 메시아란 다윗의 자손이며 왕국을 재건해 헤어진 유대인을 모이게 하는 정치적 영향력을 가진 존재다. 따라서 유

키파(Kippa)는 유대인 남자들이 쓰는 작고 테두리 없는 모자로 야물커(yarmulke)라고도 불린다. 유대인들이 머리에 쓰는 관(冠)에 대한 최초의 기록은 성경 출애굽기 28장 4절의 대제사장이 쓰던 모자 '미쯔네펫(mitznefet)'에 대한 언급이다. 유대교 전통에서 머리나 얼굴을 가리는 행동은 애도의 표현이자, 경외와 존경의 표시였다(사무엘 하 15:30, 탈무드 Shabbat 156b). 이러한 전통에 의해 신을 경외하는 의미에서 머리를 가리는 키파가 유대인 남성들 사이에서 일상화 되었다. 그러나 대부분의 유대인들은 기도나 식사시간에만 키파를 착용하며, 일부 개혁파는 기도시에도 본인의 선택에 따라 착용 여부를 결정한다.

대교에서 믿는 메시아는 아직 출현하지 않은 셈이다. 그렇기 때문에 유대교도들은 예수를 그리스도(구세주)라고 부르지 않는다.

신과의 '계약'에서도 두 종교의 차이는 명확하다. 유대교에서 신과의 계약은 신과 이스라엘 민족 사이의 계약이었기 때문에 영원불변한 것이며, 이것은 토라에 명시되어 있다고 한다. 그러나 기독교에서는 예수가 출현함으로써 신이 전 인류와 새로운 계약을 맺었다고 믿는다. 신약성서의 '신약'이란 새로운 계약을 의미한다. 따라서 유대교도는 신약성서를 인정하지 않는다. 반면, 기독교도는 구약성서도 인정하고 있다.

불교

기원전 6세기경 인도의 석가모니가 창시한 후 동양 여러 나라에 전파된 종교. 이 세상의 고통과 번뇌를 벗어나 그로부터 해탈하여 부처가 되는 것을 궁극적인 이상으로 삼는다. 교리에 따라 대승인 북방 불교와 소승인 남방 불교로 나누는데, 동양의 문화에 절대적인 영향을 끼쳤다.

힌두교

힌두교를 '인도교(印度敎)'라고도 하는데. 이는 힌두(Hindū)는 인더스강의 산스크리트 명칭 '신두(Sindhu:大河)'에서 유래한 것으로, 인도와 동일한 어원을 갖기 때문이다. 아리안 계통(기원전 2000~기원전 1500?)의 브라만교가 인도 토착의 민간신앙과 융합하고, 불교 등의 영향을 받으면서 300년경부터 종파의 형태를 정비하여 현대 인도인의 신앙 형태를 이루고 있다. 이처럼 오랜 세월에 걸쳐 형성되었기 때문에 특정한 교조와 체계를 갖고 있지 않으며, 다양한 신화·성전(聖典) 전설·의례·제도·관습을 포함하고 있다.

이러한 다양성을 통일하여 하나의 종교로서의 구체적인 기능을 가능케 하는 것은 카스트 제도이다. 이것의 기원은 브라만교에 규정된 사성(四姓:브라만·크샤트리아·바이샤·수드라) 제도이지만, 역사적으로 다양하게 변천하여 현대의 카스트 제도에는 종족·직업·종교적인 모든 조건이 복잡하게 얽혀 있다. 따라서 인도인의 종교생활과 사회생활은 밀접한 관계가 있다. 그래서 인도인은 힌두교로 태어난다고 하며 카스트 제도에는 엄격하지만 신앙에는 상당히 관용적이다.

힌두교의 근본 경전은 《베다》와 《우파니샤드》이며 그 외에도 《브라흐마나》, 《수트라》 등의 문헌이 있으며, 이 모든 것들은 인도의 종교적·사회적 이념의 원천이 되고 있다.

인도에서 소를 신성시하는 이유?

신성한 암소는 힌두교의 윤회설과 관련돼 있어 악마로부터 소에 이르려면 86번의 윤회를 거쳐야 하는데, 한 번 더 윤회하면 인간이 된다. 따라서 암소를 죽인 사람의 영혼은 가장 낮은 단계로 미끄러져 이 모든 과정을 다시 시작해야 한다. 힌두교 신학자에 따르면 암소에는 3억 3000만의 신이 깃들어 있다고 한다.

인도의 재래종 소인 '보스 인디쿠스(bos indicus)' 암수는 모두 힌두교 신과 밀접한 연관을 맺고 있다. 시바 신전의 입구에는 수소 난디를 타고 하늘을 나는 복수의 신 시바의 초상이 걸려 있고, 가장 인기 있는 신이자 자비의 신 크리슈나는 암소의 보호자로 그려진다. 힌두교도들에게 암소는 여신이 가지는 것과 같은 신성한 힘을 지닌 존재이다. 따라서 힌두교도들은 암소를 돌보거나 암소 앞에 서 있거나 암소를 보기만 해도 행운을 얻게 되며 악을 쫓고 악으로부터 보호받는다고 믿는다.

그들은 암소로부터 나오는 모든 것도 신성하다고 믿어 암소의 우유·소변·대변등은 정화 능력이 있다고 본다. 암소의 보호자인 크리슈나를 기념하는 축제에서 사제들은 소똥으로 신의 모습을 빚어 제의행사를 하기도 하고 다른 축제들에서는 소 떼가 완전히 지나갈 때까지 사람들이 무릎을 꿇고 기다리면서 방금 배설한 쇠똥을 이마에 발라 은혜를 입기를 기원하기도 한다. 소의 발굽으로 일으키는 먼지조차도 이로운 물질로서 효능이 있다고 믿어 의약품의 재료로 쓰이기도 한다.

인도연방 헌법에서는 소의 도살을 금지하고 있으며, 대부분의 주에서도 '소보호법'을 제정했다. 1996년 맥도날드가 인도에 진출했는데 쇠고기 대신에 양고기나 닭고기, 물소고기를 사용한 햄버거를 팔기로 한 것은 인도인들의 소 숭배를 고려한 결정이었다. 이러한 소 숭배와 보호는 인도의 지배적인 종교인 힌두교의 중심사상이다.

숫자에 대한 국가별 차이

나라마다 문화적, 종교적 이유로 금기시하는 숫자와 선호하는 숫자가 존재한다. 알아보면 다음과 같다.

한국

우리나라에서 금기시하는 숫자는 대부분 알고 있듯이 '4'이다. 이는 한자로 죽을 '死'와 발음이 같기 때문으로 한자문화권의 보편적인 터부현상의 하나다.

반면 행운의 숫자는 3과 7이다. 숫자 3은 '해·달·별' '상·중·하' '환인·환웅·단군' 등 우주만물의 근원이라는 주역의 천지인(天地人)과 연관된 의미가 있다. 또한 숫자 7은 서양 기독교문명의 영향을 받은 결과로 해석하는 시각도 있다. 그러나 불교의 영향이라는 주장도 제기된다. 불교에서는 석가모니가 7년 동안 구도의 고행을 했으며, 명상 수행에 들어가기 전에 보리수나무를 일곱 바퀴 돌았다. 또 극락은 7천계로 되어 있으며, 현세에 성불을 이루기 위해서는 7가지 종교적 성품이 요구된다.

옛 이야기 속 주인공 중 '아들 3형제' '셋째 딸' '삼시 세판' '삼색나물' 등 숫자 3과 '견우와 직녀'가 만나는 날 칠석, 모든 진귀한 보석을 뜻하는 칠진만보(七珍萬寶), 행운과 소망의 상징으로 여기는 북두칠성 등 과거의 자료들을 보면 우리나라에서 3과 7을 행운의 숫자로 여긴 것을 알 수 있다.

북한

북한의 상징 수는 정치적인것과 관련이 있다. 7.9.10.27등이 그것이며 이는 9월 9일 정권을 세웠고 10월 10일 노동당을 창건했으며 7월 27일 휴전일을 전승절로 격상해서 기념하는 것을 보면 알 수 있다.

그밖에 상징 수를 찾아보면 아주 많다. 가령 평양 대동강 쑥섬에 통일전선탑을 세웠는데 56개의 화강암으로 이뤄졌다. 이것은 1948년 4월에 있었던 남북정치협상회의에 참가한 정당이나 단체가 쉰여섯 개라는 것을 상징하고 있다. 1997년 김일성 사망 3주기에 영생탑을 세웠는데 높이는 82m, 탑 양쪽면에 새겨진 진달래는 82송이였다. 이건 김일성 사망 나이를 나타내고 있다.

낙랑구역 통일거리에 세워진 조국통일 3대헌장기념탑은 밑변이 61.5m이다. 이건 6.15선언을 나타내기 위해 61. 5라는 수를 쓴 것이다. 단군릉 계단은 1,994개라는데 이건 단군릉이 개축된 해 1994년을 상징하는 것이라고 한다. 북한 간부들에게 주는 차량 번호 앞자리가 216으로 되어 있는 것은 김정일 생일 2월 16일을 나타내는 것이다.

북한에서는 이미 1980년대부터 김일성 일가와 관련해 8과, 9라는 숫자가 널리 사용되었다. 8호농장, 8호작업반, 8호제품과 함께 9호열차, 9호사업소라는 말은 평양과 지방, 도시와 농촌, 바닷가와 산골 가릴 것 없이 어디서나 많이 들을 수 있었다. 이처럼 북한에서 비밀 사업은 모두 숫자로 불리고 있다. 김일성은 숫자 9를 좋아하였는지 자기의 신변을 보위하는 호위사령부 부대의 명칭을 '963군부대'라고 지었다. 앞자리에 9라는 숫자를 놓고 뒷자리에 붙은 숫자 6과 3을 합하면 합이 9가 되도록 이름 지었다. 김일성이 통치하던 1980년대 이전에는 숫자 9를 많이 썼는데 1980년대 중반 김정일이 권력에 개입하면서 숫자 8도 쓰기 시작했다. 금수산의사당경리부 승용차와 화물차는 '평양98', 산하 8호, 9호제품 수송차량은 '평양99'를 사용했다.

중국

중국인이 선호하는 숫자는 8이다. 이는 중국어로 '빠(ba)'로 발음되는 '8'이 '파차이(發財·돈을 벌다)'의 '파(發·pa)' 발음과 유사하기 때문이다.

중국은 2008년 베이징올림픽을 8월 8일 8시8분에 개막했다. 1988년 8월 8일에는 중국 전역에서 결혼식 해프닝이 벌어지기도 하였다. 중국인은 전화번호, 자동차번호, 주소번지수에 8자가 많이 들어가는 것을 최고의 행운이라고 여긴다. 중국인이 '8' 다음으로 좋아하는 숫자는 '9'이다. 한자 아홉 구 '九'의 발음 'jiu'는 '久' 자와 발음이 같다. '久'는 '길다, 오래간다, 장수하다'의 뜻을 갖고 있다. 부(富)가 오래가고 장수한다는 뜻이다. 연애와 결혼에서도 사랑과 혼인관계가 영원히 지속되기를 바라는 마음에서 9를 행운의 숫자로 여긴다. 홍빠오红包(복과 성공을 기원하는 붉은색 봉투)를 줄 때 9, 19, 29 등 九를 가진 숫자를 사용하는 풍습이 있는데, 이것은 부부간에 영원히 서로 함께 하기를 바라는 마음을 표현하는 것이다.

6(六, liù)은 流利(liúlì, 순조롭다, 일이 막힘없이 잘 풀린다)의 流(li)랑 발음이 비슷하여 중국인들이 또한 좋아한다. 이와 관련하여'六六大顺(liùliùdàshùn)'라는 사자성어는 만사형통의 의미를 가지고 있다. 6은 또한'一路顺风(yílùshùnfēng)' 의 路와 발음이 유사하여 '길이 순조롭다'는 의미가 연상되어, 자동차 번호를 고를 때에도 인기가 좋다. 이 외에 218(二一八, èr`yībā)은 '儿要发(éryào`fā, 아들이 부자가 될 것이다)'는 의미를 가리켜 좋아하는 숫자라고 한다.

중국의 경우에도, 사(四, 중국어로 Si)로 발음이 동일한 사(死, Si)의 음을 피하기 위해 사용을 꺼려 4월에는 혼인을 꺼린다든가 혼례 등의 축의금을 보낼 때 4단위 액수를 피한다. 이와 더불어 숫자 금기 중에는 홀수와 짝수 금기가 있는데, 일반적으로 3, 6, 9등 3의 배수를 선호하지만, 혼례 때의 축의금의 경우는 40이나 400을 제외한 짝수의 액수를 사용하고, 상례 때는 홀수의 액수를 사용했다고 한다.

7은 '生气(shēngqì, 화를 내다)'의 气와 발음이 같아 싫어한다고 한다. 비슷한 맥락으로 14은'要死(yàosǐ, 죽고 싶다)'의 의미를, 74는'气死(qìsǐ, 화나 죽겠다)'라는 뜻이다.

3은 좋지 않은 뜻에 자주 사용되어, 중국인들은 좋아하지 않는 숫자 중 하나이다. 중국에서 부부나 연인 사이에 끼어드는 사람을 第三者(dìsānzhě)라고 하며 소매치기는 三只手(sānzhīshǒu), 마음을 한곳에 잡지 못하고 딴 마음을 품는 것을 싼三心二意(sānxīnèryì)이라한다. 또한 발음이 흩어질 산(散, sǎn)과 같아 재물이 흩어진다는 의미로 해석될 수 있기 때문이다.

그 외에 250(二百五, èrbǎiwǔ)는 '바보, 멍청이'라는 뜻이 있으며, 13(十三, shísān)은'사리에 밝지 못하고 일을 제대로 못한다.'는 의미를 내포하기 때문에, 중국인들이 좋아하지 않는 숫자 중 하나이다.

일본

일본에서도 서양 문화의 영향으로 행운(lucky seven)을 뜻하는 7과 중국의 영향으로 번창(발전)을 의미하는 8(八)을 행운의 숫자로 생각한다. 반면 숫자 4와 9는 불행의 숫자로 여긴다. 숫자 4는 죽음을 의미하는 한자 死와 발음이 같고, 9는 고생과 고통을 뜻하는 고(苦, く)와 발음이 같기 때문이다. 특히 일본에서는 4와 9는 죽거나 고통에 있다고 생각해 병원에서는 두 숫자를 합한 13을 사용하지 않는다고 한다.

다음으로 일본에서는 숫자 7을 기피한다. 이는 7을 읽는 방법이 시치(しち)와 나나(なな) 이렇게 두 가지가 있는데, 死地(죽음의 땅)도 일본어로는 시치라고 읽히기 때문에 나나라고 많이 읽는다. 앞서 나온 4의 경우에도 역시 죽을 사(死)와 발음이 같은 시(し) 대신 욘(よん)이라고 많이 읽는 편이다. 9의 경우에도 역시 '큐-(きゅう)'와 '쿠(く)'의 두 가지 발음이 있는데 '쿠'가 괴로울 고(苦)와 발음이 같다는 이유로 '큐-'라고 많이 읽는다.

일본의 경우 4층을 문제 삼는 경우는 적으나, 차량 번호판의 두 자리가 42, 49인 것은 별도의 신청이 없으면 지정되지 않는다.

몽골

몽골에서 숫자 '3'은 3일로 시간을 정하고, 3일을 두고 약속을 하는 등, 3이 지닌 완전성으로 몽골인의 일상에서 자주 접할 수 있는 길수(吉數)이다. 숫자 9는 '하늘, 천신, 황제'의 상징성을 담고 있으며, 3의 3배수로써 '하늘의 수' 또는 '인간에게 있는 하늘 힘의 최대치'를 상징하여 '가장 큰 수', '완전한 수', '최상의 수'로 여긴다.

반면 서양권과 다르게 7을 부정하게 생각한다. 몽골 설화에서 흔히 볼 수 있는 표현 중 하나가

'양의 99하늘, 음의 77지구'이다. 여기서 99는 하늘 전체를 상징하며, 7(또는 77)은 지구, 땅을 상징한다. 따라서 7과 77은 '이승의 층위' 또는 '아래(지하)세상'을 상징하기 때문에 몽골 설화에 나오는 부정적인 인물은 항상 7과 관련되어서 나온다고 보아도 무방하다. '7번 나빠지다', '악화의 7' 등의 몽골에서 쓰이는 관용적인 어휘는 예부터 전해 내려오는 몽골 설화에서 나왔다고 볼 수 있다.

태국

불교문화권에서 숫자 '9'는 길(吉)함을 의미한다. 태국은 국민의 95%가 불교 신자인 불교 국가다. 불교에서 '9'는 높은 영(靈)적 힘을 상징한다. 또한 '9'는 완성, 완전, 완벽을 의미하기도 한다. 태국인이 숫자 '9'를 좋아하는 데는 발음상의 이유도 있다. 숫자 '9'의 태국어 발음이 '까오(Gaow)'인데, 이는 '발전'을 뜻하는 '까오나(Gaow-Nah)'와 비슷하다는 것이다.

2013년 9월 9일 오전 9시9분. 프라윳 찬오차 태국 신임 총리가 내각 출범을 알리는 첫 회의를 시작했다. 숫자 '9'가 네 개가 연속한 일시(日時)를 선택한 것이다. 또한 국무위원들이 첫 내각 회의를 여는 대회의실에 입장한 시각도 사회발전안전부 장관은 8시19분, 외교부 차관은 8시29분에 각각 도착하는 등 모든 순간순간을 숫자 '9'에 맞췄다고 한다.

베트남

베트남은 일반적으로 홀수 숫자를 좋지 않는다. 그래서 음력 3일이나 7일에 새로운 시작을 하는 것, 즉 여행이나 이사, 결혼 등을 피한다.

3은 홀수 숫자 중 베트남인들이 제일 기피하는 숫자로 꼽을 수 있다. 3명이 있을 때 같은 하나의 불로 담배에 불을 붙이자 그중 한 사람이 불행하게 되었다는 미신으로부터 비롯된 믿음이라는 설도 있다. 그래서 세 명이 사진을 찍으면 가운데 사람에게 불행이 온다고 생각하여, 세 명이 사진을 찍어야 한다면 나무 기둥 같은 것을 사이에 들어가게 하여 찍는다. 최근에는 미신을 믿는 경향이 약해져 호치민에서는 3명의 여성 그룹이 인기를 끌고 있긴 하지만, 베트남에서는 대체로 2명 혹은 4명의 음악 그룹을 선호한다. 숫자 13 또한 불행을 의미하는 숫자로 고층 건물에는 13층이 없이 12층 다음을 14층으로 하거나 12A로 만들기도 한다.

숫자 7은 발음이 '실패'를 의미하는 발음과 비슷하게 들리기 때문에 기피한다. 그래서 전화번호 숫자가 7로 끝나는 것 역시 좋지 않다고 생각하여 특히 사업하는 사람의 경우에는 더욱 금기시하는 숫자이다.

홀수 숫자를 좋아하지 않는 베트남에서 숫자9는 오히려 가장 좋은 숫자로 생각한다. 베트남에서는 '럭키9'이라고 불려 질 정도이다. 음양오행의 5, 동서남북의 4를 더하면 9가 되어 숫자9는 삼라만상 모든 것을 망라할 수 있다는 뜻을 가지고 있어 예로부터 행운의 숫자가 되었다.

또한 베트남에서 유명한 333 맥주는 숫자를 다 더하면 9가 되기 때문에 행복을 부르는 맥주라 불리기도 한다.

인도

숫자9는 인도인이 가장 좋아하는 숫자이다. '9999'의 자동차 번호판이 많게는 10만 루피에 (약 170만 원) 거래되기도 할 정도이다. 인도인이 9를 좋아하는 이유는 부의 여신 락슈미와 관련된 숫자이며, 고대부터 9가 창조의 신 '브라마'의 수라고 여겼기 때문이다 또한 9가 한 자리로 적을 수 있는 가장 큰 수이기 때문이기도 하다. 인도인의 9에 대한 선호는 어머니 신이 악마와 9일간 싸워 이긴 뒤 세상을 낳았다는 태초신화, 신에 대한 찬가 9개, 고전무용의 미적표현 9가지 등 예로부터 전해 내려오는 인도 문화에서 잘 나타난다.

신성한 보석이 복을 주고 악을 막는다고 믿는 인도인은 9개의 다른 보석이 박힌 목걸이와 반지를 최고의 장신구로 간주한다.

미국 등 서양권 문화

흔히 행운을 뜻하는 '럭키7'이라고 불려지는 숫자7은 동서양을 막론하고 대부분의 나라에서 선호도가 높다. 구약성경에 따르면 아담의 7대손인 라멕은 777세를 누리다 죽었다. 신이 세상을 창조하는 데 걸린 시간(7일)이다. 노아의 방주에 짐승들이 들어간 7일 후 홍수가 땅을 뒤덮었다. 노아는 땅에 물이 빠지고 나서 7일을 기다려 비둘기를 내보냈다. 고대 이스라엘에서는 속죄의 식을 치를 때 피를 7번 뿌렸다. 결혼식도 7일, 추모기간도 7일간 이어졌다. 이렇게 성경의 곳곳에서 숫자 '7'이 등장한다. 숫자7은 하늘의 완전수(성부, 성자, 성령)를 의미하는 3과, 지상의 완전수(동, 서, 남, 북) 4가 합해져 즉, 하늘과 땅이 합해져서, 예로부터 행운을 가져다 준다고 여겼다.

숫자 12도 긍정적인 숫자이다. 대점성술과 고대의 천문학, 역법에서 시공간의 기본 숫자인 12는 그 상징적 의미가 아주 크다. 특히 12를 선택한 자들의 숫자로 삼는 유대-기독교 전통에서는 그 의미가 엄청나다. 12는 우주의 조직, 천상의 영향력이 미치는 영역, 완결된 시간 주기(달력의 12개월, 하루 밤낮의 열두 시간, 12년을 한 그룹으로 묶는 중국식 역법)를 나타낸다. 성서에서는 야곱의 아들 숫자이며, 이스라엘 씨족의 숫자이자 사제들이 가슴에 다는 판에 박힌 보석의 숫자, 그리스도 제자의 수, 생명의 나무가 맺는 열매의 숫자이다. 그리스의 저술가 헤시오도스(기원전 700년경)는 열두 명의 거인이 있었다고 했으며, 후대의 그리스 전통에서는 12신이 올림포스를 다스렸다. 서양권에서 숫자12는 그 자체로 완전한 숫자이다.

반면 우리가 알고 있다시피 '13'이라는 숫자는 배반과 불행의 의미를 갖게 되었다. 이는 성경에서 최후의 만찬 때 자리에 있었던 인원이 제자 12명에 예수를 더해 13명이었으며, 예수를 배신한 제자 유다는 최후의 만찬 때 가장 마지막, 즉 13번째로 들어왔다는 것 때문에 금기로 여겨진다. 하지만 이보다 더 오래전 로마인은 13을 죽음, 파멸, 불운의 상징으로 생각하여 꺼려했다. 사탄은 마녀 잔치에 참석한 '13번째 인물'이라 불리며, 타로 카드에서 메이저 아르카나 세트의 13번째 카드는 죽음이다. 이 속신에서는 13명이 한자리에 앉았을 경우, 맨 먼저 자리를 뜨는 사람이 1년 이내로 죽거나 불운을 만난다는 것이며, 지방에 따라서는 맨 뒤에 일어나는 사람이 같은 불운을 당한다고 믿는 데도 있다. 서양의 호텔에서는 13이라는 방 번호를 12A로 혹은 뛰어넘어 14로 하기도 하고 매달 13일에 개업, 결혼식, 여행 등을 꺼리는 사람도 있다. '13공포증(Triskaidekaphobia)'이라는 신조어도 만들어졌다. 폴 호프만이라는 학자는 미국 스미스소니언협회지에 발표한 글에서 '13공포증'을 언급했다. 13공포증 때문에 결근 내지는 결항으로 인한 손해액이 10억달러에 이르고, 매달 13일에는 기차나 비행기 예약이 취소되는 경우가 빈번할 뿐만 아니라 전체적인 매출액도 감소한다고 한다.

이탈리아

숫자 17은 로마 숫자로 표기하면 XVII, 이를 다르게 조합하면 VIXI다. 즉, 영어로 '내가 살아 있었다'라는 뜻이다. 이는 묘비명에 자주 등장하는 단어로, 이탈리아에서 17을 불운의 수로 여긴다. 실제로 이탈리아 일부 항공사 여객기 내 17열을 없애기도 한다. 매달 17일에는 가급적 행사나 기념일도 없고, 호텔이나 빌딩은 17층 대신 16B로 표기하는 경우도 있다. 심지어 봅슬레이 경기장 17번 구간을 이름 없음으로 명명하기까지 했다. 1990년, 이탈리아와 아르헨티나 축구 경기는 이탈리아 축구 대표팀이 산 파울로 경기장에서 치르는 17번째 경기라고 알려졌고, 몇몇 축구팬은 이를 불길하게 여겼다. 이날 이탈리아는 결국 경기에서 패했는데 놀랍게도 승부차기에서 실수한 축구선수의 등번호는 17이었다. 이후 이탈리아 축구팀 역시 17이란 숫자를 기피하기 시작했다. 2002년 한일월드컵 16강전에서도 모두의 예상을 깨고 한국이 승리하자 이탈리아 17번 선수가 선발 투입됐기 때문이라는 얘기까지 나왔다. 이탈리아는 2006년 독일월드컵에서 브라질을 꺾고 우승했는데, 결승전 투입 선수 중 등번호 17번은 없었다고 한다.

독특한 장례문화

현관장(懸棺葬)

현관장은 고대 중국의 소수 민족들 사이에서 유행했던 장례 풍습으로서, 풍장의 가장 대표적인 사례 가운데 하나이다. '현관장'은 '관을 높은 곳에 매달아 장례한다'는 뜻으로서, 흔히 '절벽에 안치했다'는 뜻의 '애장'(崖葬)과 '관이 배 모양을 띠고 있다'는 뜻에서 '선관장'(船棺葬)이라고도 불린다.

현관장은 지역에 따라 그 형태와 내용에 차이가 있으나 그 골격을 이루는 장례형식은 유사하였으며, 심지어는 최근까지도 이 풍속을 따르고 있는 지역이 있다.

이 풍속에 의하면, 사람이 죽었을 때 관을 평평한 땅이 아닌 절벽이나 암벽에 안장하게 되는데, 이 때 관은 주로 산의 높은 곳에 위치한 바위나 바위가 튀어나온 부분 또는 물이 흐르는 협곡이나 안개가 자욱하게 낀 가파른 절벽 등지에 안장하는 게 보통이었다.

현관장의 유래에 대해서는 많은 학설이 있으나 크게 세 가지 설로 압축된다.

첫째, 원시적 종교설이다. 당시 중국인들은 사람이 죽으면 영혼이 승천한다는 믿음이 있었다. 이러한 믿음 속에서 그들은 산이나 강에 솟아있는 가파른 절벽이야말로 영혼이 안식하기 가장 적합한 장소라고 믿게 되었다.

둘째, 조상숭배설이다. 고대 중국인들은 조상의 뼈와 육체를 잘 보관해야 조상신의 보호와 도움을 얻을 수 있게 된다고 믿었다. 따라서 그들은 죽은 자의 시신을 메고 아무도 손댈 수 없는 절벽에 올라가서 관을 안장하도록 만들었다.

셋째, 어렵(漁獵:고기잡이와 사냥)환경설이다. 고대 중국인들은 자신의 조상들이 산에 거주하거나 하천에서 낚시를 했던 생활에 대한 어렴풋한 향수를 간직하고 있었는데, 이러한 의식은 훗날 산이나 강 같은 자연환경에 자신을 의탁하는 관념으로 발전하게 되었다.

최근 이 현관장은 앞서 언급한 중국 소수민족과 필리핀 일부지역에서 아직도 볼 수 있다.

수장

수장은 시신을 물속에 넣은 장례법으로서, 고대 일본에서 많이 행해졌다. 농경사회이전 수렵과 채집으로 주거 이동이 심하였던 그 당시에 구성원에게 짐이 되거나 도태된 사람(노약자, 장애인)에게 자연스레 수장이 이루어졌고, 훗날 이것이 일본 신화에서 볼 수 있는 수장의 시초가 되었다.

더욱이 시신을 물로 흘려보내는 것은 그들이 머물렀던 흔적을 남기지 않으며 간단한 장례 절차만이 요구되는 장점들이 있기 때문에 가장 큰 적인 야생동물들의 공격으로부터 자유로웠다고 할 수 있다. 이는 부족을 이루는 구성원의 안위와 직접적으로 연결되어 생존을 유지할 수 있었다.

동굴장

동굴장의 예는 오늘날 서아프리카 말리의 반디아가라(Bandiagara) 절벽에 살고 있는 도곤인들 사이에서 찾아볼 수 있다. 이 지역에는 높이가 200미터에 이르는 절벽이 150킬로미터 정도 펼쳐져 있다. 도곤 사람들은 시신을 땅에 묻지 않고 절벽에 있는 동굴에 안치한다. 유족들은 먼저 시신을 두 벌의 수의로 감싼 후 나무 들것 위에 꽁꽁 묶은 후 장지로 운반한다. 시신이 안치되는 동굴은 사람이 접근하기 어려운 절벽 높은 곳에 위치해 있다. 수백 년 동안 시신의 안치 장소로 사용되었던 동굴에는 조상들의 유골이 가득 차 있는데, 시신은 이 유골들 사이에 안치된다. 이후 시신을 안치한 사람들은 시신에서 수의를 벗긴 다음 기름 항아리를 시신의 발치에 놓는다. 이는 망자가 저승으로 가는 먼 여행길을 편안하게 떠날 수 있게 해달라는 기원을 담고 있다.덥고 습하며 일교차가 심한 사막의 아프리카 기후에서 시신의 부패는 급속도로 이루어진다. 이는 전염병의 발병과 확산에 크나큰 영향을 미친다고 할 수 있으며 고대 사람들의 생존과 연관되었다.

천장

천장(天葬)은 조장(鳥葬)이라고도 하며 주로 티벳족이 행하며 일부 위구족(裕固族), 먼바족(門巴族) 및 몽골족도 천장을 행한다. 티베트족은 매장을 하게 되면 죽은 자가 영원히 다시 태어나지 못하고 새들이 먹게 되면 죽은 자의 영혼이 하늘로 올라갈 수 있고 부귀한 집안에 잉태되어 다시 태어난다고 믿어 천장이 유행하게 되었다. 독수리는 신의 독수리라고 부르며 이들이 사체를 먹는 것을 방해하지 않는다.

장례식장 예절

부고(訃告)를 받았을 때

사람의 죽음을 알리는 통지가 부고이다. 부고를 받았다면 평소 친하지 않은 관계라 해도 가급적 조문을 하는 것이 도리이다. 불가피하게 조문을 하지 못하게 될 경우에는 조장(弔狀-상가에 대한 슬픔과 위로를 나타내는 편지 또는 전하는 글) 혹은 조의금이라도 보내는 것이 좋다. 물론 부고를 보내는 쪽에서도 조문객의 입장을 고려하여 신중하여야 할 것이다.

조문 시간

조문은 상가의 유족들이 성복을 끝내고 조문객을 맞을 준비가 된 후에 가는 것이 예의이다. 일반적으로 임종일 다음날 조문을 간다고 생각하면 된다.

조문 절차

조문시에는 종교나 문화가 다르더라도 가급적 해당 상가의 상례에 따르는 것이 예의이다.

① 상가(빈소)에 도착하면 문밖에서 외투나 모자 등을 미리 벗어 든다.

② 상제에게 가볍게 목례를 하고 영정 앞에 무릎을 꿇고 앉는다.

③ 분향 방법은

- 향나무를 깎은 나무향일 경우는 오른손으로 향을 집어 향로에 넣는데 이 때 왼손으로 오른손을 받치기도 한다(삼상향이라 하여 3번 넣음).
- 선향(線香.막대향)일 경우 하나나 둘을(삼상향이라 하여 3개를 쓰기도 함) 집어 촛불에(또는 라이터) 불을 붙인 다음 향이 타면 불꽃(화염)은 손가락으로 가만히 잡아서 끄거나 손바닥으로 바람을 일으켜 끈다(입으로 불지 않는다).

  다음은 공손히 향로에 꽂는다.(여러 개일 경우에는 하나씩 꽂기도 한다)

④ 일어서서 뒤로 조금 물러나 영좌를 쳐다본 후 두 번 절한다.

⑤ 상제들을 향하여 선 후 상제들과 맞절한다.

⑥ 평소 안면이 있는 경우라면 상제에게 조문 인사말을 건네는데 이 때에는 낮은 목소리로 짧게 위로의 말을 하되 고인과 관련 여러 질문을 하는 것은 좋지 않다.

⑦ 조문이 끝나고 물러나올 때에는 두 세 걸음 뒤로 물러난 뒤, 몸을 돌려 나오는 것이 좋다.

※ 종교에 따라 헌화 할 때는, 오른손으로 꽃줄기 하단을 잡고 왼손 바닥으로 오른손을 받쳐 들어 두 손으로 공손히 꽃 봉우리가 영정 쪽으로 향하게 하여 재단위에 헌화 한 뒤 잠깐 묵념 및 기도를 한다. 종교적 이유나 개인적 신념에 따라 이와 반대로 하는 경우도 있다.

- 조의금(부의금.賻儀金):

조의금은 문상을 마친 후 물러나와 호상소에 접수시키거나 부의함에 직접 넣는다.

'부주금'??, '부조금'??

경사엔 축의, 불행엔 부의. 경조사 식장을 찾아 축하하거나 위로하는 마음을 담아 내는 돈은 '부주금'일까, '부조금'일까? 많은 이들이 헷갈려 하는 이 말은 한자어 扶助金을 음대로 읽은 부조금이 맞다. 부조금은 경사스러운 일은 '축의금', 불행한 일은 '부의금'이라 한다. 그리고 부조금 봉투의 앞면에는 경조사에 어울리는 문구를, 뒷면 왼쪽 하단에는 세로로 부조하는 사람의 이름을 쓴다. 결혼식의 경우엔 봉투 앞면에 축결혼(祝結婚), 축화혼(祝華婚), 축성전(祝成典), 축성혼(祝聖婚), 축혼인(祝婚姻), 경하혼인(慶賀婚姻) 등의 문구를 쓴다. 장례식의 경우엔 애도하는 마음을 담아 단정한 흰색 봉투를 사용하는 것이 예의다. 봉투 앞면에는 부의(賻儀), 근조(謹弔), 추모(追募), 추도(追悼), 애도(哀悼) 등의 한자를 선택해 검은색 굵은 펜으로 쓰면 된다. 봉투의 뒷면에 "삼가 고인의 명복을 빕니다" 등 고인 혹은 유족에게 바치는 문구를 적는 이도 있는데, 오른쪽 가운데 쓰는 것이 좋다. 이때 역시 세로로 적는다.

그렇다면 부조금은 얼마가 적정할까? 부조금은 보통 홀수 금액인 3만, 5만, 7만원 혹은 10만원을 내는 게 대부분이다. 오랜 관행처럼 부조금을 짝수로 내는 경우는 드문데 이는 음양오행론을 따른 것이다. 음양오행론에 의하면 홀수는 양이고 짝수는 음이다. 따라서 음한 기운을 피해 길하고 긍정적인 홀수 금액으로 마음을 담아 부조금을 내는 것이다. 이 같은 문화는 우리뿐만 아니라 일본도 철저히 지키고 있다. 일본은 여럿이 모아 내는 등 상황상 어쩔 수 없이 부조금 액수가 짝수일 경우엔 지폐의 수라도 홀수로 만들어 낼 정도로 엄격히 홀수를 지킨다. 예를 들면 2만엔을 부조금으로 낸다면 1만엔 한 장과 5000엔 두 장으로 해서 세장으로 홀수를 맞추는 방식이다. 다만 10만원, 20만원 등은 채워진 숫자로, 풍요로움을 상징하기 때문에 인정한다.

남성문상객의 옷차림

- 남성 : 현대의 장례절차에서는 검은색정장을 입으며 감색이나 회색도 무방하다. 셔츠는 화려하지 않은 흰색이나 단색으로 입는다.

• 여성 : 검정색정장을 입으며 검정색구두와 스타킹을 신는다(맨살이 보이지 않도록 한다). 화려한 화장이나 장신구는 피한다.

절하기

절하기전 자세

① ② 남녀모두 공수한 손을 허리선부분에 놓는다.

※ 공수: 음양오행설에 기인하여 북을 등지고 남쪽을 바라보았을 때 해가 뜨는 동쪽은 남성의 기운인 양의 기운이 강하다하여 왼손을 위로하고 해가지는 서쪽은 음의 기운이 강하다하여 여성들은 오른손을 위로한다. 흉사시(장례)에는 손의 위치가 반대로 된다.

• 큰절(남성)

① 자세를 바로 한다.

② 공수한 손을 눈높이로 올린다. 이때, 손바닥은 바닥을 향하도록하고 눈은 발등을 향한다.
*평절의 경우 공수한 손을 가슴높이로 올릴 뿐 나머지 방법은 큰절과 같다(한번만 한다).

③ 왼발을 조금 뒤로 빼면서 공수한 손으로 바닥을 짚고 무릎을 꿇는다. 이때 왼쪽 무릎을 먼저 꿇고 오른쪽 무릎을 꿇는다.

④ 몸을 앞으로 깊이 숙여 절한다.

⑤ 일어설 때는 오른쪽 무릎을 먼저 세우고 일어선 후 두 손을 모은다.

- 큰절(여성)

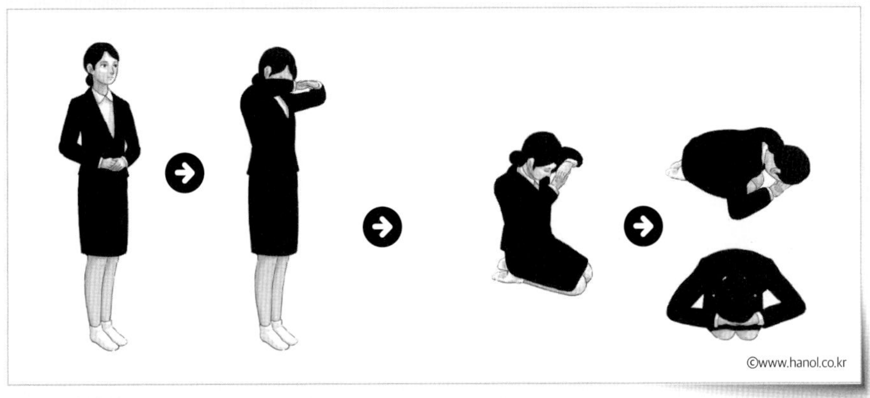

① 자세를 바로 한다.

② 공수한 손을 눈높이로 올린다. 이 때 손바닥이 바닥을 향하도록하고 눈은 다소곳이 바닥을 향한다.

③ 공수한 손을 눈높이에 둔 채 왼쪽무릎을 먼저 꿇고 오른쪽 무릎을 꿇고 앉는다.

④ 몸을 앞으로 깊이 숙여 절한다.

⑤ 일어설 때는 바닥에서 손을 뗀 후 오른쪽 무릎을 먼저 세우며 일어선 후 두 손을 가지런히 모은다.

참고문헌

- 남자의 옷이야기, 타이콘 패션연구소(1999), 시공사.
- 대한항공 서비스 교재(2008), 대한항공인력개발센터.
- 말하는 문화, 이노미(2004), 청하출판사.
- 매너의 역사, Nobert Elias/ 유희수 옮김(1995), 신서원.
- 빈대가족의 중국따라잡기, 임영재(2012), 재미북스
- 보디랭귀지, 앨런 피즈, 바바라 피즈/ 서현정 옮김(2007), 대교베텔스만.
- 볼프강의 비즈니스 에티켓, 박준형(2000), 김영사.
- 세계 60개국 비즈니스 사전, 테리 모리슨·웨인 A, 코너웨이·조지 A. 보든 지음/ 가람기획 편집부 옮김(2001), 가람기획.
- 세계의 문화와 조직, 홉스테드(1995), 학지사.
- 파워에티켓, 다나 메이 케이스퍼슨/ 조은경 옮김(2003), 미래의 창.

- 보건복지부 홈페이지http://www.ehaneul.go.kr/portal/fnlInfo/info.do?id=M230101001
- 중소기업뉴스http://news.kbiz.or.kr)http://news.kbiz.or.kr/news/articleView.html?idxno=41255
- 네이버 지식백과
- 문화체육관광부 해외문화홍보원 http://www.kocis.go.kr/koreanet/view.do?seq=1033976&page=4&pageSize=10&photoPageSize=6&totalCount=0&searchType=&searchText=&RN=33&cateCode=

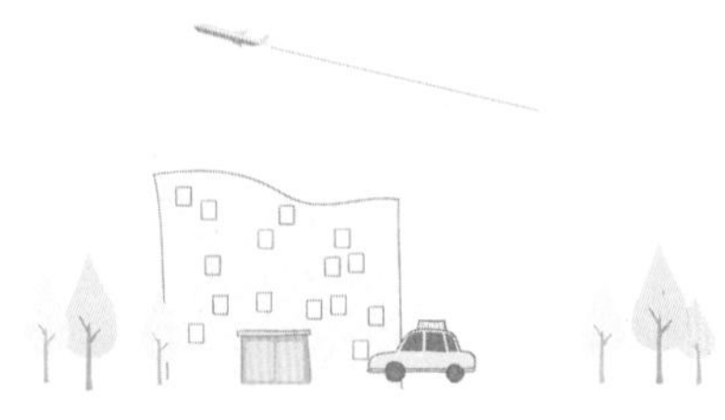

저자 소개

이 경 미(Kyoungmi Lee)

백석예술대학교 항공서비스학부 교수

이문화의 이해와
글로벌에티켓

초판1쇄 인쇄 2021년 1월 20일
초판1쇄 발행 2021년 1월 25일

지은이 이 경 미
펴낸이 임 순 재

펴낸곳 한올출판사
등 록 제11-403호
주 소 서울특별시 마포구 모래내로 83(한올빌딩 3층)
전 화 (02)376-4298(대표)
팩 스 (02)302-8073
홈페이지 www.hanol.co.kr
e-메일 hanol@hanol.co.kr

ISBN 979-11-5685-985-7